HENRI FOCILLON

TECHNIQUE
ET
SENTIMENT

ÉTUDES SUR L'ART MODERNE

> Les eaux-fortes des Tiepolo. — Barye. — Les dessins
> de Victor Hugo. — Charles Meryon. — La Joconde et
> ses interprètes. — Théophile Chauvel. — Emile Boil-
> vin. — L'eau-forte de reproduction au XIXᵉ siècle.
> — L'image de l'enfant dans l'art moderne. — L'art
> allemand depuis 1870. — Essai sur le génie japonais.

PARIS

HENRI LAURENS, ÉDITEUR, 6, RUE DE TOURNON

MCMXIX

A

GUSTAVE GEFFROY

En écrivant votre nom en tête de ces pages d'étude, je ne pense pas seulement que vous êtes le plus ancien, le plus constant et le plus respecté de mes amis. Je vois se dresser devant moi en vives images tout un passé d'ardeurs, de réflexions et de songes que dominent votre autorité d'écrivain et votre influence d'aîné. Nul n'ignore les magnifiques dons de pensée et d'émotion que vous doivent les hommes de ma génération. A l'art et à l'histoire, à de nobles fictions aussi, toutes baignées de vie, à la vie même enfin, aimée pour ce qu'elle a d'humain, de dramatique et de tendre, vous avez consacré une carrière pleine de passion et de liberté. Vous nous avez appris à nous dépouiller de toute sécheresse, à ne pas nous confiner dans la spécialité d'un goût rare, à dominer la chose écrite, à choisir, à lutter. Par là vous nous avez touchés et conduits.

Nous vous devons ainsi de comprendre et de chérir la grande leçon du XIXe siècle. En Bretagne, dans les Pyrénées ou, près de Nohant, chez notre cher Rollinat, sur les bords de cette Creuse ancienne qui bondissait à travers ses défilés solitaires, parfois nous nous arrétions de peindre, vous preniez quelque page de Michelet et vous la lisiez à voix haute. Alors il nous semblait que se levaient partout des ombres solennelles. Un grand siècle s'emparait de nous et nous prodiguait tout ce qu'il eut d'amer, d'agité, de lumineux et de large. Souvent, je l'ai vu en blanc et noir, à travers les tristesses passionnées de l'estampe... Mais ces violences ne le défiguraient pas. Dans des matins de jeunesse, quand je montais à votre jardin de Belleville, je croyais circuler à travers ces annales populaires que commande, éclairée par un rayon de cachot, la mystérieuse figure de l'Enfermé. A tous vos amis comme à moi, le plus jeune d'eux tous, vos livres et votre parole ont communiqué les mélancolies brûlantes, l'inquiétude et la générosité qui furent la vraie couleur morale de ces générations souveraines. Peut-être me sera-t-il donné de revenir quelque jour sur ces rêveries d'action et sur ces passions d'idées, et d'une manière plus digne d'elles. Dans ce recueil même, quelle joie pour moi, si vous retrouviez quelque accent de ces ardeurs cachées que vous aimez et que vous avez propagées jusqu'à nous !

Ce sont elles, sans doute, qui jadis dirigèrent mes recherches d'historien vers des anxieux, des tourmentés ou des déréglés même, Cellini, le ruffian orfèvre, Hokousaï, le vieillard fou de dessin, et ce possédé de l'eau-forte, Piranèse. Elles m'accompagnaient en Italie, et la sévérité charmante de ces lieux ne m'en détournait pas. Je vous offre aujourd'hui avec modestie quelques études où vous discernerez un choix et un instinct qui n'ont pas changé, — les caprices aériens de Tiepolo, les déchaînements de Barye, les orages de Victor Hugo, la glaciale folie de Meryon, quelques patients visionnaires de la gravure, et d'autres mondes étranges.

Mais en même temps que j'obéissais à ces préférences passionnées, j'étais tenté par les secrets de la matière et de l'outil. Dans l'atelier de mon père bien-aimé, j'appris à toucher les instruments de toute maîtrise, à les reconnaître, à les nommer, à les manier, à les aimer. Tout pénétrés de chaleur humaine et brillants d'avoir servi, ils n'étaient pas à mes yeux des accessoires inanimés, mais des forces douées de vie, non des curiosités de laboratoire, mais une magique puissance de suggestion. Tant que l'art se limite à des états de conscience, à des idées générales, il n'est qu'une agitation aveugle ensevelie dans l'intelligence. Il faut qu'il pénètre la matière, qu'il l'accepte et se fasse accepter d'elle, non par de froides caresses, mais par une possession galvanique. Quelle erreur de voir en elle un dépôt passif de nos songes, un réceptacle, un support ! Nos songes ne commencent à vivre que quand elle les prend. Elle les enfante, elle les décuple en les mettant au monde. Ce sera pour nous l'un des bienfaits du génie bouddhique (et c'est là aussi l'excellent des études japonaises) que de nous détacher définitivement des formes usées de l'idéalité, de la conception massive de la matière opposée à la subtile essence et au don créateur de l'esprit.

Que de fois, penché avec respect sur le travail du peintre et du graveur, m'a-t-il été donné d'assister à ces beaux et dramatiques épisodes au cours desquels un génie caché semble monter peu à peu des ténèbres et se révéler par les plus délicates évidences ! Ainsi j'ai pu me convaincre que notre notion courante de la

technique est à la fois inerte et petite. Les enseignements de l'école ne font qu'en effleurer les premiers secrets. On ne la résume pas dans des manuels et des
formulaires. Elle est une invention perpétuelle. Chaque maître fait et modifie ses brosses, ses burins, ses
ébauchoirs et ses ciselets. Touché par sa passion et
par sa curiosité, manié par ses habitudes, chaque
outil devient un disciple miraculeux. Il ne pèse plus
à sa main. On dirait qu'il la guide et qu'il l'entraîne.

Les œuvres se présentent à nous comme des résultats immobiles et définitifs. Mais leur existence véritable s'inscrit entre leur première ébauche et leur
achèvement. Les traces de cette naissance, de cette
jeunesse en fleur et de cette maturité, il nous faut les
chercher patiemment, les analyser, les mettre à leur
plan, les enchaîner. Il faut les développer chaque fois,
comme l'exécution développe une sonate. C'est ce qui
donne tant de prix aux dessins, aux esquisses, aux
maquettes, comme aux « états » des graveurs. Le privilège de tous ces commencements, c'est de restituer
l'œuvre d'art à la vie.

Ces réflexions, qui peuvent me conduire à donner
quelque unité à mes recherches, n'en sauraient conférer aucune au recueil que je me permets de vous
offrir, mon cher ami. Pourtant vous y distinguerez
des soucis du même ordre. Je n'ai plus près de moi
le maître si sûr qui les contrôlait avec bonté. Votre
amitié me reste : associer votre nom au souvenir de
mon père, c'est vous dire une fois de plus toute la
mienne.

H. F.

LES EAUX-FORTES DES TIEPOLO

I

Venise au dix-huitième siècle reste pour nous l'admirable patrie du caprice, de la magnificence et du songe. Les résultats de la recherche historique confirment la divination des poètes : nous verrons longtemps encore la patrie de Gozzi et des Tiepolo à travers l'imagination de Gautier et les nostalgies romantiques, avec des yeux éblouis et charmés. Il semble que le génie du siècle fasse courir, à travers le mystère de ses conseils et les légendes dont s'accroît le prestige de leurs maximes, toute sorte de fantaisies galantes et nocturnes, toute sorte de pompes, de cortèges et d'intrigues. Parcourons le plaisant et savant livre de Philippe Monnier, relisons les fragments de l'*Italie la nuit*, conçue par les Goncourt et dont les *Pages retrouvées* attestent le rare et précieux lyrisme : partout retentit l'écho d'un carnaval chimérique, partout resplendit, à travers les étincelantes cascades de mots, la Venise des rêveurs qui est la Venise de l'histoire, — Venise, avec ses *zentildonne* audacieusement séduisantes, Catarina Dolfin, qui met dans ses fantaisies amoureuses une espèce de bonne humeur héroïque, une cordialité supérieure au cynisme, la Renier Michiel qui s'interrompt d'aimer pour célébrer les fêtes et les splendeurs de sa patrie, la Benzon, qui reste femme jusqu'aux dernières heures de sa vie et dont la grâce capricieuse, aux extrêmes limites de la vieillesse, étourdit Stendhal; Venise, qui jetté au monde étonné, comme l'adieu de son prestige et de sa puissance, la rayonnante lueur d'une fête qui ne s'interrompt jamais; Venise, avec ses patriciens d'opéra qui, sous la gamberluche familière ou l'ample manteau de cérémonie, cachent la défroque d'Arlequin, avec ses comédiennes fantasques qui font enrager les poètes, avec ses ballerines, ses charlatans sur les places publiques, ses mille spectacles en plein vent, ses sept théâtres qui ne désemplissent point, ses virtuoses, ses courtiers d'amour, son académie des *Granelleschi*...

Les colonnes qui soutiennent le lion de Saint-Marc se dressent toujours sur le forum de Vicence, de Vérone et de Padoue. Les politiques et les diplomates continuent à étonner l'Europe par la sûreté de leurs vues et par leur génie de l'intrigue. Mais l'agitation stérile de la brigue autour des emplois, de petits démêlés avec les papes limitent leur zèle et leurs talents. Leur revanche, c'est l'ampleur et l'éclat de leurs fêtes, c'est de donner une satisfaction incessante à ce « besoin de s'amuser à tout prix » dont parlent les rapports d'espions à propos de Casanova. Dans cette spirituelle, licencieuse et débile Venise dont les poètes font miroiter l'image, les plus étranges fictions, les rêveries et les caprices les plus audacieux trouvent leur vraisemblance. C'est à Venise que les Goncourt font se dérouler le fantastique cortège qui accompagne la dépouille mortelle de Watteau. Les Fêtes Galantes semblent avoir été conçues pour l'admi-

rable décor des villas qui se succèdent sur les rives de
la Brenta, pour les beaux parcs mélancoliques qui les
entourent. C'est à Venise que Bonneval, las de ses courses
errantes, que Law, déchu de ses songes, viennent chercher
un suprême asile..

Telle est la comédie du siècle, telle est la trame sur
laquelle tant de poètes et d'artistes ont fait courir le fil
d'or de leur fantaisie. Tant de grâce et tant de caprice
ne doivent pas nous cacher toutefois que Venise reste un
centre exceptionnel pour la pensée italienne, qu'elle
poursuit la grande enquête inaugurée par la Renaissance,
que ses artistes sont des chercheurs, faisant sans cesse
l'expérience de procédés curieux et neufs, enrichissant
leur maîtrise de pratiques originales qui renouvellent les
techniques. Aux mains de Rosalba Carriera, le pastel
devient un art complet. On remonte l'histoire pour surprendre les secrets des vieux maîtres. L'Italie, grâce aux
Vénitiens, peut étudier les dessins et les gravures de
Dürer, et les amateurs s'intéressent aux Allemands de la
Renaissance, dont les œuvres viennent décorer leurs
galeries. Venise est un atelier et elle est un laboratoire.
On dirait que le génie de Léonard survit en elle : elle
demeure fidèle à l'antique enseignement italien, en
vertu duquel toute expression artistique repose sur une
connaissance approfondie des « secrets » de la nature
et du corps humain, et surtout sur un savoir technique
qui s'accroît sans cesse!

De là la vogue considérable de l'estampe et l'intérêt
historique des eaux-fortes de Tiepolo. On s'est longtemps
et aisément débarrassé de lui, en le présentant comme
un « attardé » de la grande tradition, comme un magnifique et superficiel décorateur, sorte de bâtard de Véro-

nèse, brossant à la hâte de superbes machines provisoires pour amuser la décadence de Venise. Un examen plus sérieux, la révélation offerte par des collections privées récemment ouvertes au public ont permis de voir tout ce qu'il y avait de maîtrise personnelle dans son art de peintre. C'est une profusion de dons originaux, et non une collection de brillantes redites, un rayon direct, et non un reflet. Cette fougue parfois sauvage, cette plastique trépidante de vie, ces belles taches picturales qui retentissent comme les salves d'un soir de victoire, cet exotisme gai, ces oripeaux dorés de soleil, enfin la suavité hardie d'une gamme toute nouvelle, c'est là le dernier grand enfantement de Venise.

Trente-cinq eaux-fortes doivent être jointes à l'œuvre du peintre, — peut-être le plus « peintre » qui fût jamais. Elles sont une expression savoureuse et significative de son génie. Le fait que Jean-Baptiste Tiepolo a manié la pointe et l'acide, qu'il s'est intéressé à la chimie des morsures, montre en lui un des artisans de la vaste enquête poursuivie par les Vénitiens du dix-huitième siècle, un de ces passionnés qui rendent si vivante et si instructive l'histoire de leur école à cette époque. Mais le véritable intérêt de cette étude, c'est peut-être de chercher comment ce souverain d'une technique a pu s'exprimer à l'aide d'une autre, s'il accepta les formules et les limites de cette dernière ou s'il l'enrichit de ses propres dons.

II

Les curieux de la gravure, ils sont innombrables à Venise et dans les villes qui l'avoisinent. Elle est le magasin d'estampes de l'Europe. Après avoir cherché fortune en Angleterre et en France, c'est à Venise que se fixe l'Allemand Wagner, pour fonder au milieu du siècle une *tipografia* dont la firme commerciale devient vite célèbre, — Wagner, artiste médiocre, qui eut le génie de découvrir Piranèse, jeune alors, pauvre, découragé, dont, à un moment décisif, il confirma la vocation en l'aidant à se révéler. Que de planches, et dans tous les genres, — bonnes ou mauvaises — sorties de ses ateliers, où travaillaient sous sa direction des collaborateurs et des élèves de tous pays ! Il y a Wagner, et il y a Remondini, qui édite lui aussi une foule d'estampes. Il semble qu'à Venise tout feuillet de papier soit un prétexte à gravure, jusqu'aux billets de visite et jusqu'aux éventails. Les femmes elles-mêmes s'appliquent à cet art charmant et vaste, qui peut fixer à la fois le caprice d'une minute heureuse et les songes les plus émouvants. Partout, c'est une sorte d'émulation et la recherche des procédés perdus. Zanetti, qui a de si beaux dessins, et que de Brosses eut tort de juger tout uniment un jeune savant un peu bavard, consacre ses loisirs à étudier les origines d'un art tout vénitien, la gravure sur bois en camaïeu. Il tente de le ressusciter et prend ailleurs pour modèle le premier grand aquafortiste italien, celui qu'il nomme « son bienaimé Parmigianino ».

De tous les genres de gravure, celui qui a séduit particulièrement les Vénitiens, c'est l'eau-forte. Librement maniée, elle est expressive, elle est rapide. Tenue comme un crayon ou comme une plume à dessin, la pointe circule avec aisance sur le vernis. Elle se prête à toutes les flexions et à toutes les souplesses ; elle est en même temps capable de vigueur et d'accent. Elle peut traduire avec une variété infinie les nuances les plus délicates de la sensibilité : un cabinet d'estampes à l'eau-forte est un musée expressif et complet. En elle, les maîtres de toutes les écoles ont laissé quelque chose d'eux-mêmes, parfois le meilleur et le plus spontané de leur talent. Elle a, si l'on peut s'exprimer ainsi, une valeur autographique plus significative peut-être que la peinture, parce qu'elle est plus mordante, et que le dessin, parce qu'elle est plus colorée.

Il serait intéressant d'étudier la manière dont elle a été traitée par les Vénitiens du dix-huitième siècle. Sans doute chacun y a mis sa personnalité, mais un trait caractéristique est commun à tous, — l'absence des contre-tailles, ou, comme on l'a dit à juste titre à propos de Canaletto, l'économie des travaux.

Examinons à la loupe une planche de Rembrandt. La conduite de la pointe dans le modelé de la lumière est simple. La construction des plans éclairés d'un visage, par exemple, est obtenue par des accents. Les tailles se juxtaposent, et rarement s'enchevêtrent. Au contraire, les parties noyées dans l'ombre sont extrêmement chargées. Des dessous solides maintiennent un réseau de traits qui les recouvrent en tous sens (on s'en rend bien compte sur les épreuves fatiguées). Rembrandt cherche une gamme de tons veloutés propres à exprimer les nuances du clair-obscur dans les intérieurs ; il obtient la profondeur de l'effet, non par l'intensité des morsures, mais par la multiplicité des travaux.

L'exemple de Rembrandt est typique. D'une manière générale, la plupart des graveurs septentrionaux, — avec plus de sagesse et d'une manière moins suggestive, — ont croisé la taille pour arriver au ton. Dans leurs

œuvres, la variété des gris et des noirs dépend non seulement de la largeur plus ou moins grande de l'entre-
taille, mais encore du degré de l'angle formé par deux
tailles qui se coupent. A cet égard, les estampes françaises du dix-huitième siècle sont bien lisibles : dans
l'article *Gravure* de l'Encyclopédie, et surtout dans le
commentaire des planches explicatives qui l'accompa-
gnent, la technique de la taille croisée est exposée en
détail. Les règles qui la déterminent sont précises et for-
melles.

Dans l'estampe au burin, elle est d'une application
relativement facile. Il n'en est pas de même dans la gravure à l'eau-forte, chaque croisement morcelle le vernis
et le rend fragile. S'il n'adhère pas assez fortement à la
plaque de cuivre, il peut s'écailler pendant la morsure.
De plus, l'intersection des tailles risque de manquer de
netteté : il arrive que le sommet de l'angle soit encrassé,
l'acide en mordant attaque le métal à découvert et produit des taches. Il est possible que ces périls aient rebuté
les artistes vénitiens : ce qui est sûr, c'est qu'ils les ont
évités en se servant de tailles parallèles, supprimant du
même coup les tons moirés produits par le chatoiement
des losanges. Leurs historiens italiens, depuis l'abbé
Moschini, qui nous a laissé un volumineux répertoire
inédit de tous les graveurs du Veneto, n'ont cessé de
réclamer pour Pittieri l'honneur d'avoir gravé le ... gravure à une seule taille ». Mais il n'est pas inutile de
rappeler que des Abraham Bosse, Sébastien Leclerc et
Claude Mellan, ce dernier réalisant en ce sens, mais au
bout de quelques tours de force de la main, elle était comme

Cf. A. Moschini, *Dell' incisione a Venezia*, Venise, Museo Correr, ...
vol. manuscrit in...

et communément appliquée dans les ateliers français du dix-septième siècle.

L'eau-forte ainsi comprise a quelque chose de décisif et de simple. Bien loin d'emprisonner l'artiste dans une formule monotone, elle lui laisse sa liberté. Elle a permis à des maîtres aussi dissemblables que Tiepolo, Canaletto et Piranèse, de se manifester avec variété. Traitée par des graveurs sages comme Cunego, elle n'est pas sans se rapprocher du burin : c'est que Cunego serre trop les tailles et qu'il dispose seulement de faibles et prudentes morsures. Mais les peintres en font l'instrument de leurs croquis les plus alertes et les plus pittoresques. Un maître complet et génial comme Piranèse lui fait supporter la gamme des noirs les plus puissants et toute la poésie de ses songes.

Dans les œuvres de la plupart des Vénitiens, elle laisse jouer une égale et fraîche lumière. Elle est parfois brillante, elle n'est jamais intense, elle n'aboutit pas à l'effet. Elle permet à la pointe de conserver son caractère cursif, d'aller franchement son chemin et de nous transmettre, avec tout son accent impromptu, le dessin des maîtres dans leurs fantaisies les plus capricieuses. Mais sa poésie est purement graphique, elle n'est presque jamais picturale. C'est que les Vénitiens et, d'une manière générale, les graveurs du dix-huitième siècle n'étaient graveurs qu'à demi. Habiles dessinateurs, ils ignoraient l'art de colorer en blanc et noir, ils se méfiaient des violences de l'acide. C'est par une sorte de divination, jointe à l'expérience quotidienne d'une production formidable, que Piranèse a pu enrichir son art d'une note extraordinaire et nouvelle, en demandant à ces violences mêmes le secret de sa grandeur et de son étrangeté.

III

Quel parti Tiepolo a-t-il tiré de cette technique particulière, de cette eau-forte à la vénitienne, qui a produit
avant lui des œuvres d'une invention ingénieuse, d'un
faire habile et savoureux ? Sa puissante fantaisie de
peintre, qui associe dans un luxe surprenant de contradictions les magnificences de la mythologie et le pittoresque de la vie familière, les temps modernes et l'antiquité légendaire, l'Olympe et le Carnaval vénitien, n'est-
elle pas capable, servie par cet art véhément qui griffe
la matière avec une audace et une verdeur exceptionnelles,
de révéler ses aspects les plus singuliers ? Nous pouvons
espérer déchiffrer ici les autographes de sa libre humeur,
surprendre dans ses eaux-fortes l'intimité de son génie.

Elles ont été cataloguées par M. Baudi di Vesme dans
son *Peintre-Graveur*, et par M. Pompeo Molmenti dans
son beau livre sur le maître[1]. En 1749 parurent pour la
première fois les dix *Caprices*, publiés par Zanetti dans
sa *Raccolta di varie stampe*; ils furent réédités par les
soins d'un amateur, Girolamo Manfrin, en 1785. Ce n'est
qu'après la mort de Tiepolo, et sans indication de date,
que furent réunis en un volume les vingt-trois *Scherzi di
fantasia*, auxquels étaient jointes deux planches : *Saint
Joseph et l'Enfant Jésus* et l'*Adoration des Mages*. Cette
dernière et les *Scherzi* furent réunis par le fils du peintre,
Jean-Dominique, à ses propres eaux-fortes, ainsi qu'à
celles de son frère Laurent, en 1775.

1. Cf. Bartsch, *Le peintre-graveur*, t. XII, p. 161 ; Baudi di Vesme, *Le
peintre-graveur italien*, catalogue raisonné des œuvres des Tiepolo, et le
Tiepolo de Pompeo Molmenti, trad. fr., p. 241-243.

Caprices et *Scherzi*, — ces titres, qui impliquent le libre jeu d'une inspiration laissée à elle-même, semblent avoir séduit particulièrement les aquafortistes et répondre à l'âme même de leur art. On ne peut pas oublier que vers le même temps (1743), Piranèse, publiant à Rome, chez Jean Bouchard, son recueil de *Prisons* colossales, qu'il n'avait pas encore peuplées de leurs magnifiques ténèbres, les présentait au public, en lettres gravées sur la pierre du frontispice, comme des « caprices à l'eau-forte ». C'est encore sous le nom de « caprices » que Goya réunira plus tard les fantaisies les plus étranges et les plus pénétrantes de son génie tourmenté. L'eau-forte qui, un siècle auparavant, avec Callot, devenait populaire en prêtant une vie intense tantôt aux fantasmagories de la légende sacrée, tantôt aux danses et aux lazzis de la farce italienne, semblait vouée à exprimer les désordres indolents ou frénétiques de l'imagination vagabonde. Elle était faite pour en fixer la poésie imprévue par la concision et par la fermeté de l'accent.

L'esprit de la composition est le même dans les deux recueils de Tiepolo. On a donné des titres à ces planches, mais aucune d'elles n'illustre un sujet déterminé. Ce sont des épisodes familiers empruntés à la vie de personnages fabuleux. Les uns sortent des forêts où l'antiquité reléguait les vieilles divinités naturalistes de la Grèce primitive ; sur les pattes arquées de la bête, sur les cuisses nerveuses du satyre et du chèvre-pied, ils dressent un torse durci par les hivers. De grands barbares s'appuient sur des boucliers d'un galbe florentin, et leur visage est empreint d'une bestialité songeuse. Tantôt ce sont ces « mufles de bouchers et de chiqueurs » que Fogazzaro prête aux héros des fresques de la villa Diedo. Tantôt de mauvais ermites se concertent dans des solitudes. Des sorciers et des nécromants font des conjurations. Un mage médite devant un grimoire ouvert.

Ce dernier (*Méditations du philosophe*), il semble que nous le reconnaissions. Coiffé du bonnet jaune, enveloppé dans sa lévite, nous l'avons sûrement aperçu dans l'ombre d'une synagogue de Rembrandt. Mais il vient d'un Orient plus lumineux, moins ouaté, plus âpre que les juiveries de Hollande. Les vieillards des *Scherzi* se rattachent tous plus ou moins au terrible grand-prêtre du *Sacrifice d'Iphigénie*, cette fresque où, sur les murs de la villa Valmarana, Tiepolo déploie une sorte de brutalité épique qu'aucun peintre n'avait exprimée avant lui.

Puis son caprice l'entraîne et, de ces mages redoutables, nous fait passer à la *Découverte de la tombe de Polichinelle* : debout, devant le sépulcre du bouffon mort, apparaît le torse radieux d'un éphèbe, semblable à un marbre grec. Souvent quelque image de grâce robuste fait contraste avec la laideur ou la caducité des autres personnages. Une étrange ménagerie l'accompagne : des serpents, que l'on retrouve entortillés autour des volutes ruinées et dans les trous de rocher des grandes planches ornementales de Piranèse, et surtout dans les belles fresques décoratives du peintre, les *Hébreux dans le désert*; des singes, des chouettes, d'un saisissant caractère. Toute la cuisine de la sorcellerie, des ossements d'hommes et d'animaux, mêlés à des bas-reliefs rompus, entourent d'accessoires énigmatiques ces arabesques d'une imagination hantée. Il y a ainsi dans les *Scherzi* et dans les *Caprices* tout un cycle consacré à la magie.

En déployant ce luxe de maléfices et de sortilèges, en

montrant en plein soleil les personnages du sabbat,
Tiepolo exprime un aspect curieux et profond de l'âme
vénitienne de son temps, il est d'accord avec le génie du
siècle et de sa patrie. Les pyramides magiques des cab-
balistes, les poésies de Baffo et les mystifications de
Casanova, exploitant avec impudence la crédulité et la
mode, montrent Venise tourmentée par une de ces crises
qui traversent parfois la vieillesse des peuples. On en a
d'autres preuves dans les trois traités que le marquis
Maffei écrivit contre la magie, dont la vogue grandissait
de jour en jour. Ce vertige entraînait des têtes plus
solides que celle de l'innocent patricien, berné dans sa
vieillesse par les farces de Casanova. Singulière époque
et singulier pays, où l'on voit le rationalisme « éclairé »
du temps voisiner avec le mysticisme le plus naïf et parfois s'y perdre. Ces joueurs effrénés, exténués de plaisir,
de nuits blanches, de soupers, de femmes, d'opéras, glis-
sant comme des ombres dans leurs ténèbres enflammées,
entre les mirages d'un ciel vaporeux et les fantasmagories des reflets, croient à tout ce que l'on veut, et pre-
mièrement au mystère, à l'impossible. Cette surexcitation
lassée les voue aux artifices des thaumaturges. De là leur
passion pour la magie, et aussi, reconnaissons-le, les
rêves exquis d'un Gozzi. Par ses eaux-fortes, où Polichinelle paraît parmi les nécromants, Tiepolo est bien
le contemporain des comédies fiabesques, de ces charm-
mants contes de bonne femme, arrangés pour un guignol
shakespearien par le lunatique le plus délicat.

C'est assurément à la même origine qu'il faut rattacher
l'*Horoscope du jeune guerrier* et les *Réponses de la Mort*
des *Caprices*. Non loin d'une belle figure décorative, qui
tourne le dos dans une attitude à la Véronèse, un guer-

JEAN-BAPTISTE TIEPOLO
Eau-forte extraite des *Caprices*.
(1749 ?)

rier consulte une sorte de pâtre sorcier, à la chevelure hirsute. Le caractère accentué des personnages donne ici à la « bonne aventure » quelque chose de tragique, et le gueux des solitudes, qui lit l'avenir, semble animé d'une flamme inquiétante. Plus saisissante encore est l'autre planche, où la Mort, affublée d'un petit camail qui voile à demi, de façon badine, la nudité des ossements, fait ses réponses à des humains venus pour la consulter. Ils reculent instinctivement et se tiennent à bonne distance, partagés entre la terreur et la curiosité. Un beau lévrier, cambré par la peur, — le lévrier d'Elena Barozzi, dans la fresque de l'hôtel Édouard André, — flaire la Mort de loin. Ce caprice macabre a pour personnage central le squelette d'un cabinet de magie. Mais il évoque aussi en nous le souvenir des premières études du peintre et de ses années d'apprentissage, alors que, selon la tradition des biographes, il s'inspirait d'Holbein. Cette Mort ironique et gaillarde n'est pas sans rapports avec la Mort des danses macabres. Exemple rare et intéressant à noter, surtout en Italie et au dix-huitième siècle.

On sait quelle tradition de métier l'école vénitienne proposait à Tiepolo graveur : des tailles libres, franches, espacées, point croisées. Cette manière permet de dire beaucoup : elle servit, elle exalta les emportements et les épouvantes du graveur des *Prisons*. Les scènes auxquelles se plaît le Tiepolo des *Caprices* semblent favoriser le déploiement de toutes les noirceurs, les prestiges les plus troubles et les plus inquiétants. Or l'art de Tiepolo, s'il est toute l'eau-forte par l'intrépidité graphique et par la vive allure, n'est qu'une eau-forte atténuée au point de vue du ton. Ses *Caprices* restent à la surface du cuivre : du dessin à la plume, ils ont l'éga-

lité des noirs et les valeurs restreintes. Leur charme
aérien, leur plastique noble et facile échappent aux profondeurs du procédé.

Tiepolo ne cherche la couleur ni par le trait, ni par la
morsure. Il est extraordinaire de voir à quel point l'artiste qui sut si hardiment, parfois si violemment poser
la *tache* de ses compositions peintes ou de ses dessins,
est, comme aquafortiste, calmé de cette véhémence. Pour
l'exécution de ces petites planches, il était naturel qu'il
se servît d'un jeu très réduit de pointes, peut-être d'une
seule. Loin de labourer le cuivre, elle l'effleure avec
aisance, et c'est l'acide qui inscrit la taille. Morsure
exquisement linéaire, pourrait-on dire, mais non morsure colorée, au sens où l'art français du dix-neuvième
siècle nous a donné l'habitude de l'entendre. Point de
noirs fumeux, et pas de « foin » non plus : tout est
admirablement lisible ; la gamme des valeurs est celle
d'un plein-air envahi par la lumière. Il est impossible de
surprendre des traces de remorsures. Les « couvertures » successives au pinceau sur le vernis, — artifice
destiné à échelonner les tons, — sont en aussi petit
nombre que possible.

L'on a voulu voir en Tiepolo graveur une sorte de
Rembrandt vénitien, dont les eaux-fortes, épaississant les
brumes de sa patrie, y auraient fait rayonner je ne sais
quel soleil de prodige. C'est fantaisie pure. Que le caractère de ses personnages doive beaucoup à l'influence de
l'art septentrional, c'est incontestable. Mais la lumière
qui les enveloppe et qui les baigne de toutes parts est
absolument vénitienne. C'est la lumière argentée qui
palpite dans les tailles clapotantes de Canaletto, qui
accroche ses reliefs piquants aux corniches des premiers

ruinistes, et qui lisse d'un long trait de jour les flancs
arrondis de leurs colonnes. Même elle est plus ardente
et plus éthérée. Dans son livre excellent, M. Molmenti,
qui n'aime pas les jolies phrases de Philippe Monnier,
n'est-il pas suspect, lui aussi, de quelque « littérature »,
quand il se laisse aller à dire que les eaux-fortes de Tiepolo ont quelque chose de crépusculaire? Un clair soleil
les pénètre et, par là même, elles n'ont rien d'effrayant,
elles sont gaies et vivantes, il faut le reconnaître. Elles
n'en paraissent que plus aimables et plus belles. Admirablement « fiabesques », pourrait-on dire, elles ont
pour elles, comme la comédie de Gozzi, cet élément
vivace : la gaîté capricieuse des vieux peuples. Venise
croit à la magie, mais se moque de Venise. Y a-t-il rien
de tragique dans le long nez de Polichinelle, dans ses
deux bosses pour rire? Ces mages drapés dans leurs
manteaux sont cousins des enchanteurs de l'*Uccello Bel-
verde* et n'ont jamais hanté le cabinet à vitrage treillagé
de plomb du *Faustus* de Rembrandt.

Tiepolo a-t-il réellement inauguré un « genre » de gravure, comme le prétendent les historiens classiques?
Faut-il entendre par ces mots qu'il est l'inventeur de la
gravure dite « à une seule taille »? Ce serait tout à fait
inexact : au surplus, l'économie des travaux n'est pas à
proprement parler une méthode concertée, une pédagogie rigoureuse, c'est une habitude conforme au génie de
l'école et particulièrement heureuse dans ses résultats
aux mains des peintres graveurs, dont elle sert l'humeur
spontanée et les dons d'improvisation. Faut-il croire que
ce nouveau « genre » désigne la gravure libre, l'eau-forte
de peintre, qui néglige les préparations savantes et les
habiletés techniques des graveurs de métier? Mais elle

existait avant Tiepolo : Cochin, qui en explique l'esprit et la manière, n'en parle pas comme d'une nouveauté.

A la poésie de l'imagination vénitienne, Jean-Baptiste Tiepolo ajoute une note singulière, mais gaie avant tout, et pittoresque. Il n'emprunte et n'ajoute rien aux mystères de l'eau-forte.

IV

Les trois Tiepolo, Jean-Baptiste, Jean-Dominique et Laurent, sont unis par des affinités si étroites, les deux fils se sont si bien assimilé les enseignements du père que leur œuvre, comme peintres, forme un tout où, la plupart du temps, il est difficile de discerner la part de chacun. Le cadet, Laurent, disparaît dans la gloire de son maître et de son frère aîné. Il semble avoir volontairement dérobé à l'histoire son art et sa vie même. Quant aux œuvres peintes par Jean-Dominique, elles reflètent, avec la vivacité la plus habile et la mieux douée, l'autorité du maître et du chef de la dynastie. On pourrait croire que les deux frères se sont délibérément limités, et la légende latine, souvent citée, que Jean-Dominique a gravée au bas d'une de ses planches paraît le résumé le plus fidèle de leur talent et de leur carrière : *Quas pater pinx. obseq. animo filius incid.*

Ils ont laissé des eaux-fortes, comme leur père, — Laurent un très petit nombre, onze en tout, dont quelques-unes, non signées, soulèvent encore quelques contestations ; Jean-Dominique, une centaine environ. — Joint aux beaux dessins du Louvre, cet œuvre important peut aider à mieux comprendre un artiste dont le talent

est plus admiré que connu. Si le nombre extrêmement
restreint des planches attribuées à Laurent ou signées
de son nom justifie dans une certaine mesure la réserve
observée par la critique à son égard, il n'en est pas de
même pour Dominique, dont les estampes attestent
une certaine originalité d'humeur et de facture, des
dons supérieurs à ceux des petits maîtres de l'école
vénitienne de gravure. Comme tel, il mérite d'avoir une
place à part, et il n'est pas sans intérêt d'analyser sa
manière.

Au dire des historiens et des amateurs, ce n'est pas
une besogne aisée. La première, et l'une des plus impor-
tantes séries de Jean-Dominique, la *Via Crucis*, ne fut-
elle pas gravée à l'époque où l'artiste, âgé de vingt-
deux ans, sortait à peine d'apprentissage et portait dans
sa manière les traces manifestes d'un enseignement
encore tout frais et d'une admiration qui ne devait pas
se lasser? Une part considérable de son œuvre d'aquafortiste n'est-elle pas consacrée aux fresques et aux
tableaux de Jean-Baptiste, qu'il se glorifiait expressément de reproduire « d'un cœur très respectueux » ?

Il paraît difficile d'admettre qu'il n'ait pas reçu de
son père ses premières leçons d'eau-forte. En 1749 paraît
la première édition des *Caprices*, publiée par Zanetti ;
la même année, Dominique exécute les fresques de San-
Paolo, et c'est également à cette date qu'il dédie à Alvise
Cornelio le recueil gravé de son Chemin de croix. Ce
synchronisme a son importance. Mais, tandis que Jean-
Baptiste, venu assez tard à l'eau-forte, n'y voyait guère
qu'un délassement à son labeur de peintre, un prétexte à son infatigable et curieuse ardeur. Dominique
s'intéressait déjà à la gravure comme procédé de traduc-

tion et pressentait en elle toute sorte d'inédites ressources.

Les *Caprices* et les *Scherzi* de son père sont une
expression facile, lumineuse et hardie de la fantaisie tié-
polesque et de la technique vénitienne. Conçus avec
audace, ils sont exécutés avec des moyens sommaires.
Rien de plus déconcertant que ces figures nées des
songes d'une imagination visionnaire, habile à enfanter
des héros et des malandrins, à les confondre dans le
même élan sur les immenses surfaces des fresques décoratives, et, d'autre part, rien de plus gai, de plus chatoyant et de plus simple que l'eau-forte qui les fait
paraître à nos yeux.

L'œuvre de Dominique ne révèle pas la même ampleur
d'inspiration. C'est un disciple. Son imagination, beaucoup plus sage, ne l'a jamais entraîné chez les nécromants. Elle est riche, elle est variée, capable de renouveler spirituellement ses thèmes et de s'exercer sans
monotonie sur le même sujet. Le tour de force des *Idées
pittoresques sur la fuite en Égypte* en est une preuve
excellente : on y sent l'homme habitué à composer vite
et bien, rompu à toutes les adresses et sachant brosser
sans fatigue d'innombrables et amusantes esquisses.
Mais cette fécondité n'a ni l'audace ni la poésie. Partout
l'aisance apprise et la souplesse ; nulle part la puissante
fantaisie d'une nature largement imaginative. Toutes les
compositions gravées par Dominique ont quelque chose
de voulu qui se sent; quelle que soit la prestesse qui s'y
révèle, leur équilibre est concerté et ne laisse rien au
hasard. Tandis que les eaux-fortes du père ont été exécutées d'après des croquis sommaires, — et peut-être
plus d'une est-elle née directement sur le vernis, —

celles du fils, même quand elles ne sont pas des estampes de reproduction proprement dites, n'en reproduisent pas moins des ensembles trop complets et trop savants pour avoir été improvisées à la pointe. Leur facture s'en ressent. Dominique a pris sa gravure au sérieux. De là des recherches et des tentatives nouvelles.

Elles furent naturellement limitées par les habitudes techniques de l'école. Tandis que les ateliers du Nord produisaient des œuvres intenses, faites pour imposer l'accent vigoureux du blanc et noir sur les murailles des intérieurs assombris, tandis qu'en Angleterre par exemple, là profondeur veloutée des noirs de la mezzotinte faisait rayonner, à côté des fonds au berceau, toute une gamme de blancs onctueux, les Vénitiens demeuraient les tributaires de Stefano della Bella et de Callot. La grande renaissance technique, si active et si féconde à Venise, avait sans doute touché l'eau-forte et passionné ses amis, mais sans lui apporter des révélations nouvelles. Elle restait légère, transparente et facile, aux mains des amateurs et des peintres. Elle s'alourdissait sans profit de reprises au burin dans les estampes des graveurs de reproduction. Dans le recueil de Canaletto comme dans ceux de Jean-Baptiste Tiepolo, l'eau-forte est caractérisée par le chatoiement et par la fraîcheur, elle n'atteint jamais à l'intensité.

Telle est bien la formule à laquelle se rattachent les eaux-fortes de Jean-Dominique Tiepolo, — mais on sent qu'elle ne lui a pas suffi pour s'exprimer tout entier ou pour traduire en blanc et noir la peinture de son père. Ces procédés ont servi la verve inventive et satisfait la curiosité technique de ce dernier et, s'ils ne répondent pas toujours à la poésie du sujet, du moins nous en

transmettent-ils une image nerveuse et plaisante. Dominique avait personnellement moins à dire, mais il a
cherché davantage. A ce métier simple, il a demandé de
résoudre quelques difficiles problèmes. Il a tenté de
nuancer le modelé dans la lumière, si différent du clair-
obscur d'intérieur. Enfin, comme graveur de reproduction, il s'est efforcé de nourrir son travail et de donner
quelque consistance aux volumes.

Il est certain qu'il possédait des dons de graveur né.
Ses dessins attestent en particulier un rare et délicat
sentiment des valeurs, l'intelligence de la composition
des ombres et l'art de les faire vibrer. Un recueil de nos
collections permet de s'en assurer. En 1833, sur les
conseils du peintre Camille Rogier, M. Fayet, amateur
français, achetait à un étalagiste des Procuraties toute
une liasse de ces dessins de Jean-Dominique : depuis
1892 elle est au Louvre. Il y a là, parmi des « bistres
très crânes » qui excitaient l'admiration de Rogier,
quelques esquisses d'une facture plus hésitante et plus
lourde, d'une main tremblée, dans lesquelles M. de
Chennevières[1] voit avec raison les témoins de la vieillesse
laborieuse de l'artiste. Beaucoup de ces dessins sont des
interprétations (parfois très libres) des œuvres de Jean-
Baptiste, quelques-uns sont extrêmement beaux. Nous
en connaissons d'autres, notamment les scènes de
mœurs d'un trait à la fois si naïf et si leste qui furent
exécutées à partir de 1783, à l'époque où l'artiste, las
de ses voyages à travers l'Europe, résolut de jouir en
paix, pendant le soir de sa vie, des dernières splendeurs
de la Sérénissime. Mais les plus anciens sont les plus

1. *Les Tiepolo*, collection des *Artistes célèbres*, p. 140.

intéressants. Ce sont eux qui révèlent le mieux les dons faciles, l'aimable génie du graveur et du peintre. Une des belles pièces du recueil Fayet, *Jésus tombant sous le poids de la croix*, variante de l'une des stations de chemin de croix peint par Jean-Baptiste pour San-Alvise, est une excellente préparation d'estampe. Toute une gamme de gris chauds et transparents, soutenus par des vigueurs sans dureté, s'y déploie avec harmonie. Des œuvres de ce genre, par leur accent, par leur fermeté libre et par le pétillement des valeurs, sont toutes prêtes pour l'eau-forte, — sans doute pour une eau-forte sans profondeur et sans âpreté, mais brillante.

L'artiste s'y est essayé. Il n'est pas une de ses planches qui ne soit plus pleine et d'un effet plus complexe que celles de son père. Tandis que les *Caprices* et les *Scherzi* sont envahis par une lumière égale, un peu froide, et semblent parfois dépouillés, le soleil de la *Fuite en Égypte* (1753) est distribué avec beaucoup d'art. Tantôt il coupe obliquement l'arcade d'un porche et ses rayons se concentrent avec violence sur des groupes de personnages. Tantôt ils éclairent la lourde porte de bois d'une étable, dont les fonds ténébreux mettent en relief la Vierge tenant Jésus dans ses bras. Même dans les scènes de plein air absolu, la franchise et la vivacité de la lumière sont soulignées par la répartition spirituelle des ombres. A côté de ces eaux-fortes heureusement ordonnées et d'un effet séduisant, les *Caprices* paraissent une suite de frontispices et de culs-de-lampe d'un goût génial, où l'importance de l'arabesque linéaire l'emporte sur l'intérêt de la couleur.

Pour traduire l'effet, Jean-Dominique reste fidèle aux habitudes vénitiennes, à l'économie des travaux et à l'emploi de la taille non croisée, mais il enrichit et il varie le procédé. Il joue de l'espacement plus ou moins grand du trait pour faire sentir la différence des matières, les plans de la perspective aérienne, surtout pour nuancer la qualité des ombres. C'est particulièrement dans les ombres très reflétées qu'apparaissent le charme du métier et la délicate sensibilité du graveur. Ce n'est ni leur rareté ni leur poésie qui nous émeut, mais leur parfaite justesse. Ici, nous sommes sous le ciel, et il n'est pas de recoin si obscur que le jour n'y pénètre dans une certaine mesure pour rompre les ombres. Entre les tailles plus ou moins serrées, le blanc du papier l'accueille plus ou moins et y fait briller doucement les reflets.

Les plans lumineux eux-mêmes ne sont pas dévorés par le jour. Pas plus que les ombres, ils ne sont absolus. L'artiste se garde de les couvrir et de les surcharger, mais il a recours à des travaux simples pour les modeler. Un système de points se substitue aux tailles et assure la souplesse des passages et la vérité des demi-tons, une série d'accents pittoresques et sans régularité, les uns délicats, à peine sensibles et comme rongés par la lumière, les autres plus francs, allongés en virgules, rudement inscrits dans le cuivre par l'acide.

Ainsi Jean-Dominique Tiepolo, malgré des procédés restreints, s'attache à rendre son travail de graveur aussi varié, aussi expressif que possible. Mais il n'échappe pas à certains inconvénients. Un trait sensiblement pareil délimite partout la forme. A quelque plan qu'elle se présente, elle est cernée ou parcourue de même sorte. L'écart des entre-tailles ne suffit pas à échelonner des valeurs, il y faut encore une certaine relation de proportions entre les tailles. Je dirais volontiers que ces planches manquent de déliés et de pleins ; elles sont d'une écriture constamment égale et, par là, fatigante. Quelle que soit l'élégance du dessin, le trait a quelque chose de pesant, d'inflexible et de dur. Les œuvres du père, malgré une égalité de pointe analogue, se sentent moins du même défaut : c'est que, gravées avec moins d'application, elles sont plus libres et que, à peu près improvisées sur le cuivre, elles attestent, non pas le poids d'une main studieuse, mais une fantasque indépendance qui ne s'embarrasse de rien. L'inspiration capricieuse a rendu l'outil plus léger.

Cette monotonie d'aspect ne tient pas seulement à l'emploi d'un outil unique ou à l'entaille partout égale de la planche ; comme dans l'œuvre de Jean-Baptiste Tiepolo, mais de manière plus flagrante, puisque la planche est plus couverte, elle est due surtout à la timidité des morsures. Il faut bien reconnaître que, pour la plupart des maîtres italiens antérieurs à Piranèse, l'eau-forte proprement dite, le mordant destiné à attaquer le métal partout où la pointe l'a dégagé sous la couche du vernis protecteur, est avant tout un moyen de *fixer* le dessin sur le cuivre et non celui de le *colorer* en blanc et noir. Dans la grande majorité des estampes de reproduction, c'est à l'usage du burin que l'on demandait de compléter et de nuancer la planche. Quant aux eaux-fortes pures, ou eaux-fortes de peintres, elles restaient aussi peu colorées, aussi peu intenses qu'un croquis. Sans doute l'on n'ignorait pas l'emploi des couvertures, mais ce système n'aboutit ni à une grande variété ni à une grande intensité, s'il n'est pas appliqué à un travail des tailles préparé pour « tenir » la diversité et la puissance des noirs : ici la taille n'a pas seulement une tendance à présenter partout la même épaisseur, mais sa profondeur est presque constante ; l'encre s'y dépose avec uniformité et son relief sur l'épreuve est d'un bout à l'autre à peu près le même. Ce défaut, — celui de la gravure sur bois, qui laisse sur le papier une trace partout égale de noir, — donne parfois à ces œuvres un aspect xylographique et une aigreur de ton assez désagréables. L'étude du modelé dans la lumière et des ombres reflétées n'en souffre pas absolument, tant qu'il s'agit du plein air, d'esquisses vives et faciles. Mais le désaccord entre le but et les moyens, entre l'inspiration et la technique devient évident, lorsque l'artiste sort de ce domaine et demande à l'eau-forte d'exprimer la poésie de la physionomie humaine et la majesté mélancolique de la vieillesse.

La *Raccolta di Teste* dans le goût des différents maîtres est en réalité un hommage de l'aquafortiste à Rembrandt, une tentative pour s'assimiler librement ses secrets. Non qu'il faille y voir une imitation au sens étroit du mot ; rien n'est plus éloigné techniquement des méthodes et de l'art de Rembrandt que le *Recueil de Têtes* de Jean-Dominique Tiepolo, mais le problème est le même dans les deux cas : le modelé à l'eau-forte d'un visage éclairé par un jour artificiel ou par la lumière d'un intérieur.

C'est évidemment à des modèles d'atelier, fidèlement copiés dans la *Raccolta di Teste*, que l'artiste s'est arrêté quand il a voulu se révéler graveur de figures et, non content d'avoir indiqué avec adresse des visages plus dessinés que modelés par la lumière diffuse du plein air, étudier le relief que leur prête le clair-obscur. Beaucoup de ces têtes à l'eau-forte sont expressives et pittores-

ques : toutes manquent également de caractère. Nous
reconnaissons là les figurants magnifiques des plus célèbres pompes picturales : mais le calligraphisme du dessin et la science acquise ne cachent aucune sérieuse
pensée. Le trait gravé court à la surface des volumes et
n'attaque rien de profond. Il est incontestable que l'artiste a enrichi son métier de graveur, que les morsures
sont ici plus belles et plus ardentes que dans aucune
autre de ses planches. Mais la trame est encore trop
lâche pour capter des ombres généreuses. La lumière,
répartie avec un étourdissant brio, n'a pas l'aspect usé,
mystérieux et vieilli que lui prête chez Rembrandt le voi-
sinage des noirs veloutés obtenus par les *barbes* de la
pointe sèche ou par des subtilités dans les dessous, toujours ignorées des maîtres italiens.

On a pu se rendre compte qu'il en est de même pour
les *Idées pittoresques sur la fuite en Égypte*, bien vénitiennes et bien tiépolesques de conception et de métier.
Leur magnificence est théâtrale, leur orientalisme somptueux et barbare. Plus de place est faite au décor et à
l'arrangement qu'au désordre émouvant de la vie. Pourtant, sans que l'on puisse rapprocher expressément
aucune d'elles des grandes pages évangéliques de Rembrandt, une certaine humilité familière, des groupements
de petites filles et de vieilles, le terrible judaïsme
accentué de quelques types autorisent à penser que
l'artiste a gardé le souvenir des intimités rayonnantes et
des ténèbres pleines de songe où Rembrandt vit se
dérouler la vie du Sauveur. Mais la gaie lumière qui palpite entre les tailles et qui se reflète dans tous les creux
d'ombre atténue et dissipe cette poésie voilée, qu'il ne
faut chercher ni sur le visage de la Vierge aux airs pen-

chés, ni dans les traits vénérables, énergiques et niais d'un saint Joseph qui n'est lui aussi qu'un beau modèle.

Tel quel, ce chercheur, plus limité dans ses moyens que dans sa curiosité, est une des figures les plus sympathiques et les plus expressives de l'école. Ses qualités, ses défauts même l'ont particulièrement bien servi, quand il s'est fait l'interprète de son père. S'il est vrai que la gravure de reproduction doit être, non une lourde et impersonnelle copie, mais une sorte de transposition, respectueuse de son modèle comme de l'esprit et des nécessités techniques d'un art auquel il faut conserver son élégante sobriété et sa franchise d'accent, quel graveur aurait pu interpréter Tiepolo mieux que Tiepolo lui-même, si vivant en son fils ? Ni l'application consciencieuse d'un Cunego ni la mollesse aimable d'un Bartolozzi ni surtout la froideur des Volpato, des Morghen et de leur école n'auraient su s'adapter à cet art étincelant et rapide. Tous les reproducteurs italiens de ce temps sont les prisonniers d'une sorte de discipline impersonnelle qui paralyse peu à peu tout ce qu'il y a de vie dans l'estampe : jusqu'aux dernières années du dix-huitième siècle, elle évolue vers la correction et l'impassibilité de métier qui rendent si désagréables les planches burinées de l'école académique. L'eau-forte à la vénitienne, si elle est dépourvue de la puissance et de la profondeur, a pour elle l'audace, l'éclat et la facilité. Les planches ainsi gravées par Jean-Dominique Tiepolo d'après son père sont les meilleurs et les plus fidèles documents que nous possédions sur ces belles improvisations, palpitantes de vie imaginative, d'ardeur pittoresque et de fantaisie. Elles en dégagent le sentiment intime, au même titre que les « premières pensées » et les dessins du maître. Loin d'obscurcir leur lumière argentée sous des ombres fuligineuses et des travaux trop denses, elles la laissent chanter à travers leur réseau léger, elles ont l'aisance et l'éclat de l'esquisse. Venise à son déclin trouve en elles une large et ferme expression de son génie et de son soleil.

BARYE

1796-1875

A l'extrémité de l'île Saint-Louis, le monument Barye se dresse, ombragé de quelques arbres, sur un terre-plein que baignent deux bras de la Seine. C'est là un des aspects les plus paisibles, les plus larges, les plus mélancoliques aussi, de cette petite province au charme pénétrant qui forme comme une ville à part dans la ville même et que la rivière sépare des violences et des profondeurs de Paris. Il est émouvant de venir rêver au passé romantique dans ce décor qui fut cher aux vieux maîtres du dix-neuvième siècle. Non loin d'ici s'ouvre le paysage du Pont Marie, aimé de Daubigny. Près de l'hôtel Lambert, voici la façade d'une noire maison, aux proportions sévères, qui abrita Dupré, Boulard le père et le statuaire Geoffroy Dechaume. En face, quai des Célestins, vécut Barye.

Entre les statues décoratives de l'*Ordre* et de la *Force*, sur une stèle que surmonte le furieux combat du Centaure et du Lapithe, derrière le *Lion au serpent*, l'effigie du maître se détache dans un médaillon modeste. A l'image en pied des tribuns, des inventeurs et des philanthropes, aux véhémences des redingotes envolées, à l'emphase du bronze et du marbre qui aggrave intégralement la

laide stature de l'homme moderne, il oppose sa simplicité. Sa statue, ce sont ses œuvres. Ainsi son existence
disparaît derrière son labeur. On aime ces vies recueillies
qui se prodiguent sans se disperser. Barye n'a rien
caché de la sienne, mais, jaloux de silence et de solitude,
il n'a cherché ni les hommes ni les honneurs. Tandis
que ses contemporains s'agitent, tandis que Pradier,
médiocre et cupide, remplit le siècle du bruit de ses
sollicitations importunes, tandis que Préault, génie
inquiet et stérile, demi grand homme avorté dans les
nouvelles à la main, improvise des colosses qui font
rêver Michelet une minute et fabrique des « mots de la
fin » plus durables que ses statues, Barye se tait et,
fils d'une génération qui s'est lâchée dans un énorme
bavardage théorique, il ne songe qu'à observer. Il n'est
pas l'ami des gens de lettres, comme David d'Angers,
médailleur des célébrités romantiques. Il reste à l'écart
des manifestes et des batailles et, si son œuvre a profité
des grandes leçons de son temps, du moins ne porte-t-
elle pas ces traces superficielles et indélébiles des vogues
esthétiques, si commodes pour l'historien, si funestes à
l'art. Elle est de tous les temps.

Le domaine dans lequel Barye a, de préférence, exercé
son génie semble l'avoir aidé à se dégager ainsi des
circonstances et du moment. Mieux et plus rigoureuse-
ment que tout autre statuaire de son siècle, cet anima-
lier fut un maître de la forme en mouvement. Les très
simples allégories humaines qu'il fixa dans la pierre
contiennent un minimum d'intentions philosophiques ou
d'idées générales. Elles échappent aux stériles agitations
de l'intellectualisme. C'est dans l'étude et l'admiration
de la nature, non dans le chaos des complications psy-

chologiques ou dans le drame des passions, qu'il a cherché l'occasion de son art. Par là, il est pur de tout
alliage, les résultats auxquels il aboutit n'ont rien d'am-
bigu.

Nous pouvons le comprendre mieux que jamais en
étudiant au Louvre quelques unes de ses maquettes

Photo Barbedienne.

BARYE

Le Lion au serpent (1832).

pédagogiques de la Renaissance italienne mal interprétées, avait exercé une influence considérable sur les
sculpteurs de la première génération romantique. Tandis
que la tradition de Canova et le formalisme néoclas-
sique des dernières années du dix-huitième siècle avaient
imposé de sécheresse et de raideur à l'école académique,
ils opposèrent les leçons de la peinture, et d'une certaine
peinture. Ils lui empruntèrent d'abord ses accessoires, ses
sujets, ses thèmes d'inspiration et son esprit, puis voir
déclarant quels rapports (ou quelles différences, telle-

sement quelques résultats inattendus et heureux. C'est ainsi que Delacroix copiait et lithographiait pour l'*Artiste*, avec un relief et une vigueur extraordinaires, des médailles antiques dont la force de synthèse anatomique se retrouve dans les dessins et les esquisses de ses peintures décoratives. D'autre part Daumier, pour modeler avec plus de franchise, plus de caractère et plus d'accent, exécutait des maquettes de terre qu'il interposait en quelque sorte entre la réalité de ses personnages et ses propres dessins.

Chez les statuaires, par l'ordonnance décorative et par le mouvement de leurs grandes compositions, Rude et David furent les premiers à sentir vraiment leur art en peintres, sans sortir des limites naturelles de la sculpture ; ils réussissaient où échouait Préault, enfiévré de se dépasser, possédé par la rage du « tempérament » à tout prix. Sa fameuse *Tuerie* est un chaos où les formes ne semblent plus limitées dans l'espace, mais s'étreignent, se pénètrent et se brutalisent avec une fureur épique : on sent que la matière n'est pas assez souple au gré du pétrisseur de glaise pour exprimer la force étrange de ses visions, qu'elle est encore trop lourde et trop inerte, qu'il la voudrait, si l'on peut dire, libérée de la troisième dimension, capable d'artifices plus captieux et plus violents pour se plier à toutes les audaces de son imagination, obsédée par les souvenirs ronflants et funèbres qu'il emprunte aux vieilles estampes des maîtres allemands. Atroces mêlées plus frénétiques que celles de Salvator Rosa ou de Michel-Ange des Batailles et qui font craquer la matière épuisée de les porter, — désastre pathétique d'une nature plus tourmentée que grande, punie d'avoir voulu dépasser les possibilités de son art et d'en avoir enfreint l'harmonie.

C'est au milieu de ces inquiétudes et de ces contradictions que se développa la maîtrise de Barye. Né à Paris en 1796, il avait eu la jeunesse d'un apprenti de la Renaissance, d'abord aux gages d'un artisan nommé Fourier, qui gravait en acier les matrices des cuivres des équipements militaires sous l'Empire et travaillait parfois, avec habileté, pour l'orfèvre Biennais. De ses années d'études à l'école des Beaux-Arts, on ne garde le souvenir que d'un bas-relief représentant *Milon dévoré par un lion*, — et de deux échecs au concours de Rome. Mais, dès mars 1817, il dessinait dans l'atelier de Gros, et l'on peut conjecturer que ces leçons eurent plus d'influence et d'autorité sur la formation de son génie que celles du sculpteur Bosio. Jusqu'à la fin de la Restauration, il fit des modèles de bijoux pour l'orfèvre Fauconnier, protégé par la duchesse de Berry. Carrière ingrate et périlleuse pour son génie, puisqu'elle pouvait le confiner dans l'art industriel et faire de lui, de longues années, l'obscur émule d'un Vechte. Du moins il put y acquérir la connaissance d'habiletés pratiques dont il sut tirer profit par la suite et devenir particulièrement expert dans la fonte des métaux. Théophile Silvestre rapporte un fait intéressant à cet égard, — le prêt à Fauconnier, par un ami, des traités de Cellini : Barye put puiser à cette source, chez l'orfèvre dont il était le collaborateur, les éléments de sa maîtrise dans l'art de la fonte à cire perdue. Dès cette époque, il était l'artisan qui sait les secrets de la matière et de l'outil, ces recettes vénérables, ces patientes ingéniosités d'atelier grâce auxquelles le fondeur discipline sa fournaise et sans lesquelles une œuvre ne saurait résister au temps. Ce sont elles qui donnent tant de prix aux premières épreuves de Barye, grand artiste et bon ouvrier.

Par l'étude des volumes envisagés successivement sur tous leurs plans, cet orfèvre, si ami de son métier, devenait statuaire ; par l'étude de la forme en mouvement et par la comparaison des valeurs, il apprenait à utiliser avec justesse les ressources de l'art de peindre, à dénouer les vieilles formes impassibles, les repos sans vie de la sculpture impériale. Les grands exemples du présent et du passé lui communiquaient leur âme brûlante. Il avait reçu les leçons de Gros, il copiait les maîtres, il admirait les Vénitiens. Il allait faire des études d'après nature dans ces charmants paysages des environs de Paris qui ont suffi à tant de grands peintres.

Nous connaissons surtout les dessins et les aquarelles qu'il exécuta d'après ses croquis du Jardin des Plantes ; les uns et les autres ont quelque chose d'ardent et d'énigmatique. Ils se refusent au paraphe décoratif, à toute projection inutile. La forme se circonscrit volontairement à un parallélogramme tendu : mais ces sillons inflexibles donnent au dessin l'empreinte d'un caractère absolu et définitif ; ils ont l'air d'avoir été gravés sur quelque pierre très ancienne par l'artisan d'un peuple familier des fauves, habile à la chasse, rude observateur. Ces admirables choses sans âge sont parentes de tout ce que l'art de Ninive et de l'Assyrie a produit de beau. Mais les magnifiques fièvres du siècle sont pourtant là. Dans cette atmosphère d'aridité, elles font courir une inquiétude terrible. Au fond des réserves boisées des princes sémites, les fauves étaient aux prises avec l'homme, et des escortes d'archers accompagnaient le chasseur à la barbe annelée. Ici, la solitude s'élargit

autour de la bête. La bête règne souverainement sur un
monde détruit, elle circule dans un lendemain de déluge,
sous un inexorable ciel.

Une fois pétries dans la terre, coulées dans un bronze
dans les veines duquel semble encore courir l'ardeur de
la fonte, les masses acquièrent l'autorité de la troisième
dimension, elles deviennent profondes et formidables.
De vastes cavités ombreuses creusent les flancs arqués
des bêtes combattantes, là lumière fait saillir le relief
des musculatures. L'œil d'un peintre a disposé cette
gamme de valeurs, comme il a dressé ces mouvements,
axe des volumes équilibrés par la main du statuaire.

Toute cette matière, où la vie semble mal réprimée,
ne doit pas son ardente beauté à l'emportement de l'improvisation. A une telle œuvre la passion a part, mais
l'étude d'abord. Tant de combats, de fureurs, d'élans
et de morsures ont été choisis par l'artiste dans la série
admirable des vérités naturelles, observés et repérés
comme tels. On a souvent parlé des longues stations de
Barye à l'amphithéâtre et de ses recherches anatomiques,
et il est vrai qu'il ne s'est pas contenté du sommaire
appris à l'école, qu'il voulu suivre jusqu'au bout
l'exemple des anciens maîtres. J'aime surtout à me
le représenter tel que nous le peint son ami Silvestre,
simple, laconique et passionné, errant dans des rues de
faubourg, attentif à la vie, au caractère des êtres et des
choses, c'est-à-dire à l'accent significatif, à la note individuelle, dessinant tantôt les miséreux du quartier
Saint-Marceau, tantôt les rosses efflanquées livrées à
l'équarisseur, — enfin au Jardin des Plantes, devant les
cages des fauves, poursuivant son enquête du fond de
sa patience silencieuse. Sûrement, derrière sa paisible

apparence, dut se cacher un exceptionnel amant de la vie et de la force, car aucune de ses œuvres n'est absolument inerte, et jusque dans ses figures au repos respire une vigueur auguste toute prête pour d'immenses travaux. Les autres sont des étreintes, des batailles, des écrasements : Minos râle, broyé par Thésée; le Centaure dompté se tord en arrière, cabré furieusement; deux lions se déchirent et hurlent de douleur; dans les reins de la petite lionne couchée est accumulée toute la puissance du bond. Rien qui ne vive et qui ne travaille. Tout est en place, et prêt au déchaînement. Regardez l'insertion des muscles dans l'arrière-train du *Tigre dévorant un gavial* : ce n'est pas là la sûreté académique d'un habile homme, il n'y a là rien d'un « morceau »; toute la machine musculaire de la bête, nouée à l'échine avec une solidité souple, apparaît. Donner une telle puissance expressive au détail de la structure et faire sentir par lui, sans qu'il s'en sépare, l'harmonie de l'ensemble, c'est le signe, c'est la griffe des maîtres. Le demi-savoir se plaît à détailler ses adresses, le génie les enchaîne, et c'est par une sorte de surprise que nous pouvons les isoler et les étudier.

Cette concentration et cette violence semblent d'abord aux prises avec le chaos. Mais Barye empoigne la matière avec ordre et volonté. A ces avalanches de masses monstrueuses, il impose une discipline de passion qui a pour effet, non de paralyser la vie, mais d'en galvaniser les ressorts. Il ne déforme rien. Il compare, il choisit, et il accumule les forces là où leur évidence est le plus terrible. En sculpture, il ne s'agit pas de violenter l'anatomie pour donner l'illusion d'une force absente : ce serait tomber dans l'erreur commune à la plupart des élèves de Michel-Ange. Les volumes musculaires ont une importance inégale dans la structure et le modelé d'un corps; il en est qu'il importe de montrer et d'imposer, — ceux qui déterminent le caractère et qui dessinent le mouvement. Le corps d'un homme nu paraît généralement à nos yeux une image plate, lisse et pâle, où la lumière ne joue que sur des reliefs très faibles, à peine saillants. Les anatomistes d'école, par contre, y discernent toute une topographie montueuse, dont leurs œuvres nous présentent une image compliquée, monotone et fatigante, sur laquelle ils semblent s'être exercés à repasser leurs connaissances. L'art des maîtres est de déterminer les volumes essentiels et de les mettre en valeur. Mais pour les douer de toute leur autorité, il ne faut pas les prendre comme des accidents de la surface. C'est du fond de sa terre que Barye extrait et fait ressortir le relief. Il voit par le dedans, non par le dehors. Il ne découpe pas le bloc, comme le marbrier. Il surprend la forme à son origine, il l'accroît, il la nourrit, il l'amène à la lumière. Chez ce grand artiste, si sensible à la poésie de l'effet et si peintre, c'est là le trait du statuaire. Les plans ne sont pas de vagues ondulations de l'épiderme : ils répondent à des dessous de chair dense et musclée, ils se combinent pour exprimer un effort défini; ils imposent la notion d'un mouvement qui sort des profondeurs, d'un geste commandé par la vie. Sur la poitrine du Centaure à demi renversé par son adversaire, le jour pose un certain nombre de touches franches qui dessinent le modelé dramatique d'une musculature bandée à se rompre : ils sont en fonction de la cambrure des reins et des bras qui luttent. Là derrière, il y a un cœur bondissant.

De là aussi, la puissance de suggestion du détail lié au tout.

De ses deux mains, comme un Samson, Barye ouvre avec violence les gueules effrayantes. Ce n'est pas pour satisfaire un caprice d'orfèvre qu'il plonge ses regards dans ces cavernes chaudes, qu'il aiguise les crocs, qu'il attache avec soin les mâchoires, qu'il fait courir des ondes frissonnantes à travers les peaux solides qui maintiennent les griffes et les ongles. C'est pour suivre la vie dans ses dernières conséquences, les plus visibles et les plus expressives. L'instinct comprimé dans les reins et dans les ventres se dilate et se détend par les gueules et par les pattes. Tout ce qui sert à mordre, à déchirer, à détruire projette au loin l'étincelle des rages cachées. Et sur les faces des bêtes, des pensées difformes aboutissent et creusent des sillons durs.

Et pourtant la matière est maniée avec économie. Point de ces luxes violents, de ces abandons débridés qui trahissent le feu d'une inspiration généreuse et hâtive; la facture pour la facture est absente : les belles épreuves du Louvre, les premières sorties de la fonte, laissent plus fermement sentir que les autres la franchise avec laquelle sont installés les plans; elles ont quelque chose de plus robuste et de plus savoureux. Mais les pittoresques témoins de la fièvre créatrice, les reprises, les repentirs, les touches, toutes ces plaisantes caresses qui errent autour de la forme sans l'étreindre, font défaut. A peine coulées, non ébarbées par le ciseleur, encore garnies des rivets qui unissent les parties, les œuvres de Barye apparaissent douées d'une logique et d'une pureté absolues. La justesse du modelé, jointe à la beauté des fontes et à la variété des patines, parvient à donner le sentiment des pelages et des toisons; la rudesse des crinières se hérisse, les reins élastiques des tigresses sont couverts d'une mince peau veloutée. Mais jamais Barye ne consent à nous procurer ces illusions grossières et ces trompe-l'œil, auxquels excellent les arts de décadence et les praticiens de bas étage. Par la simplicité et par la force, son œuvre reste grande.

Il a représenté l'homme et la femme. Sans compter les quatre beaux groupes du Louvre, ses statues proprement dites sont assez nombreuses. Outre le *Thésée* et le *Centaure*, les *Trois Grâces*, *Angélique*, l'*Amazone* sont d'un charme élégant et robuste, inconnu (si nous mettons Rude à part, avec l'*Hébé* du musée de Dijon) à l'époque où Pradier était le statuaire officiel où la famille d'Orléans et encombrait tous les boudoirs de Paris de la grâce maniérée de ses statuettes. Silvestre s'indignait, non sans raison, à la pensée que les contemporains appréciaient sans justesse le talent de Barye dans la figure humaine, et l'artiste lui-même, sensible à ce dédain de la vogue, s'écriait : « En me reléguant chez les bêtes pour se débarrasser de moi, ils se sont mis au-dessous d'elles ! » Louant avec raison *Le Centaure et le Lapithe*, son biographe déclare que les emportements de Michel-Ange semblent s'y mêler à l'élégance et à la précision de Phidias. Je ne sais si les termes sont bien choisis; cette belle œuvre est d'une nerveuse élégance très française et très personnelle. Certains personnages équestres de groupes réduits, comme les Arabes de la *Chasse au lion*, ont la couleur, la ligne et le mouvement qui conviennent aux groupes des dimensions les plus considérables. La « petite sculpture » de Barye est si largement conçue et si franchement exécutée qu'elle pourrait être agrandie sans rien perdre de sa beauté.

Reconnaissons-le toutefois, quel que soit son mérite comme sculpteur de figures, le domaine véritable de Barye est ailleurs ; c'est ailleurs qu'il fait connaître toute la force et toute l'étrangeté de sa poésie. La sûreté attentive de son enquête, sa divination de solitaire lui ont permis de pénétrer ce qu'il y a d'obscur et d'énigmatique dans la vie animale. Il en a fait comprendre pour la première fois le caractère épique, les violences et les grandeurs. Avant ce laconique rêveur, aucun civilisé ne l'avait approchée de plus près. Sans doute Barye appartient à une époque d'audace et de sensibilité, où le génie des arts semble mieux préparé que jamais à comprendre et à exprimer le mystère et la sauvagerie de l'instinct. C'est le temps où Géricault avoue : « Je commence une femme, cela finit en lion .» C'est le temps où le peintre Decamps profile sur un horizon solitaire un troupeau d'éléphants en marche le long d'un marais où se reflète un soir d'une poésie barbare. Les merveilleux dessins de Delacroix saisissent au vol la ruade d'un cheval ou le bond d'un tigre, appesantissent le lion sur la proie. Mais les croquis de Delacroix, si beaux d'allure et de mouvement, ont quelque chose de décoratif et de théâtral ou, si l'on veut, de somptueusement dramatique, bien éloigné de la nature et des aspirations de ce solitaire concentré qui, dans son calme et glacial atelier de la rue de la Montagne-Sainte-Geneviève où il s'enferme après les séances d'étude au Jardin des Plantes, exalte les violences inouïes du désert. Ses débuts remontent loin, puisque, dès ses années d'école, les hasards du concours de Rome le mettaient

aux prises avec le lion dévorant Milon de Crotone. Dès
lors, on dirait que son choix est fait et que, devenu
Milon à son tour, il délivre sa main et dompte la bête
pour en faire son modèle.

Sa connaissance intime du monde singulier où il a
vécu et des fauves qui le peuplent est extraordinaire. En
pensée, il a libéré les tristes prisonniers de la ménagerie;
il les a restitués à la vie sauvage et à l'aventure. A force
de les voir aller et venir entre les murs étroits de leur
loge grillée, prendre leurs repas à la fourche, dormir,
s'étirer, il a deviné la puissante magnificence de leur
liberté. Sous la robe rayée du tigre en captivité, il a
mesuré la force de la détente musculaire, l'arc vertigi-
neux du bond. Il a redressé le lion malade ou vieilli,
supputé la pesanteur de ses pattes. A tous il a rendu le
sang et la vigueur. La petite girafe en cire du Louvre
semble prête à partir pour sa longue course indolente.
La lionne tapie contre le sable étire ses reins de femelle
en songeant aux déchirantes caresses de son mâle. La
panthère déhanchée trotte en laissant sur le sable des
traces inégales. Pour retrouver dans l'histoire de l'art
une expression aussi complète et aussi surprenante de
la majestueuse sauvagerie des fauves, il faudrait remonter
aux monuments laissés par de très vieux peuples, aux
animaux à la fois stylisés et réels de l'Ionie et de l'Assyrie,
à la panthère peinte sur un tesson de poterie découvert
à Olbia[1], à la *Lionne blessée* du Musée Britannique. Jusqu'à Barye, l'instinct du primitif ou du barbare était
seul capable de faire passer en nous l'horreur de ces

---

1. Cf. le bel article de M. Edmond Pottier, *Histoire d'une bête*, dans la
Revue de l'Art ancien et moderne, t. XXVIII, p. 419.

grandes forces errantes, de ces redoutables passants des solitudes. Du fond des âges ils semblent ressusciter jusqu'à nous.

S'il fallait trouver pour Barye, comme pour les vieux maîtres dont le nom s'est perdu, une désignation caractéristique, il faudrait l'appeler le Maître aux Lions. Tous les régimes ont aggravé le déshonneur immémorial du lion, à partir du jour où la tradition du tailleur d'images assyrien fut ensevelie définitivement dans la poussière de l'histoire. Barye osa lui restituer sa tête pareille à une montagne, ses courtes pattes nerveuses, son corps musculeux. Le lion redevint ce qu'il est resté chez les nomades, le Seigneur. Avant de figurer à nouveau au pied des monuments publics, contre le socle des statues officielles, de reprendre sa faction séculaire et décorative et de montrer au peuple une face de tribun austère, vieilli dans les honneurs, le lion de Barye rugit, lutte, étrangle et déchire, aspire les souffles brûlants du désert. Dans l'art de tous les temps, cette image saisissante de la violence et de la souveraineté doit être mise à part comme l'œuvre d'une nature singulièrement haute et forte et qui s'est résumée ainsi tout entière.

LES DESSINS DE VICTOR HUGO

L'ART ne se limite pas aux manifestations extérieures d'un sensualisme ardent ou délicat. Les formes de l'univers ne le contiennent pas tout entier, les habitudes de notre vision quotidienne ne déterminent pas tout son empire. Il arrive qu'il s'évade, et qu'il fasse passer une lumière éblouissante et soudaine sur des réalités plus profondes. Il y a un *au-delà* de la peinture et du dessin dont certaines natures audacieuses se sont fait un domaine. Parfois, la confusion et la violence l'emportent, et nous ne savons pas lire ces ténébreux autographes, où la nuit semble agitée de palpitations secrètes que nous croyons un instant reconnaître et qui s'évanouissent bientôt à jamais. Souvent, c'est une sorte de révélation obscure qui nous laisse voir à demi un monde inconnu : le mystère qui l'enveloppe ajoute à la solennité et à la puissance de ses charmes. Ainsi se présentent à nos yeux, dramatiques, rayonnants et funèbres, les dessins de Victor Hugo. Ils donnent du génie du poète une notion encore plus singulière et plus émouvante que son œuvre même, ils aident à comprendre les obsessions et les divinations du prodigieux visionnaire. Mais ils n'illustrent pas seulement l'histoire de sa vie et de ses écrits. On n'a pas le droit de les prendre tout

juste pour des documents, pour un commentaire graphique des chants du poète, pour d'amusants caprices
sans profondeur. Ce « frisson nouveau », dont Hugo lui-
même félicitait Baudelaire, en le louant d'avoir enrichi
la sensibilité moderne, ses dessins l'ont fait passer à travers l'art du dix-neuvième siècle, et s'il est vrai, selon la
formule de Poe, que le beau n'est jamais exempt d'étrangeté, ces magnifiques improvisations comptent parmi les
œuvres les plus rares et les plus belles qu'ait jamais
enfantées l'imagination d'un voyant.

Elles nous heurtent, elles nous déconcertent, elles
nous arrachent à ce commode univers que nous ont bâti
des générations de peintres. Elles sont pleines de passion et de désordre : telles quelles, elles nous subjuguent.
Pour en connaître toute la puissance, il ne nous faut que
les voir. C'est qu'elles sont douées de deux vertus émi-
nentes : l'ignorance et la spontanéité. L'artiste qui les
créa ne savait pas la grammaire du dessin, et il ne se
souciait pas des fautes à commettre. Il en commit
d'énormes et d'admirables. Il méconnut les lois de la
lumière et fit surgir un soleil terrible qui semblait resplendir sur les décombres d'un monde. Il faut une grâce
spéciale et un étrange génie pour oser ainsi et pour re-
fuser de s'acclimater à ce qu'il y a de tout fait dans les
doctrines. Telle est la leçon que nous donnent parfois
les dessins des enfants et les dessins des poètes. Ils sont
mieux que sincères, et leur audace pénétrante découvre
du premier coup des vérités que notre antique expérience
est impuissante à saisir et à propager. Enfin, n'étant pas
limités par des formules, dus à des caprices sans frein,
venant des régions profondes de la vie intérieure, ils
opposent à l'art de la conscience claire un art de l'in-

conscient, plus fertile en magies, en éblouissements, en vertiges. Et pour traduire tant de notes nouvelles, ces barbares prestigieux se créent des outils, une matière, une technique parfaitement homogènes, toute expression des formes, je dis la plus lyrique et la plus libre, s'associant toujours à la matière. Ces dépôts bourbeux, ces coups de plume violents comme des coups de griffe, c'est la langue qu'ils nous parlent et qu'ils ont faite ; c'est par elle qu'ils ont accès en nous et que nous avons accès en eux.

Ce n'est pas que tous les dessins de gens de lettres soient doués de la même innocence rayonnante. Beaucoup tendent seulement aux vertus moyennes des professionnels, et quelques-uns les atteignent. Les uns portent les marques d'une application timide. D'autres sont des pastiches d'une école ou d'un maître. D'autres, enfin, ont la sincérité acide de ces charges d'écolier griffonnées en cachette pendant l'ennui des heures de lycée, mais ne vont pas plus loin. Il en est peu qui soient absolument conformes à l'idée que nous nous sommes faite du tempérament de leur auteur : pourtant, les aquarelles de Mérimée, qui semblent extraites de l'album où quelque Anglaise recueillit ses souvenirs de voyage, ont l'élégance minutieuse, petite et sèche à laquelle nous nous attendions. Mais quelle déception que les rares esquisses de Vigny ! De lui je connais une vue de Suisse, où les montagnes et les sapins sont indiqués avec la lourde mollesse d'une main de pensionnaire. Le « feuillé » des arbres, l' « estompé » des lointains rappellent les préceptes et les modèles de M. Bertin. Celui-là n'était pas un visuel. Il dessinait, comme on monte à cheval et comme on fait des armes, quand on est bien élevé. On connaît, d'autre part, la studieuse truculence des peintures de Gautier. Plus intéressants, les dessins de Baudelaire sont d'un dandy, contemporain de Gavarni et de Constantin Guys. Ils accusent parfois une force d'expression individuelle et une sorte d'autorité libre qui sont d'un homme doué, par exemple un curieux portrait d'Asselineau, dont l'autographie a été donnée par Aglaüs Bouvenne, vieux romantique fidèle aux souvenirs de son passé et qui connaissait exceptionnellement bien ces curiosités des lettres et des arts.

Les dessins d'Hugo sont d'un créateur. Très nombreux, surtout à partir d'une certaine époque, ils attestent l'intérêt qu'y prenait le maître, et l'on doit les considérer, non comme des délassements ou comme des essais, mais comme des œuvres pleines de force et d'unité, nées sans fatigue, franches, vigoureuses et solides dans leur étrangeté. Ils s'organisent en cycles, amples et tumultueux comme les grands cycles héroïques de la *Légende des Siècles*. A ces magnifiques tapisseries de mots, à ces hautes lices d'images et de sensations, ils ajoutent une sorte de vertigineuse galerie d'ombres et de lueurs qui n'est pas moins éloquente. Déjà l'on s'est beaucoup occupé d'eux. Bouvenne en a gravé quelques-uns à l'eauforte, avec une intelligente vigueur, et aussi Paul Chenay, Méaulle, dont les gravures sur bois forment un beau recueil. Burty les a étudiés, mais sans ampleur; et c'est à eux que Gautier a consacré les pages les plus éblouissantes et les plus compréhensives qu'il ait peut-être jamais écrites. Enfin, dans deux articles de la *Gazette des Beaux-Arts*, M. Emile Bertaux en a déterminé les caractères et l'évolution avec un rare et pénétrant savoir. Après cette belle analyse, il reste bien peu à dire. Dans cet essai rapide, je n'apporte pas de richesses documentaires inédites, mais seulement quelques nuances particulières dues à des soucis personnels de méthode, dont j'ai tâché de tirer profit avec mesure.

Le génie d'Hugo dessinateur s'est formé et s'est développé dans des conditions particulières. La technique s'est enrichie et précisée, à mesure que les thèmes se sont élargis, — jusqu'au jour où, maître de toutes ses ressources, il s'est exprimé avec plénitude. C'est alors, c'est sur les dessins de la grande période, — l'exil, — qu'il faut tenter de saisir et d'interpréter son génie pittoresque, pour en acquérir la juste notion, pour nous en faire une image d'ensemble, d'accord avec tant de sombres magnificences et de saisissantes visions.

I

Pendant la première partie de sa carrière, Hugo fit progressivement l'apprentissage, non d'un métier impersonnel, mais de ses propres dons. Il a toujours dessiné, il fut l'écolier qui couvre d'improvisations gauches et spirituelles ses cahiers et ses livres de classe. Plus tard, il vit sa femme se servir de cet outil aigu qu'on appelle mine de plomb, esquisser avec un « joli talent » des portraits et des paysages. Surtout, il eut des amis peintres et, s'ils n'ont pas été ses maîtres, ils n'en furent pas moins pour lui des excitateurs. C'était alors le temps où, dans les ateliers, les conversations se prolongeaient entre les artistes et les poètes ; les manières et les techniques se consentaient des emprunts réciproques. La peinture, la musique et les lettres acceptaient de confondre leur principe, en faisant collaborer leurs ressources et leurs effets. Autour d'Hugo évoluait un groupe qui subit l'ascendant impérieux de sa supériorité et qui, d'autre part, le renseigna sans doute utilement sur ces pratiques et sur ces réalités de l'art, dont on n'acquiert une connaissance intime qu'à l'école des techniciens. C'étaient des talents secondaires, épris de culture, d'intellectualisme et d'intentions. Entre tous, Louis Boulanger fut l'ami fraternel et le confident. La critique contemporaine s'est plu à le juger d'une manière tranchante : l'amitié d'Hugo le rendit célèbre, son influence le diminua. Mais chez lui, comme chez Célestin Nanteuil et les Deveria, subsistent, parmi les vestiges confus de l'ivresse sacrée, de la grande fièvre française de ce temps, quelques belles notes héroïques, les audaces d'un parti-pris généreux. Tous, lithographes et dessinateurs, savaient quelle poésie naît des contrastes du blanc et du noir.

Dans ces échanges d'idées et d'influences, Hugo portait ses dons prodigieux de visuel ; il était peut-être le plus peintre de tous. Son regard n'avait pas seulement cette acuité qu'ont louée les biographes et qui lui permettait de distinguer, du haut des tours de Notre-Dame, la couleur de la robe de Mlle Nodier accoudée au balcon de l'Arsenal, — il était exceptionnellement sensible au relief des formes, à leur carrure, à leur grandeur. Pour beaucoup d'yeux humains, le monde est une surface, le long de laquelle se déplacent des apparences pâles et usées, une collection d'images neutralisées par l'habitude. Mais il est des visions créatrices qui reprennent cette inerte matière, qui lui restituent puissamment la troisième dimension, qui font courir sur elle des ombres et des lumières dont les jeux sont comme des batailles.

Alors, l'univers s'enrichit de saillies et de profondeurs, entre lesquelles se distribue une vie dramatique. Le poète, qui sculpta dans le mot tant d'évidences formidables, savait interpréter spontanément la nature en peintre et en voyant. Moins attiré par les chatoiements et les voluptés du ton que par les combats du jour et des ténèbres, il possédait cette intelligence de l'*effet*, cet art de répartir ou de concentrer la lumière, dont ses poèmes nous offrent de si nombreux exemples.

Ses premiers dessins sont des caricatures. C'était alors l'arme préférée de la petite guerre que l'opposition faisait au pouvoir, de cette satire quotidienne des mœurs et de la mode qui a toujours occupé l'esprit public en France et qui, quelques années plus tard, allait produire des chefs-d'œuvre. La rapidité d'exécution et l'impression facile de la lithographie, encore récénte, favorisaient le succès du genre. De là, chez les gens du monde, chez les gens de lettres, une vogue de croquis bouffons.

Les caricatures d'Hugo demeuraient étrangères à la publicité : elles amusaient les intimes sans prétendre à émouvoir l'opinion. Elles dénoncent l'impuissance géniale du grand imaginatif à concevoir la figure humaine telle qu'elle est, la tendance qui l'entraîne à la déformer, pour lui donner plus de relief. Ces physionomies grotesques et tragiques, cocasses et lamentables, sont énormes plutôt que gaies. Il arrive que le poète exécute la charge des hommes politiques contemporains, mais il aime surtout à représenter ses héros, — un des comparses hirsutes qui se meuvent dans l'ombre de ses drames, ce Falstaff espagnol entrevu dans un vers de *Ruy Blas*, Goulatromba ; le voyou au grand cœur que nous verrons cheminer dans les méandres des *Misérables*, Gavroche. Entre

VICTOR HUGO

L'Abbaye, dessin extrait de *Dessins de Victor Hugo*
gravés par *Paul Chenay*, 1863.

Il dessine pour se documenter, il dessine pour apprendre
à voir. Il n'est pas seulement le studieux des vieilles
pierres, le précurseur d'un Ruskin, par exemple, recueil-
lant à la pointe de son crayon — un crayon précis et dur
— les notes de la *Bible d'Amiens*, c'est un artiste, c'est
un peintre qui cherche à traduire son émotion. Le sur-
plomb des encorbellements, le mouvement des pignons
et des combles, le dessin imprévu d'une girouette sur
une tourelle en échauguette, précisent en lui la notion du
pittoresque. Les vastes falaises des cathédrales, pleines
de profondeurs et de clartés, lui enseignent la poésie
antithétique de l'ombre et du jour luttant sur des surfaces irrégulières...

Et, de nouveau, il imagine, il revient à d'antiques
nostalgies. Il édifie des architectures mauresques, arabes,
hindoues. Il ignore l'Orient, il l'invente. Déjà ses œuvres
présentent des caractères très accusés : le sentiment de
l'effet, le goût de l'accumulation pittoresque, le don de
choisir et de mettre en valeur le détail significatif. Il
sait que, dans le détail, réside l'accent individuel des
êtres et des choses : il l'extrait d'une masse amorphe, il
le souligne avec force, il l'associe aux mobiles apparences
de la lumière et de l'heure. Enfin, il est obsédé par l'ampleur des masses, par sa passion de l'énorme, et, igno-
rant les artifices d'échelle et de mise en page, il entasse
les volumes les uns sur les autres, au gré de sa fantaisie,
autant pour faire étrange, vivant, nombreux, que pour
donner l'impression du colossal.

Mais il est encore desservi par une technique inadap-
tée. La pointe de la plume griffe le papier, accumule et
embrouille les hachures, aboutit à ces effets chevelus et
denses que Caylus reprochait à Piranèse et que l'on

appelle du « foin ». Il ne se sert pas encore des barbes. Les valeurs continues manquent. De là une certaine aigreur. Ailleurs (surtout dans ses notes de voyage), on trouve des indications presque linéaires, et aussi des dessins lavés, dans une grisaille délicate qui ne laisse pas prévoir les violences prochaines. Les insuffisances de ses dessins à la plume, ce sont les inconvénients des premières eaux-fortes romantiques, de Poterlet, de Paul Huet, plus pittoresques que suggestives, gravées d'un trait un peu mince et complexe, celles de Paul Huet, vibrantes et colorées, mais peu profondes.

II

Le voyage du Rhin devait donner à cet art une largeur et un relief que la vieille France ne lui avait pas encore permis de mettre en lumière. Aux yeux du poète, le passé germanique était plus ténébreux et plus touffu. De grandes ombres y erraient encore à travers la brume des temps, comme dans un de ces bois légendaires où les écorces bourrelées et les mouvements pathétiques des ramures simulent étrangement des présences surhumaines à demi dégagées du sommeil de la matière. Jusqu'alors Rome, avec ses ruines majestueuses, plus encore que la France, avec ses donjons et ses clochers, avait été l'asile et le promenoir des mélancolies romantiques. Mais, dévorées de soleil, blanches ou dorées sous un ciel limpide, ces ruines mêmes évoquaient plus la magnificence de l'empire que le despotisme du temps ; une vie misérable et pittoresque, campée dans le palais de César, y faisait retentir sa gaie pauvreté, ses passions et ses jeux.

Les magnifiques phrases de Chateaubriand avaient sus-
pendu le long des parois crevées et sous la voûte des arcs
de triomphe comme des guirlandes funéraires ; René
avait multiplié la solitude des lieux par sa solitude
éternelle, — mais le génie latin y résistait encore aux
attaques des siècles et à l'éloquence du rhéteur ; le
soleil de l'Italie, rayonnant sur les ruines de Rome,
semblait leur ajouter un lustre, sans aggraver leur
décrépitude.

Ici, Hugo trouve une sorte de nuit propice à ses songes
et qu'à son gré il peut peupler de bestialités pensives.
Sous le ciel gris de la Germanie, sur les rives du père
des fleuves, à l'endroit où expirent à la fois le pouvoir de
César et le prestige du civilisateur romain, il retrouve
des légendes plus sombres et plus anciennes que l'antique. Une continuité formidable relie les anciens dominateurs de ces vallées aux dieux terribles des mythologies
scandinaves. Sur de vastes espaces de temps, l'obscurité
de l'histoire s'étale comme un lac noir. Au flanc des
monts, des débris s'étagent, à la fois plus séniles et plus
hardis que les riants décombres du Sud. Ces ombres
monstrueuses, dressées dans un effrayant demi-jour au-
dessus de l'abîme et du vertige, plongent dans un passé
plus opaque et plus étrange que les siècles lumineux
dont les histoires grecques et latines nous ont laissé le
récit, conforme aux règles de la raison. Les dieux du
Nord, les héros légendaires, le pape, l'empereur habitent
pêle-mêle les annales germaniques, et cette confusion
décuple le recul des temps. Une race supérieure aux proportions humaines règne sur ces obscurités. Les demeures
qu'elle s'est bâties le long du fleuve, les bourgades où
elle confina ses esclaves deviennent pour le poète le pré-

texte d'inventions audacieusement pittoresques, hirsutes et belles.

Il y a un pittoresque plaisant et léger, dont débordent les croquis de voyage ordinaires. Il sait choisir et mettre en valeur la jolie note évocatrice, le détail humble ou touchant. Il fait grimper le lierre au flanc des murailles, il accentue la décrépitude aimable des motifs d'architecture, la familiarité de la vie quotidienne associée à.de grands souvenirs. Un marché aux poissons s'installe sous le portique d'Octavie, peint par Panini; dans l'ombre de l'aqueduc de Claude, les chevriers dansent au son de la flûte rustique. Mais les burgs d'Hugo sont envahis par la solitude et dévastés par la violence d'un orage surnaturel, dont l'eau et le feu ont laissé sur les pierres de grandes lèpres tristes. Rien qui console de la fuite des jours : dans ces bâtisses pareilles à des rochers évidés par un déluge, ils ne passent pas, ils s'accumulent; les nuits s'entassent avec densité, le temps a dévoré les accidents et les épisodes de la vie, dont plus rien ne demeure, et le poids des âges écoulés nous écrase. Alors, pour exprimer la poésie des très anciennes villes endormies dans l'ombre des forteresses, pour donner à ces sombres et arides châteaux le relief et la grandeur qui leur conviennent, la technique d'Hugo devient plus grasse, plus énergique et plus simple. Sur les pignons de Baccharach, le trait élargi enveloppe la forme. En blanc et en noir, les éléments de l'effet se répartissent avec autorité. Un jour violent, venu d'on ne sait quel soleil, rayonne sur des architectures, dont la nuit englue la base et le sommet. La silhouette du burg rhénan domine désormais tout l'art d'Hugo; ce rocher fait de main d'homme s'y dresse avec âpreté, semblable à ces vieillards gigantesques, ses maîtres, qui supportèrent sans fléchir l'écroulement des années et des sociétés, Job, Magnus, Welf, castellan d'Osbor.

L'image de Paris profita de ce contact avec les antiquités du Rhin. Le poète avait quitté la place Royale, harmonieux décor de briques et de pierres, pour la rue de la Tour-d'Auvergne et, de ses fenêtres, il pouvait voir se déployer les larges horizons de la cité, tout un admirable paysage urbain. C'est là, devant les hautes maisons étagées sur les deux rives de la Seine, devant les aspects changeants d'un ciel chargé de vapeurs et de fumées, crevé çà et là par les flèches des églises et laissant deviner derrière des bandes de brumes des dômes arrondis par la lumière, c'est là que le Paris du dix-neuvième siècle s'imposa à l'imagination du visionnaire, comme une réalité aussi poignante, aussi mystérieuse que les débris des civilisations médiévales. La ville, avec ce qu'elle expose et ce qu'elle dissimule, ses merveilles, ses tares, son labeur quotidien, avait pour elle le prestige d'une vie secrète et multiple qui plongeait, elle aussi, dans les profondeurs du passé. Déjà Balzac avait fait surgir des combats qui se livrent sur ce champ de bataille, de toute la misère humaine brassée dans cet immense creuset, une poésie faite de vérité, fiévreuse et grande. Dans les interstices de la vie sociale, Eugène Sue agitait toute une populace difforme. La Ville était une sorte de monstre de pierre, parcouru par une activité organique, ayant une âme et des fonctions. Bientôt Privat d'Anglemont allait révéler les singularités et les épouvantes dont Paris est le dépositaire. Ce n'était pas une cité parmi d'autres cités, mais la capitale des antiques malaises de l'homme et de ses audaces généreuses. En attendant de

promener Jean Valjean dans ses cloaques, Hugo, dressé
sur la hauteur, contempla les cubes de pierre, rayés
d'ombres profondes, où s'agitait une humanité misérable.
Il circula avec passion dans les quartiers pauvres, entre
les hautes carcasses de bois et de plâtre qui, le soir, à
l'heure où flambent les tavernes, semblent échafaudées
sur des lueurs. Il devina qu'entre les fentes étroites, où
court un avare filet de jour, sur les murailles équi-
voques, rongées de salpêtre, la lumière accroche des
notes plus émouvantes et compose les valeurs avec une
harmonie plus étrange que sur les décombres herbus,
isolés dans les campagnes, de toutes parts baignés par un
glorieux soleil ou par une nuit transparente. Ses beaux
dessins de ce temps précisent en lui la notion de la ville
formidable et triste des *Misérables*, qui deviendra en
1867, à l'occasion de l'Exposition Universelle, dans les
pages inoubliables écrites pour le *Paris-Guide*, la cité de
la paix du monde, l'arène où les peuples viendront
quelque jour faire l'abandon de leurs haines, joindre
leurs mains, unir leurs efforts fraternels.

III

Après la grande défaite de la République, Hugo devait
découvrir une autre immensité. Venaient pour lui les
années d'exil. Il se choisit son rocher. A Guernesey, il
voulut une demeure conforme à son génie. Hauteville-
House fut, par ses soins, une sorte de caverne singulière
et charmante, dont les aménagements, dont les meubles
mêmes expliquent, non seulement ses goûts de décorateur, mais le principe de sa vision d'artiste, épris des

ombres mystérieuses et des lueurs rares. J'ai sous les yeux les eaux-fortes gravées par Maxime Lalanne pour un mince cahier de souvenirs, *Chez Victor Hugo, par un passant* : une pointe subtile et colorée y évoque avec fidélité les étrangetés et les chatoiements du lieu.

Hugo meubla sa maison d'énormités, comme sa pensée. Il fit une place aux matières rudes et rustiques, taillées ou pétries par une main populaire. Dans un cadre de bois et d'étoffes, il disposa les poteries aux flancs onctueux, piqués d'un scintillement. A ces éléments sobres et stables il associa le caprice et la préciosité de l'Extrême-Orient. A tous les siècles, à tous les climats, il demanda des monstres, il s'en fit une ménagerie fabuleuse, domptée par des devises de paix, inscrites dans la pierre ou le bois, célébrant le triomphe de l'esprit sur la matière. Il juxtaposa, il confondit les siècles, les noya dans une harmonie puissante et vague, plus suggestive que l'ordre impersonnel des musées. Sa rêverie architecturale conçut les meubles comme des bâtisses ; il les agrandit aux proportions de son génie ; de trois, il en fit un, en les dressant les uns sur les autres, en échafaudant un prodigieux équilibre de bahuts, de panneaux, de colonnes et d'ornements, — et l'on eût dit qu'ils étaient assemblés avec des troncs d'arbres abattus par des bûcherons herculéens, dans ces forêts millénaires où le démon fit errer Pécopin pendant une nuit de cent ans. Alors ses songes purent se dresser de toute leur hauteur dans l'atmosphère qui leur était propice. Les grandes salles encombrées, dont les recoins abritaient une ombre veloutée, devinrent l'asile de la solennité et de la nuit, — une nuit traversée de présences, où palpitaient le vol d'un oiseau d'or sur un meuble de laque, le cristal d'un lustre, le poli d'une ferrure, un clair-obscur qui donnait à l'immobilité de la matière une vie sourde, obsédante, s'exprimant par des sévérités terribles ou par de suaves beautés, selon l'éclairage et selon les heures.

Mais du haut de son belvédère vitré, à sa porte même, il voyait une réalité plus profonde et plus dramatique que l'histoire des âges, la mer éternelle. La mer imprègne désormais l'art et les chants d'Hugo de ses vertus amères. Dans les *Châtiments*, l'empire est la victime, l'océan est le héros. Il est le héros des *Travailleurs* et de l'*Homme qui rit*. Il assiège de ses fureurs fraternelles l'îlot d'où le poète exilé invoque les dieux de sa patrie. Comme le passé germanique, comme la grande ville aujourd'hui domptée, il fourmille de rumeurs, de reflets, d'ombres errantes. Il abrite des migrations et des immobilités. Il a une vaste histoire anonyme qui s'étend jusqu'aux confins du temps, pleine de désastres et de trésors perdus. Il recouvre des escadres, des cités, des nations entières de morts non ensevelis. Il est une grande âme aveugle, armée de fureurs et de bontés. Il nourrit les peuples, il déjoue les projets des tyrans, il saisit par le pied le sieur Clubin et garde pour Giliatt la ceinture de cuir qui tient la boîte aux banknotes.

Hugo aima les hommes de la mer; de ses hôtes les pêcheurs il se fit des modèles, — mais, plus que le visage humain, plus que les constructions de bois ou de fer édifiées sur les côtes pour avertir les navigateurs, — je pense à son merveilleux dessin du phare d'Eddystone au dix-septième siècle, — il s'attacha aux apparences hargneuses surgies du flot, à ces cailloux perdus en mer contre lesquels vint talonner la *Durande*. Ils sont comme de grandes faces inflexibles où rien d'humain ne s'accuse, mais où flottent des rêves redoutables nés de la colère de Dieu. Leur matière luisante et noire, lavée par l'embrun, ébauche une sorte d'attention indiscernable vers des proies. Pareils aux grands burgs qui jadis abritaient les convoitises des faucons féodaux, ils se dressent au-dessus des vallées chancelantes creusées dans le flot par la tempête. Et la tempête elle-même paraît, précipite l'élan des lourdes volutes désordonnées. Elle emporte l'esquif du poète, dans *Ma Destinée*, mais la barque chevauche le monstre, poursuit sa route ; elle retentit des échos de cette lutte ; les assauts de la lame émeuvent son bois sonore et ne le brisent pas.

Pour fixer ces images nouvelles, pour revenir avec plus de force et plus de beauté à ses rêves d'autrefois, Hugo inventa une matière et des outils. On a parlé de ces éléments singuliers comme s'ils étaient les preuves d'une négligence géniale, et pour montrer que la toute-puissance d'un créateur se rit des artifices et des procédés. Mais c'est à ces insuffisances, à ces étrangetés, à ces partis-pris barbares que l'art d'Hugo doit ses qualités expressives et son unité. A l'encre il mêla du café noir : c'est que le café donne au ton une chaleur et une générosité exceptionnelles, il le vieillit, il le colore. L'artiste se servait de plumes faussées : c'est qu'elles crachent, c'est qu'elles tracent ces linéaments capricieux et déterminent ces accidents qui prêtent au dessin des formes une vie pittoresque et suggestive. Parfois, il employait des allumettes cassées : alors le trait devient généreux et large, il n'a plus rien des maigreurs et des sécheresses d'une pointe rigide, plume ou crayon. Sur le dessin, commencé par un détail infime, sans préparation d'ensemble, sans ébauche préliminaire, Hugo versait largement l'encre et le café et travaillait dans cette nuit mouvante qu'il répartissait à son gré, en tirant parti des hasards de la catastrophe. Et ce que l'on voyait d'abord, c'était l'essentiel, la tache et la lueur, le combat épique du jour et des ténèbres, autour de grandes formes vaguement apparues qui semblaient onduler et se hérisser sous cette pluie de rayons, dans la marée montante des ombres.

Cet art se sent de la renaissance de l'eau-forte. Les romantiques l'avaient retrouvée et rajeunie. Hugo, Théophile Gautier aimaient avec passion les sublimes noirceurs de Piranèse. De Guernesey, le poète avait adressé à Charles Meryon, qui lui avait envoyé son album d'eaux-fortes sur Paris, un de ces remerciements somptueux dont il aimait à honorer les grands contemporains. En 1863 paraissaient les petites estampes délicates et puissantes que Lalanne consacrait aux merveilles d'Hauteville-House. Dans sa famille même, Hugo avait un graveur, Chenay. Enfin l'on connaît une eau-forte de la main du poète, — un burg en ruines au sommet d'un mont. Mais il est curieux de constater qu'elle est inférieure à ses dessins : c'est que la pointe d'acier est insuffisante à exprimer l'intensité d'un effet, si elle n'est pas soutenue par la profondeur et par la qualité des morsures, — art infiniment délicat et subtil, fait de patience et d'inspiration mêlées, dont les chercheurs les mieux doués ont mis des années à se rendre maîtres. Et l'on conçoit qu'à cet apprentissage Hugo dut préférer des résultats immédiats, obtenus sans peine, d'accord avec les exigences immédiates de la fièvre créatrice. La manière noire l'eût sans doute mieux servi, et plus promptement : mais elle n'est pas sans mollesse. De toute façon, l'eau-forte intense des maîtres du dix-neuvième siècle et les dessins du poète appartiennent à la même série de grandes œuvres, par la vigueur de la lumière, l'étrange beauté du ton, le charme des valeurs.

IV

Hugo dessinateur fut un grand poète de la forme. Non qu'il se soit appliqué à en dégager le style, à la dresser avec une autorité sereine au milieu des tempêtes. Au contraire, il la vit parcourue de frémissements, non pas stable, mais prête à chanceler, à bondir ou à succomber. Les ans l'assiègent, la pauvreté la dévore. Tantôt elle se ramasse, se contracte et s'accroupit. Tantôt elle se hérisse, et l'artiste lui communique alors une vie menaçante et tourmentée. Parmi ses dessins, il est une sorte de tache, velue, sauvage et pleine d'embûches,

Aspect crépusculaire, obstiné, noir, hideux,

symbole des passions et des volontés secrètes qui arment la nature contre la faiblesse des vivants. Rien de précis ne s'y distingue, sinon la mauvaise humeur hargneuse et la méchanceté des choses. Dans un labyrinthe de crimes, de vengeances et de persécutions aveugles, elles vivent ténébreusement, toutes prêtes à décharger leurs malé- fices. L'homme circule à travers une forêt d'apparences monstrueuses qui le guettent. Au pied des murailles fourmille l'assaut des épines et des ronces ; les halliers des forêts épiques déchirent le voyageur errant. Sous ses pas se dresse la flore funeste qui naît au pied des gibets. Elle étire des ramures flexibles et noueuses, hérissées de crochets et de dards. La pierre elle-même, la pierre des antiques demeures que se bâtirent les races oubliées, échappe aux lois de l'inerte matière. Les donjons se haussent pour accrocher le ciel, et les décombres de leurs escarpements sont pareils à des bataillons en marche, pressés le long de quelque pente. Une vie galvanique circule à travers les écorces et les parois, gonfle le sol, fait tressaillir les feuillages et les eaux. Entre le ciel et la terre, surgissent des apparences qui ne reposent sur rien, qui semblent accourir du lointain des âges ou glisser précipitamment sous nos yeux. L'équilibre s'écroule, l'air tremble et palpite autour des formes qui le déplacent et qu'un vent de cataclysme achemine vers les abîmes.

A cette décrépitude, à cette instabilité, à ces hérissements, à la poésie de la chose vieille, menaçante et ruineuse, Hugo ajoute la magie de l'effet. Il en a demandé la puissance, non au prestige de quelque heure humaine, mais à un incertain crépuscule, qui n'est ni celui du matin ni celui du soir, au faux-jour de l'orage qui, dans une atmosphère trouble, montre par à-coups les forces élémentaires ruées les unes sur les autres ou bien, quand tout s'est tu, le monde encore noirci par la foudre, ravagé par les eaux, comme au lendemain d'un déluge. Un voile cendreux s'étend sur l'horizon, et ses déchirures laissent filtrer un rayon avare qui ne dissipe qu'à demi les ténèbres. Une lueur oblique plonge à travers la nuit et va réveiller avec violence quelque reflet dormant. Alors s'élève en nous une terreur obscure, mêlée à des ombres de souvenirs. Dans ce monde en ruines, qu'ébranle et que calcine le tonnerre, nous reconnaissons des paysages et des sentiments qui n'appartiennent pas à notre vie présente. Le Rhin, Paris, la mer, le visage des hommes,

la grimace des monstres, les forêts, les vallées, les monts,
toutes ces formes, tous ces rayonnements deviennent
les symboles de nos nostalgies les plus poignantes ; nous
subissons le vertige du Temps, plus terrible que le vertige de l'Espace. Nous n'avons plus sous les yeux d'amusants caprices romantiques : nous sommes aux prises
avec une suggestion solennelle, avec le pouvoir mystérieux qui permet au génie de modifier à son gré les
aspects de notre vie intérieure et de transfigurer l'univers.

CHARLES MERYON

1821-1868

I

CʜᴀʀʟᴇS Meryon appartient à cette lignée des solitaires qui semblent nés pour déconcerter l'analyse et les classifications. Son effort d'artiste semble ne le rattacher à personne, parmi ses contemporains ou ses prédécesseurs. Sa vision est profondément personnelle. L'écrivain qui voudra expliquer son œuvre par sa vie pourra descendre dans le détail des faits, interroger les papiers et les correspondances : il ne trouvera pas que l'artiste se soit plié à des influences, qu'il ait résumé les pensées et les sensations de son temps. Les curieux se serviront de ses planches pour déterminer avec précision tel aspect du Paris disparu, pour illustrer (peut-être) quelque note sur les transformations de la cité. Les amateurs s'inquiéteront de savoir si les états soumis aux enchères publiques sont tirés sur papier rare ou si, datant de la folie du maître, ils portent, gravés dans les ciels, les aérostats chimériques qu'ajoutait sa manie. Les philosophes affirmeront une fois de plus que le génie en art est le résultat d'un désordre de l'âme. Derrière cette mêlée d'interprétations et de préférences, l'énigme et la solitude de Meryon demeurent intactes. Il semble né au hasard d'un siècle, il nous transporte par delà les âges. Le désarroi de son existence commente et représente, si l'on veut, l'originalité de sa manière, mais ne l'explique pas. Les feuillets de papier où il fixa ce qu'il y eut de plus secret dans ses songes portent jusqu'à nous des échos lointains, et non pas le tumulte d'une vie sonore.

La sienne est tout entière ombre, fièvre et silence. Elle se concentre, elle se dérobe. Le bibliophile Bouvenne a consulté et publié des lettres à Félix Bracquemond, fait appel à la tradition orale, interrogé la mémoire hésitante ou réticente des amis. L'artiste était fils d'un médecin anglais[1] et d'une danseuse de l'Opéra. Ce commencement de vie est étrange et vague comme un conte. On sait aussi que, sorti de l'Ecole Navale, Meryon fit de vastes voyages, qu'il rapporta des îles océaniennes des croquis nombreux et des notes, de fins vaisseaux aux voiles déployées, couchés par la brise sur une mer pacifique, des portraits d'indigènes où se résume une humanité triste, ignorante de son passé, insoucieuse de son déclin, tracés d'un crayon exact, habile, un peu maigre et dur. L'idée de graver l'album de cette course autour du monde le préoccupa longtemps, il avait commencé à l'exécuter.

Mais ces voyages, ces grands voyages de jeunesse,

---

1. Sir Walter Armstrong, dans son ouvrage sur l'Angleterre, collection *Ars Una*, p. 142, annexe Meryon à l'école anglaise : « On pourrait presque dire que son art est purement anglais, et son inspiration, quelque peu maladive, procède d'une pensée anglaise éclose à Paris. » Interprétation ingénieuse d'une œuvre énigmatique, au fond de laquelle il y a sans doute, non l'authenticité de l'accent anglais, difficilement discernable, mais la réalité du « dépaysement ».

qui avaient rayonné sur l'adolescence de Baudelaire, par exemple, et qui devaient exercer un tel ascendant sur la sensibilité et sur l'imagination du poète, n'ont pas autrement déterminé l'art de Meryon. Son premier essai de composition « historique », l'assassinat de Marion Dufrêne dans la Baie des Iles, en Nouvelle-Zélande, rappelle pourtant cette première époque de sa vie. Quelle différence entre cette sèche et naïve vignette, que l'on dirait extraite d'une vieille relation océanienne, d'un Cook ou d'un Bougainville poudreux, et les formidables paysages de Paris qui allaient bientôt le solliciter et l'halluciner !

Son existence à terre est aussi lointaine, aussi secrète que ses courses sur les flots. Par des propos de camarades, surtout par le Docteur Foley, père de l'écrivain, on a quelques indications sur son humeur, sur ses caprices, sur ses promenades de solitaire. Il n'aimait pas le monde, les indifférents agréables, mais il n'était pas non plus un sauvage à la romantique, empanaché de lycanthropie. Dans cette fin de la monarchie de juillet, encore toute retentissante du choc des doctrines et des grandes batailles de l'art, il rêve à l'écart et vit dans l'éternité. Sa solitude et ses manies déconcertent tous ceux qui s'intéressent à ses efforts. Il va parfois dans un petit café de la rue de La Rochefoucauld que fréquentent des bourgeois et des peintres. Ainsi, dans la pénombre de cette vie, nous saisissons quelques traits, des gestes, des anecdotes, comme des lueurs. D'autres se sont signifiés et décrits avec complaisance, ils laissent après eux, lisibles, étalés, publics, tous les détails et tous les faits divers de leur moi. Mais qu'il est difficile de surprendre et de fixer ce fugitif !

Bracquemond l'a tenté dans un médaillon gravé que je juge un chef-d'œuvre. L'homme au front énorme, aux yeux enfoncés, aux joues creuses, serre les mâchoires et regarde droit. Il semble sculpté dans quelque pierre vétuste, et ses traits sont déjà rongés par le temps. Même finesse ravagée et même air de résolution énigmatique dans les croquis familiers du Docteur Gachet, où Meryon a quelque chose d'un Fantin plus maigre[1], et sans douceur. Images d'un obsédé que poursuivent des visions, d'un étrange inconnu cheminant dans l'obscurité du siècle, où le discernent seulement les magnifiques éloges des maîtres et l'admiration de quelques amis.

Je ne suivrai pas les étapes de sa folie, la triste fièvre qui, dans son logis abandonné, à l'heure où le soir descend avec ses prestiges, lui fait voir dans les recoins des ennemis qui l'épient et des Jésuites cachés. Ses allées et venues dans un Paris peuplé de ses hallucinations, ses visites soupçonneuses, ses projets insensés, enfin son séjour à la maison des fous, tout cela recule et s'efface dans un passé où le détail du fait devient difficilement discernable. Il ne meurt pas, il disparaît. De cette obscurité, son œuvre jaillit, rayonnant.

II

Après un long oubli, après la gravure d'apparat du premier Empire et de la Restauration, le romantisme avait retrouvé, avait reconquis l'eau-forte. Quelques artistes originaux s'étaient essayés avec succès à un pro-

---

1. Cf. un curieux et beau fusain de Léopold Flameng, daté de 1858, — Meryon dressé sur sa couchette de fer, dans sa chambre de fou.

cédé qui traduisait avec une fidélité si nerveuse et si colorée tous les caprices et toutes les brusqueries de l'inspiration pittoresque. L'un d'eux, très obscur, Eugène Bléry, vrai sylvain, amoureux des beaux arbres robustes solidement attachés au sol par de montueuses racines, fut le premier maître ou plutôt le professeur de Meryon. Il lui enseigna les éléments de l'art, la manière de tenir la pointe et de faire mordre l'acide. Dans quelques-unes des planches de Bléry, dans ses vues de Fontainebleau par exemple, ou dans ses grandes études de plantes, on constate une brillante rectitude de la taille, une franchise de morsure (morsure peu profonde, à vrai dire) qui sont d'un aquafortiste-né. Ce sont là des vertus que l'on ne retrouve pas en général chez les graveurs de la même génération, maniant l'acide avec timidité, promenant la pointe à la surface du cuivre avec plus de brio que d'autorité. Mais Bléry ne va pas jusqu'au bout de son talent; ce franc technicien est un paysagiste sans lyrisme. Ses gros arbres sont des centenaires paisibles. Ses rêveries dans les bois sont à l'abri des fracas sublimes et des vastes déchaînements de Paul Huet, moins doué toutefois du sentiment de l'eau-forte.

Fut-ce Bléry qui fit copier à Meryon, avec une déconcertante exactitude, des planches de Karel du Jardin, de Loutherbourg et de Zeeman? Je l'ignore, et je ne m'arrête pas non plus à l'apparente singularité de voir Meryon, dépositaire de tant de songes arides, se pencher sur l'œuvre du lumineux, du spirituel Loutherbourg. Ces rencontres déconcerteront sans doute longtemps encore les historiens habiles à distribuer des séries et des familles dans le temps, mais non à examiner les matières et les outils. En fait, quelques-uns des rayons, du soleil de Meryon sont trempés, si je puis dire, dans les acides de Loutherbourg. Mais le nom de Zeeman s'explique mieux encore ici.

Il fallait un marin pour aller le chercher dans son oubli, ce Reynier Nooms (1623-1665), qui signait Zeeman, l'Homme de la Mer, par amour pour les flots. Il fallait un marin, pour sentir la poésie de ce dessin bien tendu, de toute cette machinerie de vergues et de cordages qui donne aux navires l'apparence complexe et savante d'une structure organique. Dans ces planches de Zeeman, aucune fantaisie d'effet, aucun brio de caprice, point de vagues ronflantes, dentelées d'écume, sous un ciel noir. La mer clapote, la barque épouse le flot, la brise entraîne au loin les lumineuses voiles. Sous un jour égal et vrai, tout est visible, tout se discerne avec une exquise fermeté. La justesse et la précision du détail attirent et subjuguent comme une vivante miniature de vérité. Zeeman vint à Paris. Il y dessina le port Saint-Bernard et le faubourg Saint-Marceau. Ce voyageur sur mer et ce graveur des villes, serait-ce donc une manière de Meryon l'ancien? Non, car s'il est beau dessinateur de barques et de frégates, s'il sait adroitement gréer un édifice de toute la particularité de ses détails, s'il connaît enfin toutes les fermetés de l'eau-forte, il en ignore le mystère et la poésie; il ignore les belles morsures et les beaux noirs. Mais il est naturel que ce plaisant matelot, que cet architecte naval si sûr de son fait et si expert au bon gouvernement des choses de la mer ait séduit en Meryon l'ancien midship habitué au croquis des côtes, à la notation précise et rapide, l'amateur de praos malaises et de barques de guerre.

Un sylvain du dix-neuvième siècle, Bléry, un Zélandais

du dix-septième, homme de mer, habitué des chantiers de son pays, gravant des vaisseaux comme il les eût construits, Zeeman, tels sont les maîtres que Meryon s'est choisis pour apprendre le métier de l'eau-forte. L'un et l'autre sont des êtres d'équilibre et de santé, des patients, des attentifs, plus amoureux de leurs modèles que de leur art même, vivant très à l'écart des tourmentes d'idées et de sentiments, des recherches et des audaces plastiques. Leur formule technique est droite, simple, et même assez froide. Et c'est dans ces canaux réguliers que Meryon va couler sa passion avec sa folie! Comme l'Euphorion du second *Faust*, son art résume instinctivement deux tendances. Doué d'une vertu de mystère et de prestige qui confère à tous ses paysages de pierre, la note la plus dramatique et la plus solennelle, il reste exact, linéaire, presque géométrique. Il ne se perd jamais dans la fumée des songes, dans la lueur tremblante des apparitions. La magie dont il dispose — elle est souveraine — s'exerce sur des solides à angles définis, sur des plans de lumière coupés par des plans d'ombre. Même dans des inventions que lui suggère la folie, il est aussi sûr de son dessin, aussi maître du trait grave qui construit et qui colore les formes qu'un burineur du seizième siècle. Voilà, je crois, un caractère essentiel et fortement accusé de son génie.

A l'origine de chacune de ses planches, il y a une étude d'une fidélité scrupuleuse. L'architecture du pavillon de Flore, du ministère de la Marine, de la tour de Saint-Jacques-la-Boucherie, l'assemblage des charpentes, les détails des fenêtres, des combles, des places recèlent une incomparable sûreté, une extraordinaire fidélité visuelle. En même temps, toutes ces planches attestent un absolu mépris de la fantaisie, de la convention, de l'arrangement adroit et qui frappe. Le dessous de cet effrayant Paris, arène des siècles, semble être un dessin à la chambre claire. Même à l'époque où Meryon accuse les Jésuites d'avoir fait subir à ses épreuves du Salon un lavage à la potasse pour tuer les noirs, à l'heure où son esprit sombre définitivement, quand il reprend ses planches, il ne déforme jamais, il reste fidèle à son exactitude concentrée. Il se contente d'ajouter des formes épisodiques et mystérieuses, des passants de la légende et de la fable, des machines volantes, des décors de falaises et d'océans.

III

De quoi donc est faite l'exceptionnelle qualité de ses œuvres, à quoi tient leur charme étrange, d'où vient qu'elles s'imposent à nous, non comme de froids documents, mais comme des visions obsédantes?...

Chez l'artiste, le champ visuel n'est pas, si je puis dire, un milieu passif. Il ne se présente pas comme la délimitation *quelconque* d'un motif. Il est le lieu d'une série d'expériences sur l'espace. Avant d'inscrire un paysage dans le périmètre rectangulaire de la toile, que de marges que de recherches! Meryon fut un incomparable « metteur en pages ». Il ne suffit pas de dire qu'il sait voir et qu'il sait composer. Pour obtenir de son motif... il discerne le point d'où l'œil le voit dans son ampleur et dans sa majesté. Il descendit sur les berges du fleuve, et ce plut à faire surplomber son paysage par l'arche énorme du pont. Tantôt il se poste à l'angle d'une ruelle, tantôt il grimpe au sommet des tours et domine les noirceurs de la cité. Dans la vue à vol d'oiseau du lycée Henri IV, il étreint un prodigieux ensemble de jardins et de bâtisses. Le triple quadrilatère aux toits en dos d'âne, dominé par la tour Clovis, étend une façade composite derrière la place du Panthéon inondée, où jouent et combattent des personnages nus d'un style légendaire. Les cours se creusent comme des puits carrés : voici la cour d'honneur, avec son cloître et ses parterres, le grand jardin aux arbres épars qui vient jusqu'aux maisons de la rue, les demeures ouvrières, d'aspect pauvre, les vieux hôtels. Au fond, derrière l'église Saint-Etienne et la tour Clovis, d'arides pitons de craie se dressent le long de la mer, où passent des caravelles, des monstres, des divinités et toute sorte de machines. Un soleil fixe découpe avec netteté l'ombre et la lumière. Il rayonne avec une splendeur funèbre sur toutes ces masses de pierre, rectilignes, angulaires et précises, d'une nudité desséchée. Inexorable perspective, plus prestigieuse que n'importe quelle arabesque, plein-air d'une sérénité terrible, plus troublant que toutes les fumées des effets romantiques.

Cela, c'est d'un audacieux voyant. Mais ces échappées, ces vertiges, ces plongées, que deviendraient-ils, traduits par une plume à dessin, par un crayon, par une souple manière de peintre, qui émousserait leur objectivité, — et même par l'eau-forte telle que les maîtres du dix-neuvième siècle l'ont faite après Meryon? Que de graveurs dans l'ombre des cathédrales, sur les quais et sur les berges, au fond des cours et des impasses ! Le paysage des villes a hanté bien des maîtres, au cours de ces années qui virent une résurrection passionnée de nos

CHARLES MERYON

Le Petit Pont, eau-forte originale, exposée au Salon de 1850,
publiée par l'*Artiste* le 5 décembre 1858.
(Musée de Lyon.)

antiques annales et de l'archéologie. Dans ces rues étroites, usées par tant de pas et dont les murailles de plâtre, de charpente et de pierre sont chaudes de tant de fièvres humaines, ce siècle n'a pas répandu seulement les vastes fureurs de la colère du peuple, il a ranimé de merveilleux échos. Tout retentissant de cris et d'alarmes, il se penche avec anxiété sur les voix du passé captives dans la matière. Partout les cortèges civiques et les régiments de l'émeute se heurtent à de grandes choses anciennes, à des témoins hauts comme le Temps. Dans cet immense Paris, que les Saint-Simoniens, par la voix de Charles Duveyrier, représentent comme une citadelle de l'avenir, comme une configuration en pierre des passions, des instincts et des noblesses de l'homme, le passé, le passé demeure, avec ses présences cachées, ses retraites de mystère, ses tumultueuses voix affaiblies. Pareille à la caducité de l'âge, qui ravage de mille sillons et d'éloquentes misères physiques un front accablé, la vieillesse des choses les travaille avec une sorte de passion et d'acharnement. Les maisons se penchent, se tassent et se fendent. L'orage et la brume ravinent la poutre ou le bloc, la lumière les colore, et son rayon dévorateur achève leur destruction lente. Quel thème pour les peintres! Quel prétexte aux fantaisies émouvantes de l'eau-forte!

Dans les fissures, dans les ravages de la ville, ce grand siècle a vu fourmiller les poètes du blanc et du noir. De cette magnifique école, si l'on veut comprendre la solitude et l'autorité de Meryon, il faut dire un mot. Lalanne, Delaunay, De Rochebrune, Buhot ont fait surgir de ces pierres vieillies des rayonnements, des lueurs, des ténèbres de la qualité la plus rare. Fouettées par la pluie, assaillies par l'orage, les cathédrales de Delaunay, opposent aux fureurs du ciel leur carrure de falaises, leur complexité inébranlable. Aux assises des châteaux de la Loire, De Rochebrune confère une solidité romaine. Le Bordelais Lalanne fait courir dans l'inertie de la matière, la palpitation d'une vie nerveuse. Lalanne — jamais peut-être artiste n'eut à ce degré le goût et le savoir du dessin, le sens des compositions plaisantes, le don de l'arrangement pittoresque. On connaît l'habileté de ses fusains : à cet art appauvri, devenu aux mains des demoiselles insignifiant et gracieux, il rendit une vigueur et une poésie. Sur le cuivre, la pointe court avec agilité, bondit, s'arrête, enchevêtre [illegible] Il [illegible] toujours elle reste jeune, et toujours on [illegible] lit l'écriture [illegible] une force galvanique l'anime. La planche touchée d'acide, comme une esquisse, est rehaussée d'accents. Ces jeux subtils et forts, c'est la vie même [illegible] ce n'est pas le caractère. » Le cahier d'eaux-fortes sur le siège de Paris, amusement et joie des jours [illegible] charmant [illegible] de la guerre. Lalanne [illegible] avant tout séduit par le pittoresque, c'est-à-dire par l'impression des choses [illegible] le détail où s'exerce, on triomphe l'habileté du dessinateur.

Mais on n'est pas pittoresque. La recherche d'[illegible] forte où se complaît plus tard Félix Buhot n'est pas non plus son fait. Il a une palette très désirable. L'épreuve [illegible] pures, ses planches sont l'image de la stabilité. En elles, l'art ne s'attache pas à ce qui change et se déplace, à la fuyante magie des apparences, aux minutes impondérables. Il donne à la mélancolie des assises que rien n'ébranle, des assises carrées sur lesquelles la mort n'a pas de prise. L'accident n'y semble pas fortuit, mais inscrit à jamais. Il fait partie de l'intégrité des masses, il fut tracé par un dieu sévère, d'après de mystérieuses lois. Vue à la loupe, la taille de Meryon est directe et sans bavures : on dirait que la pointe a été tenue perpendiculaire au cuivre. Très peu d'entre-croisements, de ces losanges chatoyants, de ces points légers qui donnent vie et souplesse à la gravure française du dix-huitième siècle. Les traits se rencontrent à angle droit, pour suggérer la massivité de la pierre, l'aspect roide et hautain des édifices. Dans les ciels, ils s'enroulent parfois en fins nuages, pareils à des flocons ou à des écharpes. Làdessus, les noirs s'installent avec une pureté et une autorité sublimes, qui feraient éclater les mâtures minces de Zeeman. Les noirs de Meryon, ces travaux simples, cette ossature inflexible, c'est l'eau-forte absolue.

Ainsi naît à nos yeux, pour s'installer à jamais dans nos mémoires, une cité immobile, reculée dans le passé, d'où s'est retiré le tumulte de la vie. Des aspects de Paris, ce promeneur visionnaire n'a pas voulu retenir ceux qui signifiaient plus particulièrement la force de la mêlée humaine, les faubourgs resserrés et tortueux où la foule s'écoule comme un fleuve des anciens âges, et que représentent volontiers les peintres d'aujourd'hui, inquiets des misères sociales et de la vie populaire. La ville foraine, toute en décor, somptueuse et provisoire, déjà sensible dans le Paris du second Empire, ne l'a pas

tenté davantage. Il a chéri l'isolement, il est resté fidèle
au désert, il a erré dans les décombres du Temps, il nous
penche au-dessus de ses profondeurs. Dénué d'adresse,
ennemi des virtuoses, muni de son bagage léger et solide,
il est un prodigieux pauvre, il creuse avec patience son
rigide sillon d'airain. Il est allé aux monuments laissés
par l'histoire, à la grande cathédrale peuplée de démons
en pierre, aux galeries ogivales, d'où l'on voit, entre les
colonnettes, les toits, les cheminées, toute la géographie
des maisons. Il a suivi les ruelles borgnes, au bout
desquelles apparaît le fragment d'art, le morceau de
pierre sculpté, la tourelle ouvragée, suspendue à la lèpre
d'une muraille. Il restitue au passé tous ces dépaysés du
siècle, il les dote de leur âge, il les investit de leur solennité. A feuilleter ce cahier d'estampes [1], où passent,
mêlés à de vieux symboles, des ballons chimériques et
des vols d'oiseaux porteurs de présages, on se sent trans-
porté à travers les ans : ces aspects transposés dans le
royaume éblouissant du blanc et du noir n'appartiennent
ni au présent ni au passé immédiat de la ville. Ils sont
très lointains, aussi vieux que les cités latines et les
cités étrusques. Est-ce le Paris d'autrefois ? Est-ce le
Paris du dix-neuvième siècle, tel que l'avenir le recons-
truira d'après nos ruines ?

Le soleil qui l'illumine et qui resplendit solennelle-
ment sur les maisons et sur le fleuve n'est pas non plus
un soleil vivant, l'astre des existences perpétuées et des
renouvellements féconds. Comme celui qui éclaire la
Mélancolie de Dürer, il est vieilli, usé et rayonne avec
je ne sais quelle tristesse. La répartition nette, régu-

---

1. *Eaux-fortes sur Paris, par C. Meyron, MDCCCLII.*

lière et pourtant mystérieuse de la lumière fait penser au clair de lune : en ce sens les épreuves sur papier bleu sont très singulières. Les ombres elles-mêmes ont une qualité spéciale : la juxtaposition des tailles, sans artifice d'encrage, leur laisse la transparence et la profondeur. Ainsi, par un portique d'ébène ouvert sur un soir hors des âges, Meryon nous fait entrer dans un monde à part qui a ses phénomènes et ses lois.

On pourrait être tenté de comparer Meryon à tel autre grand prophète du passé, — au poète de la Rome ancienne, croulante de décrépitude et majestueuse dans ses ruines mêmes. Mais Piranèse reste profondément italien ; il est, avec passion, un homme de la Renaissance, un homme de théâtre, de décor et de faste autant qu'un archéologue romain du dix-huitième siècle. Lui aussi, il sut draper aux flancs des architectures les formidables noirceurs de l'eau-forte, mais il enguirlande ses palais détruits de toute une vie luxueuse et sauvage, de toute une flore ardente de Nouveau-Monde. Mille échos de tumulte, mille frénésies secrètes se répercutent parmi ses ruines. Le silence, la concentration, la stabilité, une sorte d'évidence paisible et terrible, tels sont les dons de Meryon. Il s'élève au-dessus des temps. On doit le compter parmi ces poètes qui nous arrachent à nous-mêmes et qui nous donnent la sensation de l'éternité.

LA JOCONDE ET SES INTERPRÈTES

L'ART n'est pas seulement le merveilleux reflet d'une rêverie individuelle ou de la poésie des races. Les chefs-d'œuvre légués par les maîtres sont à leur tour créateurs de fictions, ils font naître les aspirations et les commentaires. Autour d'eux grandit et s'enchevêtre une floraison touffue d'idées générales et de sentiments. Chaque siècle se penche sur eux comme sur un miroir et tente d'y surprendre sa propre image. Ainsi, dans la manière dont chaque génération les interprète, nous pouvons retrouver quelques aspects significatifs de ses habitudes morales. En ce sens, il n'est pas absolument vain de relire, à distance, les pages inspirées aux critiques par les maîtres du passé. Le temps a détruit la valeur absolue de leurs commentaires, mais il laisse subsister quelque chose de ces passants rapides, à travers leurs préférences, leurs efforts et leurs erreurs.

Il en est de même de la gravure, si l'on veut bien la considérer, non comme un procédé de documentation impersonnelle et pour ainsi dire abstraite, mais comme l'expression d'une sensibilité vivante, servie par une technique souple et variée. A feuilleter un portefeuille d'estampes, à étudier, par exemple, les graveurs de la *Joconde*, on peut suivre curieusement l'histoire de la sensibilité, on peut saisir tous les aspects d'une œuvre à travers les générations, déterminer dans quelle mesure l'âme et le savoir des interprètes sont d'accord à la fois avec l'époque dont ils font partie, avec les conditions du métier dont ils se servent et avec le maître qu'ils sont chargés de nous expliquer.

La complexité de certaines œuvres semble solliciter la variété des interprétations. Il faut bien admettre qu'il en est, dans le nombre, de peu de mérite. La vogue et ses ignorances font naître les improvisations éphémères, encouragent les besognes et les négoces. Mais ces sortes de faits eux-mêmes ne sont pas sans intérêt. Autour de la *Joconde* gravitent, à une distance plus ou moins grande, beaucoup d'efforts dont bien peu sortent du médiocre. Quels qu'ils soient, tous ont leur sens et certains valent d'être examinés.

I

Si toute œuvre d'art est délicate à transposer et s'il est vrai qu'il y ait dans la personnalité des maîtres des éléments difficilement analysables, on peut dire que la peinture de Vinci est entre toutes séduisante et dangereuse à la fois. Un génie si riche de divinations psychologiques, un savoir de peintre égal aux harmonies les plus rares et les plus mystérieuses de la nature semblent devoir se circonscrire péniblement dans les traits gravés d'une estampe. N'y a-t-il pas dans la sécheresse des tailles et dans l'opacité des encres une lourdeur et une pauvreté funestes à tant de suavité rayonnante? Quel est ce peintre-ci, et comment s'exprime-t-il? Est-il même possible, à travers une trame si serrée, si pleine et si peu sensible, de surprendre quoi que ce soit de ses secrets d'ouvrier, de discerner une touche, des glacis et des pâtes ? On dirait qu'une brume légère et transparente s'est dissipée par degrés pour nous laisser assister à quelque magie réelle. Les tons, imprégnés d'une lueur mesurée qui s'apaise ou qui se réveille insensiblement, se succèdent sans s'interrompre dans une magnifique unité ; l'ombre est ici la sœur du soleil, dont elle accueille et propage les reflets. Nulle part la trace du génie humain aux prises avec la matière et avec l'effort. Cet art est d'une continuité redoutable. On dirait que ces œuvres sont nées complètes et tout armées, sans peine, mais sans facilité, d'une lente poussée régulière, comme les accroissements naturels des choses. Cherchons ailleurs les belles audaces, les maladresses sublimes, le feu d'une nature qui se cherche et qui se dépasse, le signe et l'accent d'une vie ardente. Comment, avec une pointe qui laboure une plaque de cuivre, avec un crayon gras et mou qui glisse ou s'écrase sur la pierre, donner le sentiment de cette unité mystérieuse, faire rayonner le soleil des méditations éternelles ?

Depuis longtemps, la *Joconde* est considérée non seulement comme une œuvre hors pair, mais comme l'admirable symbole du mystère psychologique de la peinture. Je n'ai pas à revenir ici sur les analyses ingénieuses, éloquentes, parfois un peu lointaines, que les poètes et les critiques nous en ont données. Il flotte autour d'elle une littérature assez dense. Je ne sais si Vinci a voulu éveiller en nous le sentiment d'inquiétante étrangeté qui se dégage pour beaucoup de ce regard et de ce sourire. Toute représentation d'un beau visage humain à l'état de

repos comporte son énigme. Mais il reste vrai d'écrire,
sans craindre de tomber dans l'inexactitude ordinaire des
lieux communs, que la merveilleuse image résume les
recherches, parfois périlleuses, de cet alchimiste de l'art,
qu'il y a fait rayonner, avec une onction et une intensité extraordinaires, tout ce qu'il y a de fluidique dans
la chair, en même temps que toute la grâce d'un type
singulier, où l'extrême beauté de l'homme s'associe à la
beauté de la femme. Si la *Joconde* est un portrait, ce
que l'on a parfois contesté, elle n'en donne pas moins
l'impression d'une irréalité savante. Elle est construite
avec une logique si serrée que l'altération du moindre
plan dénaturerait le caractère de l'ensemble. Loin de
se présenter comme une impression juste, comme une
sensation éblouissante et momentanée, elle s'affirme
comme un résultat, comme un système et, si je puis dire,
comme un univers complet. Certaines œuvres sont telle-
ment imprégnées de la fièvre du peintre qui les créa
qu'elles semblent naître précipitamment devant nous.
En un sens, elles sont plus vivantes et plus intenses. La
Joconde est un équilibre et une harmonie.

Ailleurs, un interprète peut se guider d'après la facture, le caractère fuyant ou carré de la touche, la ponc-
tuation des accents, suivre le paraphe de la forme,
analyser les belles coulées ou la maçonnerie solide. Ici,
nulle ressource de ce genre, et, de plus, le danger des
interprétations psychologiques, le vertige littéraire du
sourire. Faut-il donc se limiter à une modestie attentive, peiner laborieusement sans s'émouvoir? C'est se
condamner à la sécheresse, à la pauvreté et à la froideur. Cette ambiguïté du visage, cet art souverain du
modelé dans l'ombre et dans la lumière, ces passages

infiniment délicats où semble palpiter toute la poésie de la chair et de la féminité. Ces plans si franchement installés et même si robustes réclament des qualités multiples et contradictoires, un grand savoir et beaucoup de sentiment, une étude profonde, un acquis considérable et la ferme résolution de ne pas l'étaler. La *Vénus* ne saurait être un prétexte ni à des [illegible] des naïvetés balbutiantes.

On se rend compte de tous les aspects de la difficulté quand on jette un coup d'œil sur une collection de photographies d'après la *Vénus*. Ce procédé, [illegible]

[illegible]

à la florentine, faire trop sentir l'ossature délicate sous la finesse des tissus ; ou bien la noyer dans les ombres diffuses d'un Sodoma. Ce sont là, sans douté, les raisons pour lesquelles bien des maîtres ont craint de la reproduire ; ce sont elles sûrement qui expliquent, à part quelques exceptions très honorables, tant d'estampes médiocres, néanmoins curieuses et fort instructives.

II

Je ne connais pas de gravure de la *Joconde* antérieure au dix-neuvième siècle. Outre que les tableaux du Cabinet du Roi ne furent reproduits qu'assez tard, l'esprit classique, gâté par l'académisme italien, allait chercher ses inspirations et les principes de sa méthode auprès d'autres œuvres et dans d'autres écoles. Une *Joconde* répond mal aux exigences et à l'idéal du naturalisme rationaliste des hommes de 1660. Dans ce mystère qui nous inquiète et qui nous séduit, il est probable qu'un Edelinck ou un Nanteuil auraient vu surtout l'effort d'un homme de génie appartenant déjà à ce qu'ils appelaient la renaissance des arts, mais encore aux prises avec les erreurs de la tradition « gothique ». Il serait curieux de voir à quels résultats auraient pu aboutir l'admirable savoir, la conscience, la souplesse de modelé qu'attestent des estampes comme l'*Antoine Vitré* de Morin. Mais, d'une manière générale, la gravure de ce temps manque d'enveloppe : elle est conçue comme un beau dessin, plus savamment linéaire que coloré. Ni la belle écriture burinée d'Edelinck, qui grave comme le Roi signe, ni la sûreté ronflante d'Audran n'ont été tentées par la *Joconde*.

Leurs œuvres eussent été assurément intéressantes et significatives, mais, dans la série des estampes inspirées par Vinci, peut-être les plus éloignées du modèle.

On peut faire la même remarque à propos du dix-huitième siècle. Toutes ces charmantes eaux-fortes de peintres et d'amateurs, complétées par un burin adroit et léger, sont d'un métier un peu mince pour l'art si plein et si fort des maîtres de la Renaissance. Sans doute on examine, on étudie ; la connaissance de l'histoire élargit le goût. La pointe de Caylus arrondit ou égratigne une foule de dessins, d'esquisses, de documents. Mais la technique de la gravure de reproduction est encore extrêmement incomplète. Il faut attendre la fin du siècle pour constater un effort et une recherche en Italie, en Angleterre et en France. C'est alors que commencent à paraître les grandes collections d'estampes d'après les chefs-d'œuvre des galeries d'Europe. Bartolozzi et les graveurs vénitiens établis à Londres, leurs élèves anglais imposent à la vogue, à côté de la mezzotinte nationale, le *stipple*, ou gravure au pointillé.

Tout de suite il se trouve que Vinci en profite. La suavité caressante du procédé nouveau paraît, à juste titre, d'accord avec son génie et, s'il est difficile de faire rendre au *stipple* toute la solidité et toute la complexité d'une œuvre peinte, du moins peut-il suggérer noblement le charme et l'enveloppe des dessins. Les estampes de Bartolozzi et de Tomkins sont, à cet égard, des modèles. En France, sous l'Empire, les graveurs de Vinci s'en inspirent fréquemment, mais avec plus ou moins de bonheur. Dien, Piédecoq, Mécou gâtent et alourdissent le *Saint-Jean-Baptiste*. Déjà, en Italie, le burin froid, gauche et terne de l'école de Morghen s'était attaqué

plus d'une fois et sans succès à quelques-unes de ces
œuvres redoutables : l'exécrable estampe gravée à Florence par Giovacchino Cantini, sous la direction de Morghen, d'après *La Vierge et sainte Anne*, est un frappant
exemple de ces erreurs sans rémission. A côté de tant
d'images pesantes et barbares, que ne donnerait-on pas
pour contempler une interprétation de la *Joconde* par
Bartolozzi, maniérée sans doute, gracieusée selon les
types chers à Angelica Kaufmann, mais blonde, mais
légère et transparente ! Dans l'histoire de la gravure, on
peut dire que, sous l'Empire et pendant les premières
années de la Restauration, l'époque, l'école et le procédé
sont également faibles. Rien de plus mauvais que la *Cène*
de Lecomte, molle, ronde, enfantine, inévitablement inspirée de Morghen, si ce n'est le déplorable *Bacchus* de
Garnier. Peut-être le seul éloge que l'on puisse faire de
ces artistes est-il qu'ils nous ont épargné leurs *Jocondes*.

C'est le romantisme et c'est la lithographie qui ont
popularisé le chef-d'œuvre de Vinci. Tout ce qu'il contient de poésie et d'intellectualité devait séduire les
hommes de 1820. Il fut l'objet de leurs méditations
et de leurs commentaires. A travers la brume d'or
des siècles, ils y retrouvèrent, identique et permanente,
la grâce toute-puissante de l'éternel féminin de Gœthe.
L'énigme que nous sommes habitués à lire sans la déchiffrer, ce sont les hommes de ce temps qui nous en
ont appris le charme hermétique. Les poètes et les
artistes firent monter devant elle leurs paroles et leurs
périodes comme une fumée d'encens. Il n'est pas impossible qu'ils aient ajouté quelques nuages à son mystère,
mais ils l'aimèrent et ils la firent connaître. Longtemps
exilée et peu connue dans les solitudes du Cabinet du

Roi, à Fontainebleau, puis à Versailles, la *Joconde*, grâce à eux, acquit des titres exceptionnels à l'admiration de tous. Peu à peu elle devint un symbole, elle entra largement dans la culture générale et même dans l'imagination populaire. Elle fut lithographiée, elle fut gravée.

L'art de Senefelder ne fut longtemps qu'un procédé aux ressources limitées, mais, tel quel, il offrait des avantages incomparables. De même que le *stipple* de Bartolozzi, par sa souplesse colorée, avait permis des interprétations nouvelles et favorisé, entre autres, la connaissance et la diffusion des dessins de Vinci, la lithographie, en se prêtant à une entente plus complète et plus harmonieuse du clair-obscur, allait attirer de nombreux interprètes tentés par le problème de la *Joconde*. Il faut nous souvenir qu'à l'origine, des ateliers de Philippe André, à Offenbach, et aussi, pendant quelque temps, des presses parisiennes d'Engelmann, ne sortirent guère que des modèles de dessin pour les écoles, de grandes lithographies sans fond, traitées par hachures, d'après les esquisses des académistes italiens. C'est bien dans cette manière qu'ont été exécutées les toutes premières reproductions lithographiées de la *Joconde*, par exemple une pièce anonyme d'assez grandes dimensions, qui ne donne que la tête, imprimée chez Engelmann. Les proportions sont beaucoup trop longues, le dessin est partout d'une insuffisance notoire, en particulier celui de la bouche, tout à fait molle et sans caractère. Bien qu'elle soit difficile à dater, je serais porté à la croire antérieure à la planche d'Aubry-Lecomte, publiée en 1824. Modèle de dessin encore, la lithographie de Numa, où Monna Lisa apparaît grasse, béate et renchérie, les joues trop pleines et le nez trop pointu. On

peut ranger dans la même catégorie une petite pièce
assez peu connue de M^llo Bès, plus sagement infidèle,
inférieure à quelques essais de la même artiste d'après
les dessins de Vinci conservés aux Offices.

La lithographie d'Aubry-Lecomte, qui précède de dix
années celle de Numa, est d'un caractère tout différent.
L'artiste, qui, beaucoup plus tard, dessinera une charmante estampe d'après le *Jardin* de Fauvelet, n'est pas
encore en possession de tout son savoir. Peut-être même
faut-il voir ici une de ses œuvres de début. Comme beaucoup de lithographies de la même époque, elle est d'un
gris un peu égal et fade, elle manque d'accent. Mais
l'exécution en est habile et d'un joli grain. Le dessin est
plus complet et plus ferme que dans les pièces précé-
demment citées. Il reste encore bien sommaire et con-
ventionnel : l'agrément du modelé ne va pas sans atté-
nuer le caractère de certains détails, — par exemple
l'ombre délicieuse qui enveloppe à droite le coin de la
lèvre supérieure, la nerveuse finesse du menton sous les
joues pleines, peut-être les prestiges les plus prenants
de l'œuvre, dont on ne trouve guère un reflet que dans
certaines exquises figures prudhoniennes. Ces insuffisances n'empêchèrent pas la lithographie d'Aubry-
Lecomte d'obtenir un succès réel : avant d'être photo-
graphiée plus tard pour la collection éditée par Bisson
frères, elle fut copiée, ou plutôt grossièrement pasti-
chée par Mendoze, l'année même de sa publication.

Et puis voici quelques œuvres où l'esprit du temps
apparaît avec évidence. Caillettes romantiques, blondes
évaporées, beautés de *keepsake*, comme la lithographie
de Constans d'après un dessin de Z. Belliard, d'un métier
habile et d'un faire précieux ; comme celle de G. Bod-

mer, publiée par Jeannin en 1832, où le modelé devient aimable et grassouillet, et qui reste grise sans être enveloppée. La *Joconde* de Hermann Eichens, lithographiée pour Rittner et Goupil en 1840, arrondit, elle aussi, le dessin : elle est plus solide et, en un sens, plus peinte que celle d'Aubry-Lecomte, mais les défauts sont plus choquants : le modelé est lourd, vulgaire et sans charme. On dirait une imagerie d'Ary Scheffer. Devant la plupart de ces œuvres, on pense à la série amusante où Grévedon a fait figurer les jolies femmes de Paris, aux Aquilina qui traversent, énigmatiques et familières, les orgies des journalistes et des agents de change balzaciens, aux princesses Negroni du théâtre et de la vie galante.

Cependant l'importance de plus en plus grande prise par l'eau-forte dans la préparation des planches en tailledouce et, d'autre part, l'influence de l'école anglaise et de la manière noire avaient complètement transformé la gravure au burin qui, de froide et d'inerte qu'elle était encore dans les ateliers de l'Empire fidèles à la tradition de Morghen et des graveurs allemands, était devenue plus vivante et plus colorée aux mains de leurs successeurs. L'estampe dessinée par Bouillon, gravée par J.-B. Massard, appartient encore à la mauvaise époque par la sécheresse absolue de l'ensemble et le manque d'atmosphère. On peut en dire autant de la planche envoyée de Rome par Bridoux en 1838. La gravure de Calamatta, parue la même année, mérite plus d'attention.

C'est l'erreur d'un artiste considérable, encore prisonnier — il le resta toute sa vie — de fâcheuses habitudes techniques et fidèle à un idéal de métier que son savoir et ses mérites dépassaient infiniment. Tandis que les

1. Lithographie d'Aubry-Lecomte.
(1824)

2. Lithographie d'Hermann Eichens.
(1840)

3. Gravure sur bois d'Hotelin,
d'après un dessin de Gaillard.
(1867)

Trois interprétations de la *Joconde*.

ressources du burin devenaient plus riches et plus maniables, tandis qu'Henriquel-Dupont, sans manquer jamais à la probité d'un art sévère, assouplissait sa main et contraignait l'outil à n'être plus que l'instrument des valeurs, Calamatta était moins sensible à la qualité de ses modèles qu'à l'impeccable rigueur de son propre métier. Bon dessinateur, formé à l'école d'Ingres, capable de voir et de rendre, dans une certaine mesure, la poésie de la couleur, il connaissait assurément bien Vinci. L'*Artiste* a publié une Léda du maître, gravée par Demannez d'après le dessin et sous la direction de Calamatta. C'est encore un dessin de Calamatta qui a guidé le lithographe Gselle dans sa reproduction d'un tableau de Vinci, de la collection du prince d'Orange, à Tervueren. Il faut bien reconnaître que le modelé de sa *Joconde* est d'une rare lourdeur. De longs serpents noirs, dont les pleins expriment les ombres et les déliés les demi-teintes, courent régulièrement à la surface du visage, dont ils cachent le sentiment et la matière. On voudrait soulever ces tailles accablantes, pour surprendre derrière elles un peu de vie et de vérité. Après l'échec de Calamatta, on peut constater sans étonnement les nombreuses erreurs du graveur Fauchery, dont l'estampe au burin, publiée par Goupil en 1842, s'inspire de celle de son prédécesseur et peut-être aussi de la lithographie d'Eichens. Les moyens sont très différents. Fauchery n'est pas un virtuose, mais peut-être eût-il obtenu un résultat meilleur que Calamatta, s'il avait joint à la discrétion de son métier une science de dessinateur qui lui fait à peu près complètement défaut. A coup sûr il a senti l'enveloppe et la poésie de la *Joconde* : il a gravé un encadrement habile et sobre qui met de l'air dans son estampe. Mais quelle inégalité dans le modelé, quelles erreurs de construction ! Le volume de la joue gauche est sensiblement épaissi. La bouche, gracieusée, est sans caractère. Le menton a perdu tout accent. Ces rondeurs nous ramènent au type aimable des jolies romantiques lithographiées sous la Restauration. Il faut attendre la petite planche de Boisson, publiée à la fin du dix-neuvième siècle, pour se rendre compte que la gravure au burin comporte, en même temps que son ordinaire fermeté, assez de souplesse, de poésie et de couleur pour ne pas rester inférieure à sa tâche. C'est que l'ancienne gravure en taille-douce a évolué, sans perdre son caractère essentiel de netteté et de sûreté ; lors de la renaissance de l'eau-forte, elle a emprunté à cette dernière quelques-unes de ses qualités les plus prestigieuses.

L'eau-forte, elle aussi, devait s'essayer à traduire l'œuvre de Vinci. L'eau-forte, l'art des visionnaires et des rêveurs, si fertile en mirages éblouissants, en surprenantes harmonies, l'eau-forte qui accueille, répercute et apaise toutes les lueurs, qui peuple et fait vibrer les ombres les plus opaques et qui, mariée à la pointe sèche, semble tisser de lumière la nudité délicate des mains et des visages, paraît dès l'abord le genre le mieux approprié à une tâche aussi rare et aussi périlleuse. Mais on ne peut se dissimuler que sa technique même entraîne avec elle de nouveaux dangers. Une morsure peut devenir aisément brutale. Les jeux de la pointe peuvent demeurer trop profondément inscrits dans le cuivre. La robuste évidence du travail court le risque de dénaturer et d'entrecouper le modelé. La *Joconde* n'est pas peinte par touches. C'est une série de plans qui passent les uns

dans les autres sans qu'il soit possible de les délimiter
et de les circonscrire. Aussi la belle et intéressante eau-
forte de Jacquemart ne mérite-t-elle que le nom de tentative. Sûrement, il y a là une sensation juste et forte
de la *Joconde*, mais le modelé dans la lumière reste vide.
En laissant jouer le blanc du papier, l'artiste donne la
même valeur et le même relief à tous les plans éclairés
du visage. La planche du graveur Coppier exposée au
Salon de 1911 témoigne d'une étude plus approfondie ;
elle est plus nourrie et plus complète. Mais l'ampleur
des dimensions met cruellement en évidence l'égalité
fatigante de la matière et du modelé, un foisonnement
de travaux à la fois lourds et ténus.

III

Il me reste à examiner deux planches inachevées, dont
les auteurs tiennent une place inégale dans l'histoire
de leur art : Ferdinand Gaillard et M. Laguillermie.

Gaillard, à coup sûr, est un maître. Ses merveilleux
portraits sont, non d'un interprète de l'art d'autrui, mais
d'un interprète de la vie. C'est elle qu'il poursuit dans
l'espèce de géographie psychologique qu'il délimite à la
surface du visage, dans les états de l'*Homme à l'œillet*,
dans son portrait peint de Mgr de Ségur. C'est elle dont
il cherche à surprendre l'intensité dans l'extraordinaire
regard de dom Guéranger ou du pape. La perfection de
son métier de graveur, qui se refuse à zébrer ou à calli-
graphier, est inspirée, non par des modèles d'école, mais
par l'analyse des formes vivantes. Elle n'est pas toujours

absolument d'accord avec la vision des maîtres qu'il eut à reproduire ; il arrive qu'elle aboutisse à des effets cotonneux, à des gris sourds et mous, à des noirs bouchés d'héliogravure. Mais tant de sensibilité et tant de savoir nous auraient sûrement donné une émouvante image de *Joconde* dont il dessinait en 1867, pour *Paris-Guide*, un bois exquis[1], bien gravé par Hotelin. Le premier état de la taille-douce, que la Chalcographie a fait tirer à cent cinquante exemplaires, reste quelque peu déconcertant, même pour des spécialistes et des techniciens, j'entends pour ceux qui n'ont pas le fétichisme de l'épreuve rare, le respect talismanique de toutes les tentatives du talent. Mais on se refuse à juger sur une préparation, dont il connaissait assurément le sens, l'effort d'un Ferdinand Gaillard.

M. Laguillermie a fait une belle carrière. Il a gravé de grandes planches d'après des chefs-d'œuvre divers. Ce sont là d'honorables titres. Il a tenté une *Joconde*. Il l'a étudiée longtemps, il a connu toutes les déconvenues qui attendent une conscience scrupuleuse. J'ai pu consulter les témoignages de ses essais successifs, assister, pour ainsi dire, à la genèse même de l'œuvre, voir les états s'alléger l'un après l'autre de quelque erreur. L'artiste ne considère pas la planche comme terminée. Nous nous plaisons à espérer que son travail est interrompu seulement.

Ainsi, de même que les maîtres, avec une vision et des

---

1. Je ne puis, on le comprendra, faire entrer dans les limites de cet essai tous les « bois » d'après *la Joconde* : ils sont très nombreux. Il suffit de mentionner la belle gravure exécutée par M. F. Florian pour le *Vinci* d'Eugène Müntz publié par la maison Hachette. De même, je suis contraint de citer seulement les planches gravées par Albert Teichel, Alex. Allais, et la lithographie de Mlle Puech (1907).

moyens plus ou moins personnels, nous livrent leur conception de la nature et de l'art, les graveurs, dans des conditions analogues, nous font part de leur sentiment des maîtres. Certes, les mérites sont inégaux, les procédés se transforment, deviennent plus pauvres ou plus complexes. Mais ce serait commettre une grave erreur que d'attendre de cet art une approximation de plus en plus fidèle et de chercher dans ses progrès les traces d'une évolution vers une *vérité* impossible et peu souhaitable. S'il était donné à un grand peintre de suivre les destinées de son œuvre — et peut-être sera-t-il permis de prendre la *Joconde* comme exemple —, s'il pouvait voir la série des estampes que les graveurs de tous les temps ont exécutées d'après l'un de ses tableaux, il ne serait sans doute pas satisfait, même de la meilleure d'entre elles, il ne se reconnaîtrait pas expressément dans telle ou telle, mais il constaterait à coup sûr qu'il lui est précieux de renaître à travers tant de tentatives, qu'elles s'associent aux efforts de l'art vivant, aux inquiétudes et aux sentiments des générations, au perpétuel renouveau de l'histoire.

THÉOPHILE CHAUVEL

1831-1909

THÉOPHILE Chauvel[1] fut à la fois un interprète et un créateur. C'est à la gravure qu'ont abouti toutes ses recherches originales, les expressions personnelles du dessinateur et du peintre, son enquête si vaste, si complexe des procédés et des matières. Peut-être le goût public en France s'intéresse-t-il davantage à des tentatives plus faciles. Il est accoutumé à distinguer deux manières de graver : l'une qui comporte du temps, du talent et des soins, l'autre qui improvise, spontanée, plaisante et peu compliquée, aisément lisible, naïve, parfois barbare. Tandis que la somme énorme d'efforts dépensés par les maîtres du dernier siècle, les Lalanne, les Buhot, les Meryon, les Charles Jacque, aboutit à des œuvres sérieuses et pleines, aussi belles par l'autorité technique que par la qualité du sentiment, fécondes en enseignements, cette leste manière se perd souvent en ébauches et en croquis.

Théophile Chauvel ne nous apprend pas seulement

---

1. Cf. le *Catalogue de l'exposition rétrospective des œuvres de Théophile Chauvel*, Société des Artistes Français, Salon de 1910, Paris, in-8°. — Une importante série des œuvres de Théophile Chauvel est exposée au Musée de Quimper.

quelle richesse de dons, quelle vision large, quel vaste savoir sont nécessaires à l'artiste pour s'exprimer dans quelque domaine que ce soit, et de n'importe quelle façon ; il nous enseigne aussi et il nous révèle les résultats dont une technique quelconque est capable entre les mains d'un maître, quel que soit son objet. Il fut peintre, dessinateur, aquarelliste, lithographe. Il fut graveur. Il a dit sa rêverie et son émotion devant la nature, et puis il a dit son émotion devant les maîtres. Partout, même en traduisant les œuvres de peintres secondaires, il fut lui-même, avec énergie, avec autorité. Dois-je regretter qu'il n'ait pas été peintre seulement ? En présence de ce magnifique testament d'artiste, ai-je le droit de le limiter à une manière ? Puis-je, au nom de préférences injustifiées, exclure telle ou telle des formes de son activité ? Acceptons-le tout entier. Tâchons de le comprendre par tout ce qu'il nous lègue de lui-même. Ainsi nous pourrons peut-être saisir le secret de cette maîtrise créatrice et de cette unité. —

Du paysage historique aux clairières de Fontainebleau, Théophile Chauvel a évolué librement et logiquement. Comme les hommes de sa génération, il a fait peu à peu la découverte de la nature et de lui-même. L'éducation qu'il a reçue n'a été pour lui qu'un point de départ. Il ne s'est pas immobilisé sur une formule. Mais les leçons de l'école, la discipline apprise à l'atelier furent-elles complètement inutiles à l'élève de Picot, Bellel et d'Aligny, second grand-prix de Rome de paysage en 1854, à vingt-trois ans ? Peut-on, d'après son tableau de concours, *Lycidas et Mœris*, illustration d'une églogue de Virgile, déterminer quel fut l'appoint de l'éducation classique dans la genèse de ce talent, vite libéré des traditions et des modèles ? Aujourd'hui les grandes batailles sont passées et nous pouvons considérer d'une manière historique ces mêlées d'école, ces luttes de l'originalité aux prises avec les survivances. Convenons que, dès cette époque, le paysage historique n'était plus que le souvenir officiel de ce qu'il avait été, un thème et un prétexte pour des exercices scolaires. Peu d'années après cette date, il devait être définitivement éliminé des concours de Rome. Mais il se rattachait d'une manière étroite à une grande époque de l'art. Issu des nobles rêveries de Claude, de la mélancolie sereine des ruines qui décorent la campagne romaine, il fut pour des générations d'artistes une école de style et de majesté. Les pins et les cyprès, masses denses et circonscrites sur la profondeur du ciel, les tombes en ruines, envahies par les feuillages parasites, rongées par les mousses, interdirent les agréments faciles et les gentillesses pittoresques. Même transplanté loin des cieux qui l'inspirèrent, au moins pour des élèves il fut une *forme* utile et non pas sans beauté, il enseigna l'art de distribuer et de composer, il fit sentir la différence de l'œuvre méditée et de l'ébauche, de l'art réfléchi et de l'art improvisé. Dans la première toile de Chauvel, on peut constater que les éléments essentiels de cet enseignement ont été sentis et retenus, on peut deviner surtout qu'au cours des années, ils se renouvelleront pour s'enrichir.

Et tout de suite, loin de s'entêter dans une manière, loin de ressasser des leçons dont il comprenait la valeur seulement provisoire, l'artiste sortit de l'abstraction et des rêveries imaginatives pour aller à la grande maîtresse de l'art de peindre, pour apprendre le ciel, les arbres et les eaux. Comme Jules Dupré, comme Corot, comme tous

les maîtres de l'école de 1830, il fit le chemin de l'école
à la nature. Il ne se contenta pas des procédés enseignés,
de la technique et de la vision des professeurs. Il ne pouvait rester un bon élève. Il était peintre. Peintre, par le
don d'exprimer les jeux de l'ombre et de la lumière, par
le goût de la matière généreuse, par le sens de l'effet.
Peintre des libres espaces, dont il a rendu la poésie et la
profondeur dans neuf *Effets de ciel* où, comme Turner,
Bonington et Paul Huet, il demande à l'aquarelle d'exprimer la transparence et l'éclat de l'atmosphère brillante
de pluie ou rayonnante de soleil. Peintre des plaines
où, sur la terre détrempée, miroite le reflet des cieux,
peintre aussi de ces coins, de ces réduits où la nature
accumule et enchevêtre la flore, où, dans un espace de
quelques pieds, à l'ombre des arbres géants, se grou-
pent et se compliquent des forêts, étroites comme un
jardinet, vastes comme un monde. Peintre, peintre surtout par l'étude constante, sincère et profonde de la nature.

Que l'on regarde ses esquisses et ses dessins, dont le
premier remonte à 1851, dont les derniers sont de l'année
de sa mort. Le paysagiste se refuse à égarer son pinceau dans de molles et chatoyantes fumées ; il ne veut
pas que sa peinture soit le reflet des choses dans un
miroir trouble. La nature est fortement bâtie, d'après
les lois d'une architecture. L'arbre a son caractère,
comme un individu : ce n'est pas seulement un léger
brouillard de feuilles qui tremble au bord de l'aube ou
du crépuscule, c'est une charpente, élégante ou forte,
fine ou massive. Suivant les terrains et les essences, les
branches s'attachent au tronc d'une façon particulière et
forment avec lui des angles définis. Les feuilles les cou-

ronnent ou les dérobent. Elles laissent l'air jouer entre elles ou laissent filtrer seulement une indécise lumière. Le dessin de Chauvel exprime et résume toutes ces lois. Gras et robuste ou noblement linéaire, jamais lourd, jamais pédant, il traduit l'originalité de l'objet avec la même autorité saisissante que le dessin d'Ingres, quand il s'agit de l'individualité de l'être humain. A Neuilly, où les bords charmants de la Seine et les ombrages du parc inspirèrent quelques-unes de ses premières œuvres peintes, à Saint-Jean-le-Thomas, en Normandie, en Auvergne, dans le Midi de la France, l'artiste ne se lasse pas d'apprendre, d'appliquer la synthèse du dessin à la vie des formes, à la variété infinie des apparences. Sur cette solide armature, il pourra installer le décor que choisira sa sensibilité, l'orage du ciel, l'infini des plaines, le mystère de la forêt.

La forêt, — elle fut son vrai domaine et sa plus sûre inspiratrice. Avec Rousseau, Corot et Daubigny, il fut de ceux qui en firent la découverte, il la vécut avec eux. Fontainebleau, romantique empire, revanche de Versailles, séjour des rêveurs libres qui, dans la solitude, cherchent à dépasser les formules de leur temps et à s'approcher des choses, Fontainebleau, avec ses futaies et ses clairières, ses étangs endormis dans la nuit des bois, ses immenses déserts de pierres, Fontainebleau, l'admirable forêt, le conquit pour toujours. Déjà Diaz l'avait illuminée du rayon singulier d'un soleil d'argent et d'or, lueur factice parfois, toujours féconde en prestiges. Ses nymphes, ses pages, ses lévriers, sous des frondaisons diaprées comme des émaux, avaient mis dans les sous-bois comme un écho de Shakespeare. Français, romantique et classique tout ensemble, avait par-

THÉOPHILE CHAUVEL
Après l'orage, eau-forte d'après Diaz.

couru les longues routes pavées, les avenues d'arbres qui imposent au désordre de la forêt comme une allure régulière de cité. Mais, entre les Diaz, les Français, les Paul Huet, les Dupré, un mélancolique et puissant magicien se levait qui devait les dépasser tous par la force de ses charmes. Sûrement, l'art de Théodore Rousseau aida Chauvel à prendre conscience de lui-même. Il lui fut une leçon d'énergie et d'autorité. La poésie mystérieuse de la forêt, la vie qui anime sourdement tous ces êtres immobiles, soumis au caprice inflexible des vents, l'inquiétante mélancolie des marécages où l'ennui du ciel se reflète dans les eaux dormantes, il les comprit, il se les assimila, comme il a senti et compris avec Corot le charme éperdu des matinées sylvestres, la grâce des feuillages abandonnés à la brise. C'est ainsi qu'il prend ses enseignements de la nature et des maîtres. Le jour où il les traduira, où il se transposera lui-même en blanc et noir, ce ne sera pas avec l'âme indifférente d'un copiste, mais avec un sentiment fraternel et sur le même plan moral.

Parce qu'elle a la franchise et le charme d'un dessin, avec des ressources plus brillantes et plus complètes, il fut séduit par la lithographie. A une époque où tout ce que l'école française a compté d'artistes éminents s'intéressait à ses progrès et la pratiquait avec maîtrise, Chauvel l'enrichit encore. Après A. de Lemud, Isabey, Bonington, avec tous les disciples du romantisme, il fut un virtuose de cet art robuste et précieux, il le fit bénéficier de toutes les expériences d'un œil juste, expert à monter et à descendre la gamme délicate des tons. Des blancs onctueux et chauds aux gris d'argent, des ombres transparentes aux noirs denses, veloutés et profonds, il le

parcourt tout entier. Avec lui, la lithographie ne fut pas
seulement un effet, elle devint une matière. Non qu'il se
soit astreint à « rentrer » uniformément le grain, pour
obtenir cet aspect propre, monotone et froid qui fait
ressembler tant de lithographies à de mauvaises gravures
sur acier. Il voulut la belle matière lithographique conforme à la belle matière peinte. Comme Isabey, comme
Mouilleron, il sut lui donner la plénitude et le relief
de la pâte. Sans tomber dans la sottise mécanique du
fac-simile, il la rendit véridique et expressive. Troyon,
Corot, Théodore Rousseau, Isabey — ce dernier surtout
— n'ont pas eu de plus éloquent interprète que Chauvel,
dans quatre planches d'après les originaux des collections Lièvre et Burty : *Vaches à l'abreuvoir, Lisière d'un
bois, Le Pont de Grez* et *Le Chemin creux*. Avec une force,
avec une qualité d'évidence qui n'ont jamais été dépassées ni peut-être atteintes, on y retrouve toute la manière
et toute la sensibilité de chacun des peintres. Ces quatre
pièces sont des commentaires indispensables à l'intelligence, je ne dis pas de l'estampe moderne seulement,
mais de la technique picturale au dix-neuvième siècle. De
même, dans l'*Enclos*, d'après Van Marcke, la lithographie
atteint à la solidité, à la souplesse et à l'éclat de la matière
peinte. Longtemps, Chauvel resta fidèle à cet art et,
quand il l'eut délaissé, il ne cessait d'en parler avec
religion, il témoignait d'une admiration passionnée pour
les pièces capitales des grands lithographes, entre autres
pour le *Maître Wolframb* de Lemud qu'il aimait particulièrement et dont il conservait une belle épreuve.

Mais Théophile Chauvel fut avant tout un aquafortiste,
c'est l'eau-forte qui lui permit de réaliser d'une manière
complète son rêve d'artiste, c'est par elle surtout qu'il

est un maître. Plus riche, plus variée, plus énergique
que tout autre procédé, elle favorisait ses dons de
peintre, en les raffinant, en les concentrant, par l'exquis
et par le solide de ses raretés. Nul art peut-être, quand
on le sait à fond et qu'on peut mesurer les résultats dont
il est capable, n'est plus propre à exciter une originalité. Le minimum de technique que l'on peut apprendre
dans les écoles ne compte pas. Chaque jour apporte sa
surprise et la révélation d'un secret. Chaque expérience
est comme l'épreuve de la fièvre et de la passion. Toute
nature qui n'est pas délibérément au-dessous des violences et des astuces de ce métier est appelée à s'y
élargir, à s'y affirmer. Par la tournure attentive et volontaire de son esprit, par le goût et le sens de l'analyse,
si forts en lui, par sa curiosité de la matière, par sa
science du dessin et des valeurs, Théophile Chauvel
était né pour l'eau-forte.

L'exposition rétrospective de 1910 a permis de suivre
les étapes de sa carrière, depuis ses premières œuvres,
Le Héron (1861), *Le Moulin à Vent* (1862), *Le Buisson*
(1863), sans doute précédés dès longtemps de tentatives intéressantes et personnelles, jusqu'à ses grandes
interprétations des paysagistes de l'école anglaise contemporaine ; depuis ses eaux-fortes originales, substan-
tielles, si je puis dire, et complètes, jusqu'à ces belles
gravures où revit toute la poésie de l'école de 1830, eaux-
fortes originales encore, puisqu'elles furent pensées et
exécutées par une volonté d'artiste identique à celle de
ces maîtres, nourrie des mêmes enseignements dans les
mêmes séjours, soucieuse de la même beauté, — eaux-
fortes originales encore, puisqu'elles ne sont pas de
mécaniques reproductions, puisque, reconnaissables

entre toutes, elles sont le signe et le témoignage d'une
nature et d'un talent. Dans cet art, Chauvel avait eu des
prédécesseurs, avait des contemporains qui sont restés
des maîtres. Dès les origines du romantisme, Eugène
Bléry, le maître de Meryon, Paul Huet surtout avaient
fait la découverte de l'eau-forte oubliée ; sous le second
Empire, la vogue était venue ; une foule d'artistes aimables, féconds et libres révélaient des dons de caprice :
mais ils restaient des dessinateurs ; l'eau-forte, entre
leurs mains, ne donnait guère que des croquis accen-
tués, mordus de quelques effets très simples, de taches
pittoresques. Ils étaient avant tout séduits par la facture,
par le jeu libre et amusant de la pointe, par le grignotis
des tailles, par l'accident. Théophile Chauvel vit et conçut l'eau-forte comme l'on voit et l'on conçoit la peinture, — un moyen d'exprimer des valeurs. Il s'en fit une
palette, il noya les amusements secondaires du trait, les
élégantes joliesses de la pointe, il leur substitua une
expression exacte de la qualité d'ombre et de la qualité
de lumière. Que l'on regarde attentivement une de ces
grandes pages, et l'on verra que la marche de l'outil y
est indifférente. Elle n'y paraît pas. Elle se subordonne
étroitement à l'effet.

Ainsi naquirent ces planches admirables où, grâce à
cette discipline personnelle, à ce savoir qui assouplit la
matière, rayonne splendidement la poésie des campagnes,
des grèves et des bois, — les étangs immobiles sous le
désordre des cieux, la barque plate qui file sur l'eau grise,
les cachettes d'ombre qui se creusent entre les rameaux
tordus des végétations basses, les soirs amers qui res-
plendissent tristement sur les friches, tout ce qui croît,
tout ce qui s'agite sourdement dans le mystère des

bois, toute la mélancolie passionnée de la grande nature
et du grand art. A une époque où les préférences de
certains nous ont peu à peu accoutumés à une vision de
plates banlieues, il n'est pas inutile d'aller prendre ici
une leçon de lyrisme. Dans le journal l'*Art* dont il devint
le directeur artistique, Chauvel publia une série d'eaux-
fortes d'après les maîtres de Fontainebleau, égales à la
majesté des œuvres elles-mêmes. Il est eux tous, et il est
Chauvel. Il fait parler le blanc et le noir avec tant d'éloquence qu'il semble que ces peintres seraient incomplets,
s'il ne les avait gravés. Plus tard, après avoir, dans des
planches comme *Soleil couchant, Ville d'Avray, La Sau-
laie, Solitude* et tant d'autres, ajouté, s'il se peut, un
charme de plus à la poésie de Corot et fait bénéficier
la peinture du maître des infinies ressources de l'eau-
forte, de son mystère, de son éclat, il consacra les dernières années de son activité d'artiste à reproduire les
œuvres des paysagistes anglais contemporains. Et c'est
ici que le charme devient sensible pour tous, que la
magie de la gravure apparaît : à cette école incertaine
et peu personnelle, à ces conventions laborieuses d'esthéticiens mal préparés à l'art de peindre et gâtés par
la vogue, à cette molle manière, il prête les qualités
qui leur manquent et que l'eau-forte seule peut donner.
Non, ces arbres n'ont pas été copiés avec indifférence sur
les rives d'une Severn par un artiste plus soucieux d'ar-
rangements littéraires que du dessin et de la forme des
choses, ils semblent jaillis du terroir robuste de Fontainebleau, on dirait qu'ils ont été vus, construits,
mis en valeur par un Rousseau, par un Dupré, —
par Chauvel, poète et savant, peintre à l'eau-forte,
créateur original d'une beauté nouvelle, dont ces

œuvres, parfois ingrates, sont magnifiquement parées par ses mains.

Cette activité est la fonction d'une pensée claire, elle n'est pas le résultat d'une émotion vague, elle existe, elle se révèle à nos yeux en vertu d'un ardent savoir et d'une méthode. La dure matière où elle s'est écrite la conserve pour toujours. La fuite des nuages au ciel, le tremblement de l'air sur les feuilles, l'eau qui court ou qui sommeille, tout ce qui passe, s'agite et luit dans l'étincelante nature, on le surprendra là, fixé, sur ces pages, non en fantaisies éphémères, non en caprices d'une minute, mais avec le sérieux et la gravité des œuvres qui résistent au temps, qui sont assurées de durer.

ÉMILE BOILVIN

1845-1899

L'ORIGINALITÉ de l'artiste, ce qui le distingue des autres hommes, cette sensibilité toujours inquiète, cette flamme d'imagination peuvent être considérées comme des forces inutiles, si elles ne trouvent pas pour s'exprimer la matière et l'outil qui leur conviennent. Faire flotter l'art au-dessus des techniques et des procédés, comme une rêverie indéterminée, c'est le laisser dans les nuages. Chaque matière est une vocation. Elle sollicite, elle appelle ceux qui sont nés pour lui donner la vie et la doter d'un charme de plus. Ces principes sont faciles à saisir, quand il s'agit de l'estampe. Cet art exceptionnellement riche attira tous les peintres, il en retint quelques-uns, qu'il transfigura. Tel fut le cas d'Émile Boilvin[1]. Nul plus que lui ne fut, au sens propre du terme, un sensible. Il eut les dons éminents, il connut les belles inquiétudes, il subit de grandes misères morales. Peintre de talent, il s'est voué à l'eau-forte; il devait s'attacher à elle avec une passion d'amant jaloux, qui rencontre enfin ce qu'il aime obscurément depuis qu'il est au monde, l'être ou l'objet pour lequel il est

---

1. Cf. le *Catalogue de l'exposition rétrospective des œuvres d'Émile Boilvin*, Société des Artistes Français, Salon de 1910, Paris, in-8°. Une importante série des œuvres d'Émile Boilvin est exposée au Musée de Nancy.

fait. Obsédé par un rêve admirable, il ne se lassa pas de chercher avec fièvre les moyens de l'inscrire complet dans une matière immortelle, il voulut contraindre la planche de cuivre à dire tous les aspects, à satisfaire toutes les exigences de sa sensibilité. Il consuma une vie ardente et rapide dans ce labeur passionné, où chacune de ses tentatives est une conquête et une création. Il y usa une âme noble et inflexible, une vaste intelligence douée pour tous les efforts. Aujourd'hui le sens de ses recherches se dégage avec sérénité des résultats qui les expriment et qui les résument. L'artiste disparu, son legs de créateur rendu visible à tous dans son ensemble, l'incessante bataille de cette vie s'apaise, nous découvrons clairement ces magnifiques évidences auxquelles s'acharnait l'âme inquiète du chercheur et dont peut-être, à des minutes découragées, il douta.

Sa première rencontre avec l'art qu'il devait illustrer, semble fortuite et tout accidentelle. Ce fut Rajon, sur qui d'ailleurs il allait exercer une influence, qui la lui révéla le premier. Je raconte l'anecdote d'après le graveur Lucien Dautrey, qui la tient du peintre Barillot, intime de Boilvin. « En 1874, Boilvin, très lié avec Rajon, se trouvait un jour dans l'atelier de ce dernier et, tout en causant, il paraissait s'intéresser à la gravure. Il vint à manifester son intention de s'y essayer et demanda à son ami comment il fallait s'y prendre. Rajon, pour toute réponse, lui mit entre les mains un cuivre tout verni et une pointe, en ajoutant : Fais ce que tu voudras, je ferai mordre la planche devant toi et nous verrons les résultats. Rajon se remit au travail ; Boilvin eut l'idée de le représenter ainsi... » Le *Portrait de Rajon* serait donc antérieur au *Gargantua* gravé par Boilvin pour le recueil

Sonnets et Eaux-Fortes, d'après son propre tableau, exposé au Salon de 1868. Tel fut l'apprentissage de Boilvin : on verra ce qu'il tira de ces rudiments d'éducation technique. Comme tout grand artiste, il se forgea sa propre discipline, il fabriqua en quelque sorte les outils et tout l'appareil de son talent, il mit sa maîtrise dans chacune de ces conquêtes qu'il ne se lassait pas d'améliorer et d'élargir.

Du reste, n'en avait-il pas été de même pour son savoir de peintre, et le jeune Messin, reçu à l'Ecole des Beaux-Arts en 1864, à dix-neuf ans, devait-il recueillir de son maître Pils autre chose que des indications élémentaires, l'alphabet indispensable à qui veut lire plus tard dans la nature et en lui-même ? Boilvin ne pouvait se contraindre longtemps à la froide et méthodique application d'une formule. Le cadre de l'anecdote historique, débris de la grande peinture et du romantisme, lui fut seulement une occasion. Tout plein de jeunesse, d'esprit et de sensibilité, tel que nous le présente un beau portrait peint avec une franchise enveloppée, tout rayonnant de la grâce mystérieuse des adolescences privilégiées, il élargit bien vite, il émancipa sa manière. Le « moyenâge » de la génération précédente, le désordre amusant d'un gothique d'atelier furent d'abord les moyens qu'il choisit pour exprimer sa vision chatoyante, son intelligence de la composition et de l'effet. Les vastes cheminées en pierre, où joue et s'agite tout un monde de personnages, la fenêtre étroite des oratoires où passe un jour multicolore, l'éclat des tapis d'Orient qui rayonnent sur les meubles noircis, dans une lumière avare, comme d'impossibles et charmants paysages, toute la féerie amusante de l'objet fut sentie et interprétée par lui, souvent avec un exquis humour, comme dans le *Louis XI* et le *Gargantua*. Cependant il regardait et apprenait à aimer les maîtres. Son esquisse pour un tableau de bataille, où passe sur le désordre des vivants et des morts, des chevaux et des hommes, dans un crépuscule singulier, le vent éperdu des déroutes, fait penser à la fois aux sublimes mêlées d'Uccello et au *Poitiers* de Delacroix.

Mais la guerre survient, le vol noir des défaites semble emporter au loin les rêveries historiques et les belles fictions imaginatives, l'artiste étudie sur place, dans la ville assiégée, les accidents de la vie militaire, ses anecdotes plaisantes ou saisissantes, ses tristesses et ses horreurs. De cette expérience et de cette recherche quotidiennes, attestées par de beaux dessins, naît, trois ans plus tard, le *Bivouac au Fort-Moselle*, un des derniers envois au Salon de l'artiste comme peintre. Mais Boilvin n'a jamais abandonné complètement les pinceaux ; de très nombreuses études, dont quelques-unes sont des chefs-d'œuvre et qui sont toutes intéressantes, en font foi. Ce qu'il sut exprimer si passionnément et si complètement avec la pointe et l'acide, il sut l'exprimer d'une autre manière, non moins émouvante, dans de la matière peinte. Ainsi prennent leur sens et la *Suzanne au bain*, ce torse généreux dont le modelé rayonne, et la *Petite Baigneuse* (Musée du Luxembourg), grâce frissonnante, rapide apparition de chair et de lumière. Dans un vertige de vitesse, à demi soulevé sur son siège, le visage coloré dans ses linges blancs, pareil à un cocher antique qui excite un quadrige, passent le *Boucher* et sa voiture. Cette maîtrise, cet élan, cette fougue d'une brosse sûre d'elle-même, toutes ces qualités de beau peintre abondant et facile sont-elles bien de l'inquiet qui fatiguait de retouches et de repentirs son *Louis XI* et, à la veille du Salon, penché sous la lampe tenue par Rajon, ajoutait à son tableau des subtilités d'empâtements ou de glacis? Ainsi ce fiévreux chercheur avait des minutes où, sûr de lui et de ses dons, il se laissait aller à sa libre et facile humeur et, sans tristesse, enfantait des chefs-d'œuvre.

L'eau-forte, du moins, il ne crut jamais l'avoir conquise, il la poursuivit toute sa vie, et au moment même où il produisait ses plus belles planches, il cherchait encore à se dépasser. Sa longue pratique de la peinture, son incessante étude lui donnaient, en même temps qu'une rare autorité dès ses essais, le goût, l'ambition de rendre la gravure aussi précieuse, aussi vivante et nuancée dans l'expression des diverses matières que l'art des couleurs, des huiles et des pâtes. Mieux que tout autre, il en concevait la souplesse, il savait comment la brosse, maniée de telle façon, aboutit à tels résultats. Il y a pour les vrais peintres une sorte de sensibilité tactile de l'œil qui leur permet d'apprécier et d'exprimer les qualités des surfaces, le grain d'une chair féminine, sa mollesse lumineuse, l'éclat d'un émail, les luisants cassés des satins, la légèreté, la transparence des linges autour du corps des baigneuses, toutes choses qui ne dépendent pas uniquement des jeux de l'ombre et de la lumière, et qui concourent au même titre à la magie des apparences. A cet égard, le peintre Boilvin fut un sujet d'émulation pour Boilvin le graveur. Avec une pointe qui trace des tailles sur le cuivre, avec l'acide qui les creuse plus ou moins profondes, il voulut inventer pour les yeux, dans la représentation des objets, des caresses particulières, et il y réussit.

Ce qu'il fut comme dessinateur et comme graveur d'illustration, chacun le sait. Ces transpositions charmantes faites pour un esprit et pour un œil comme les siens, ces petites scènes en profondeur, ces tableaux qui peuvent concentrer sous une forme précieuse toute sorte de dons libres et de notes pénétrantes, il les comprit et les exécuta mieux que personne. Sa délicate spiritualité d'artiste, son humour, son intelligence l'y aidaient. Il y mit quelque chose d'exquis et de rare que l'on ne trouve point ailleurs. Jamais palette plus subtile ni mieux appropriée ne vint animer composition plus savante, plus fidèle à l'esprit des textes. Les planches qu'il grava pour le Coppée de Lemerre sont célèbres. Le charme de cette poésie bourgeoise et parisienne n'a pas déconcerté ni dépaysé l'artiste. Le poète a pu se retrouver, transcrit avec fidélité, dans ces estampes émues et sérieuses qui semblent nées spontanément de la lecture de ses vers, — plus vivantes, il est vrai, et d'une qualité plus fine que les mieux venus d'entre eux. Un art littéraire plus élevé, une pensée plus large inspiraient Boilvin, quand il eut à illustrer *Madame Bovary*, à composer des vignettes pour un Rabelais, petites planches fermes, gaies et sobrement colorées, à l'image de la vieille France, et pour les *Contes* de La Fontaine. Que d'échos justes, quels jolis caprices intelligents! Quelle charmante flamme, supérieure à la virtuosité pure!

On a quelquefois comparé Boilvin aux maîtres français du dix-huitième siècle; on a fait sentir, non sans raison, qu'une parenté liait leur manière, aérée, légère, vivante, à l'esprit qu'il avait prodigué dans ses œuvres originales, à cet art de distribuer les accents par touches rapides qui font sentir la forme en mouvement sans l'immobiliser,

ÉMILE BOILVIN
Agacerie, eau-forte originale.
(Musée de Lyon.)

sans l'emprisonner dans des lourdeurs, à ce don de répartir adroitement une fraîche et transparente lumière qui
baigne également toutes les parties, à cette gamme de
gris argentins et de lumières blondes, à cette nerveuse
malice de la pointe. Mais il faut convenir que si l'art de
Boilvin continue ces maîtres, il les enrichit singulièrement. J'oserai dire qu'avec tout son agrément facile et
toute sa grâce, l'école des graveurs du dix-huitième siècle
ne va pas très loin : elle reste à la surface, elle se contente
en général d'un faire courant, habile sans recherches,
parfois monotone. Sa palette est restreinte. Boilvin a
des secrets et des charmes qui ne se peuvent comparer
à rien, qui ne sont qu'à lui. Jamais, par exemple, on n'a
mieux gravé la nudité féminine, jamais on n'a exprimé
avec autant de suavité savoureuse le mol éclat de la
chair.

Le cou délicieux, la gorge, les bras nus de la *Femme
au perroquet* sont à cet égard d'adorables perfections.
D'après le tableau de Ranvier, *Ariane et Bacchus*,
œuvre sage, œuvre secondaire, habilement composée,
pauvrement peinte, Boilvin invente le plus beau et le
plus doux poème. La robuste musculature de Bacchus,
gravée par tailles énergiques, mordues avec franchise,
se penche sur la chair délicate, toute blonde, toute
légère d'Ariane endormie. De qui est ce chef-d'œuvre ?
Est-ce un Corrège, et ne fait-il pas penser à l'*Antiope* ? —
Il est de Boilvin, et c'est peut-être à cause de ces sortes
de terribles bienfaits que les peintres préfèrent l'eau-
forte originale à la gravure de reproduction. Elle ne
leur joue pas le méchant tour d'immortaliser leurs œuvres
en faisant oublier leur nom.

Mais Boilvin ne s'est pas limité à une matière ou à un

genre. Son œil curieux a tout parcouru ; avec avidité, il a voulu jouir de tous les aspects possibles des choses, il a décidé d'en faire sentir la saveur et l'accent. Le ciel chargé de brumes pesantes, l'éclat délicat de la neige qui vient de tomber, tel est le double thème du *Général Moreau en reconnaissance*, d'après Meissonier. Des épreuves d'essai sur plâtre permettront d'apprécier toute la valeur d'un pareil effort. Mais à cette planche, célèbre en France et en Angleterre, où elle détermina tout un courant d'imitation, qu'il me soit permis de préférer les *Bibliophiles*, d'après Fortuny, et de m'y arrêter. De cette peinture brillante, facile et superficielle, Boilvin a fait une œuvre robuste et complète, charmante et durable. Toutes ses qualités de peintre qui sait voir, apprécier la densité de chaque matière, le velouté des étoffes, l'éclat multiplié du bronze, la froideur étincelante et monotone du marbre, tout son art de créateur visionnaire qui, à propos de chaque objet, reconstruit en petit une image exacte de l'univers, sa virtuosité sans fastidieux excès, son savoir sans pédantisme s'y manifestent avec une autorité rare. L'air circule autour des formes et dans le travail même de la gravure. Il baigne, il enveloppe chaque relief. Nulle part, cette fatigue du faire, cette surcharge qui donnent à une planche un aspect vieillot et compact. Tout paraît dans son jour, chaque objet selon sa manière de réfléchir ou d'absorber la lumière, la carte poudreuse aux tons éteints, le globe terrestre aux lueurs vernies, les bustes et les ornements, les personnages, les reliures. Plus énergique et plus visible aux premiers plans, le travail devient moins sensible à mesure qu'il s'éloigne et se voile derrière les couches d'air successives. La technique intelligente obéit à la perspective de la lumière, comme elle exprime la physique de l'objet.

Que ne peut obtenir une pareille science, expression d'une sensibilité si curieuse et si ardente! Le soleil de Ziem descend triomphalement sur la lagune, son rayon enflammé qui marie sa chaleur à tous les éléments poudroie dans les vapeurs de l'air, devient liquide sur le miroir des ondes, vernit le flanc brun des barques. Le monde est tout entier le champ où s'élargit l'apothéose de la lumière. Partout la lueur solaire décompose et fait chanter les tons. Un mirage inouï se lève du sein des mers. De Venise au golfe de Naples, entre les caps bâtis de palais et les montagnes où se dressent les temples, le ciel italien resplendit, comme une fanfare résonne. Un art subtil et rapide s'empare de toute cette magie et la fixe sous nos yeux. Il a pour lui le trésor d'une palette lumineuse, le chatoyant mirage de la couleur, la transparence de l'huile, l'étincelante solidité des pâtes. Comment traduire en noir toute cette féerie sans l'éteindre d'un seul coup, sans la voiler d'un crêpe de deuil ? Et pourtant Émile Boilvin nous la présente intacte, sans en rien dérober : le rayonnement du jour n'est pas le vide du papier blanc, l'ombre n'est pas l'accumulation des encres. Tout est modelé, transparent, baigné de merveilleuses lueurs. La couleur sur la toile est en butte à l'alchimie destructrice du temps, la fleur de ce soir unique peut s'évanouir. Sur le feuillet détaché du catalogue pour lequel elle fut gravée, l'estampe rayonne d'un éclat indestructible. Dépouillée des agréments de la couleur, elle est plus grave et plus solennelle.

L'*Après-midi dans un parc*, d'après l'admirable Watteau de la collection Lacaze, voilà le chef-d'œuvre du maître. L'école française de gravure au dix-neuvième siècle, si riche en magistrales estampes, trouve peut-être ici son expression la plus haute et la plus complète : je ne crains pas de dire qu'elle aboutit à cette page, qu'elle s'y trouve magnifiquement résumée. Nul n'était mieux préparé que Boilvin à une pareille tâche. C'est de ces rencontres, de cet accord des circonstances que naissent les œuvres belles. Par la grâce de son esprit et de son cœur, par la finesse et la profondeur de sa sensibilité, par son inquiétude même et aussi par ce don qu'il avait de rendre toutes les palpitations de la matière, Boilvin pouvait reproduire en disciple et, en quelque sorte, en frère d'élection, le plus grand et le plus émouvant des maîtres du dix-huitième siècle. D'autres interprètes, Edmond Hédouin, par exemple, avaient su exprimer les qualités secondaires des peintres de la même époque, leur mollesse badine, leur riante humeur. Watteau réclamait un talent plus vaste et plus humain. Sous de nobles et caressants ombrages qui laissent voir le ciel apaisé de cinq heures, au début de l'été, il erre avec mélancolie, en quête de ces bonheurs calmes dont parle le poète. Au bord d'un miroir d'eau, ses amis ordinaires, les amants du *Départ pour Cythère*, les musiciennes ingénues ou spirituelles, l'Indifférent, la Finette, reposent ou se promènent au gré de leur caprice indolent. Tous ont l'éclat et le charme, et aussi cette tristesse sereine qui naît des harmonies éphémères et des parfaits accords. Au bas des robes, d'un négligé théâtral et familier, aux plis des costumes ajustés, le satin cassé luit avec douceur. Le linge des collerettes empesées se frippe et se chiffonne mollement. Le ciel, déjà doré par le soir, paraît au-dessus des eaux, entre les arbres, et la tiédeur de l'air baigne le paysage. Boilvin sentit et pensa cette œuvre comme si elle était sienne. Il en fit un dessin, tout pénétré de fièvre, d'esprit et de tendresse, tout semblable dans certaines de ses parties aux dessins mêmes de Watteau. Le crayon souple, promené sur le papier avec une fermeté sans raideur, a les chatoiements et l'enveloppe de la peinture. L'eau-forte lui donne de l'éclat sans lui ôter sa fleur. Dans les plis et sur les luisants de l'étoffe, au creux des gorges nues, sur les beaux visages rieurs ou pensifs, elle fait rayonner une vie brillante et profonde à la fois. Laurent Cars est là tout entier, avec sa fermeté, son élégance nerveuse, ses jolis accents, — mais une note plus rare aussi, plus vibrante, plus sensible et telle enfin qu'un artiste de ce siècle pouvait la révéler.

Dans cet ensemble d'œuvres si variées, si diverses et si captivantes, chacune a son sens et chacune est un résultat. Le *Christ* d'après Dagnan-Bouveret, dont nous n'avons qu'une préparation, égale à tout achèvement possible, nous montre à quel point Émile Boilvin était capable de varier son style et sa puissance d'expression. Au surplus, tant d'études, de toiles, de dessins, d'estampes, témoins d'une activité si riche, ne démontrent-ils pas avec évidence qu'il y aurait quelque chose de vain et d'injuste à vouloir emprisonner un maître dans une définition inerte, comme à faire de son talent le résultat d'une descendance, à l'expliquer par les autres sans le connaître lui-même tout entier ? Si l'on a pu saisir, dans l'art de l'eau-forte, l'unité de cette vie et de cet effort, c'est que Boilvin l'a, non pas subi, mais fait sien, c'est qu'il s'est créé sa maîtrise. Loin d'être asservi par les procédés et par la matière, il se les asservit. Par son labeur enthou-

siaste, il les soumit aux règles de sa raison, comme il leur
fit dire les palpitations de sa fièvre. Ainsi l'estampe lui
fut un magnifique moyen de dire aux hommes son esprit
et son cœur. Entre ses mains, animée par tous ses dons,
elle n'a pas produit de froides images, mais des formes
vivantes. A présent, elle lui rend son bienfait, elle nous
le restitue intact. Par elle, le graveur Émile Boilvin
dépasse les vogues éphémères et triomphe des caprices
du temps.

L'EAU-FORTE DE REPRODUCTION
EN FRANCE AU XIXe SIÈCLE

JAMAIS l'école française de gravure n'a été plus vivante ni mieux représentée qu'au dix-neuvième siècle. Ce sont les maîtres de l'école de 1830 qui ont recueilli et fait revivre les grandes traditions graphiques de Hollande et d'Italie. Ce sont les graveurs du second Empire et de ces cinquante dernières années qui les ont renouvelées et enrichies avec le plus d'autorité. Époque féconde que celle où paraissent tant d'artistes, doués de fortes qualités personnelles, tant de pages magistrales, vivantes, variées, où la fièvre créatrice a mis son accent dans la traduction et qui sont les témoignages irrécusables d'une ardente renaissance. C'est aux mêmes dates, il convient de l'ajouter, que cet art devient définitivement un art français entre tous. Dans les ateliers des maîtres, l'on voit accourir les élèves de tous les pays, comme, de tous les pays, les éditeurs commandent des estampes aux graveurs français. C'est que cet art, libéré de formules trop étroites, assoupli par d'incessantes recherches, capable de tout dire et de tout oser, est devenu peu à peu une des significations les plus vivantes et les plus saisissantes de nos meilleures qualités. Il est d'accord avec ce don d'invention et d'équilibre, avec cette vive et naturelle facilité, avec cette clarté, cette souplesse et cette énergie qui sont les qualités dominantes de nos grands peintres, comme elles sont celles de nos grands écrivains. Plus tard, quand il sera possible de faire l'histoire de l'école française depuis 1850 jusqu'à nos jours, on sera surpris de l'abondance et de la qualité de ces estampes, dont beaucoup, à des titres divers, méritent le nom de chefs-d'œuvre. Dès à présent on peut étudier dans ses grandes lignes l'histoire de l'eau-forte, essayer de déterminer l'époque à laquelle les procédés de la gravure originale ont été appliqués à la gravure de reproduction et l'ont renouvelée, faire la part des influences qui se sont exercées sur cette dernière, à son avantage ou à son détriment.

I

La dictature de David sur l'art de la Révolution et de l'Empire ressemble à l'hégémonie de Le Brun sur l'art du siècle de Louis XIV. L'une sort d'un compromis académique entre les tendances d'écoles de la renaissance italienne, l'autre d'une réaction de théorie contre l'art facile. Toutes deux, autoritaires, absolues, ont agi profondément sur toutes les manifestations esthétiques de leur temps. De même que l'on ne saurait comprendre sans Le Brun la gravure française de la seconde moitié du dix-septième siècle, de même la manière et la technique des Bervic et des Tardieu sont en fonction de l'esthétique davidienne. Comment l'art léger, vivant, lumineux de Cochin et de Saint-Aubin a-t-il pu, en si peu d'années, se transformer d'une manière si complète ? Il y

a là un fait de moralité générale autant que de prédilection pour un outil ou pour un métier. Tout cet art est
conçu pour la « vertu » et la solennité. Il est *probe*,
c'est-à-dire qu'il exclut les agréments faciles et les élégances ; il aborde les difficultés de front, il veut les
résoudre d'une manière complète, sans rien déguiser,
sans rien cacher. Il n'est ni une fantaisie ni un plaisir,
mais une espèce de devoir civique. C'est l'époque des
planches d'un travail dense et régulier, traitées avec une
froide et savante monotonie. Une science austère qui ne
sacrifie rien, qui néglige volontairement la commodité,
le pittoresque et la couleur des préparations à l'eau-forte,
pousse méthodiquement un burin inflexible sur un cuivre
dur comme l'acier. Qu'il reproduise la fameuse *Éducation d'Achille*, de Regnault, le tableau à succès du Salon
de 1783, ou qu'il lui donne comme pendant l'*Enlèvement
de Déjanire*, d'après le Guide, l'habile Bervic, conserve
la même fermeté fatigante, le même aspect d'égalité
grise. En gravant Raphaël et Léonard, puis Van Dyck,
Boucher-Desnoyers et Tardieu se sont, dans une certaine
mesure, proposé pour modèles les beaux graveurs, si
fermes et si colorés, du dix-septième siècle français : ils
n'en étaient pas moins tributaires d'une influence qui,
bien qu'indirecte, s'exerçait sur eux avec empire. Si l'on
est porté à croire que la gravure au burin, la taille-
douce proprement dite, ne peut donner d'autres résultats
que ceux auxquels ont abouti les hommes de la génération impériale, que l'on jette un regard sur les planches
de Thomas de Leu, de Léonard Gaultier pour le seizième, d'Édelinck et d'Audran pour le dix-septième
siècle, œuvres énergiques sans dureté, sévères sans
monotonie : la franchise de la taille n'est pas oppri-

mée et comme étouffée par la surcharge du travail, les blancs généreux du papier se font jour, il y a de beaux noirs, des vigueurs, des accents. Les graveurs de l'Empire font compact, souvent opaque. Il semble qu'ils réduisent encore la gamme des valeurs d'un procédé qui risquera d'être toujours égal et sans chaleur, puisque l'acide ne vient pas lui communiquer sa variété de tons, lui prêter cette incomparable palette qui fait de l'eau-forte le plus complet des procédés d'interprétation. Sa seule ressource est peut-être dans la qualité solide du travail; mais, chez ces artistes, la préoccupation exclusive de la « belle taille » aboutit à une espèce de virtuosité impassible, à une puérile minutie.

Il faut pourtant mettre à part deux graveurs, Barthélemy Roger et Copia. L'ombre charmante de Prud'hon les protège. Sensible, délicat, mélancolique, mais aussi plein de la sève généreuse et des graves enseignements des maîtres, son génie n'est pas de ces temps. Il a rencontré et formé, pour le traduire, deux hommes qui l'ont compris. Adaptant et renouvelant le procédé de Bartolozzi, dont la vogue immense en Angleterre avait fait école, ils ont, pour la première fois, heureusement combiné le pointillé et la taille-douce; ils ont pu rendre la molle suavité, la grâce mystérieuse, les lueurs alanguies du peintre de *Psyché*. Ils ont fait revivre en blanc et noir, dans le demi-jour mélancolique des bois, ses nymphes et ses déesses au front bas, au profil droit, aux grands yeux, parentes des héroïnes de Chénier, filles de Poussin et du Corrège.

Puis, c'est le groupe des Italiens, dont on retrouve les noms dans tous les livrets du Salon jusqu'au second Empire, au premier rang desquels se distinguent Calamatta et Mercuri, les graveurs d'Ingres et de Léopold Robert. Ils ont les qualités et les défauts de leurs aînés, et ils ne sont pas indignes de figurer à côté d'eux. Mais est-ce de ces honnêtes exécutants, de ces bons disciples, que l'on peut attendre la révolution qui doit transformer l'école? Un moment, vers 1830, il fut permis de croire que le salut allait venir d'Angleterre, où une manière toute nouvelle avait dès longtemps rallié les suffrages et conquis le goût public. La longue pratique de la mezzotinte avait exercé sur les burinistes anglais une influence décisive. Leurs planches — par exemple, ces charmantes petites gravures sur acier dessinées par Turner pour les *Rivières de France* — empruntaient leur éclat et leur originalité, leur souplesse, leur qualité vibrante à l'école nationale de paysage et de portrait. C'est vers cette époque que la librairie française fut envahie par les *keepsakes*, recueils illustrés d'une foule de vignettes sur acier, dont la richesse veloutée et la subtilité de travail firent rapidement le succès. Mais on ne pouvait songer à agrandir ces minuscules choses aimables, encore moins à en faire passer les qualités très spéciales et, si l'on peut dire, toutes locales dans la traduction des maîtres d'une autre école. La mode, au surplus, s'en lassa très vite et les délaissa.

C'est à ce moment qu'apparaissent dans l'histoire de l'école française de gravure le nom et l'œuvre d'Henriquel-Dupont. Ce grand artiste, maître de tous les procédés de son métier, formé à la sévère discipline des graveurs de l'Empire, sut néanmoins comprendre qu'en refusant de se transformer et de s'élargir, la gravure au burin se condamnait à une stérilité monotone. De même, il vit les périls auxquels l'entraînait la vogue, en lui proposant comme modèles les œuvres des graveurs anglais, planches où la recherche de l'agrément et de la couleur est au fond en contradiction formelle avec le caractère et les ressources de la technique employée. De nos jours, alors que l'art s'est complètement libéré dans tous les sens, qu'il a fini par conquérir une expressive souplesse, une adresse qui dégénère parfois en facilité, les œuvres d'Henriquel-Dupont nous semblent très lointaines et comme reculées dans un passé académique. Chez les peintres, comme chez beaucoup de jeunes graveurs, il arrive que son nom sert à résumer les qualités et les défauts de ses prédécesseurs. Il y a là une profonde injustice. Les deux hommes qui ont exercé l'influence la plus forte et la plus durable sur la gravure de reproduction au cours du dix-neuvième siècle sont Henriquel-Dupont et Léopold Flameng. L'un a préparé l'autre et l'a rendu possible.

Henriquel-Dupont fut un dessinateur et un peintre. Un dessinateur, par la science des plans, par l'art de modeler et de construire sans lourdeur, par une fermeté concise d'indications, que n'alourdit jamais l'excès des tailles. La tête et les mains du *Marquis de Pastoret* d'après Paul Delaroche, comme les portraits d'*Alexandre Brongniart* et de *Tardieu*, sont d'admirables exemples de franchise et d'autorité à cet égard. Il fut un peintre, par la variété des valeurs, par l'art de consentir des sacrifices, par la liberté et le mouvement relatif qu'il sut mettre dans son travail. Le premier peut-être, il revint à ces belles préparations à l'eau-forte qui, toujours lisibles sous les travaux ultérieurs, donnent aux planches terminées avec le burin une vie et une chaleur qu'elles ne connaîtraient pas sans cela. De telles préparations se suffisent à elles-mêmes, et elles peuvent être préférées à l'estampe complètement exécutée : tel est le cas pour les *Pèlerins d'Emmaüs*, d'après Véronèse, pour le *Cromwell*, d'après Delaroche.

Mais à la même époque une ère nouvelle s'ouvre pour l'art français : le romantisme reconquiert les procédés perdus et galvanise ceux qui sont en usage. Pour traduire les maîtres de l'école de 1830, pour exprimer avec vérité cette ivresse inspirée, ce dessin qu'agite et que travaille une passion inconnue, cette palette, riche d'oppositions et de tons étranges, cette lumière de théâtre ou de clair de lune, il faut des graveurs nouveaux et des méthodes révolutionnaires. Les peintres cherchent, avec une ingénuité audacieuse. Toute matière est aliment à leur flamme, tout bloc inerte peut recevoir le don de vie. Le bois, la pierre lithographique deviennent les dépositaires enfiévrés de leurs songes. L'acide bouillonnant en fixe à jamais la première et capricieuse ébauche sur la plaque de cuivre. Lente, difficile et dispendieuse, la gravure au burin se confine de plus en plus, se limitant à un rôle d'art officiel, soutenu principalement par les commandes de l'État. A côté d'elle, sa rivale, la gravure à l'eau-forte, ne cesse de conquérir de jour en jour le goût public et l'attention des artistes.

On le sait, elle fut d'abord uniquement l'eau-forte *originale*. L'autorité des burinistes en matière de reproduction, l'enseignement exclusif de leur procédé à l'École des Beaux-Arts, leur situation à l'Institut, et d'autre part, pour la diffusion populaire, la commodité expéditive de la lithographie, crayonnage pittoresque sur la pierre, empêchent longtemps d'utiliser l'eau-forte pour la traduction proprement dite. De plus, les grands exemples du passé étaient donnés par des peintres-graveurs, Claude Lorrain, Rembrandt, Van Dyck. On se mit à leur école.

C'est alors qu'Arsène Houssaye fonde l'*Artiste*. Célestin Nanteuil prodigue en tête des éditions romantiques ses vignettes charmantes, ses ingénieux et libres frontispices. Paul Huet publie son cahier de paysages : à côté de beaucoup d'improvisations hâtives, ces planches démontrent que la gravure à l'eau-forte peut aboutir à des effets complets, et non pas seulement à des croquis sur cuivre, tachés sommairement de vigoureuses valeurs. La distribution nuancée de la lumière, l'étude sérieuse des formes et du ton, la savante disposition de l'effet, la variété du travail, telles sont les qualités par lesquelles ces belles eaux-fortes enseignent aux artistes tout ce qu'ils peuvent attendre du procédé. Après Paul Huet et à sa suite, les hommes de la génération de 1840 se passionnent pour cette nouvelle venue : parmi eux, un rôle particulier est dévolu à Eugène Bléry, le maître du grand Meryon ; par le calme et la sagesse de ses planches, conçues plutôt pour le dessin et pour la facture que pour l'effet, il apprivoise le public, il l'arrête au Salon devant les cadres d'eaux-fortes, avec autant d'intérêt et plus de curiosité que devant les gravures au burin ou à la manière noire. Viennent le second Empire, l'enthousiasme de Philippe Burty, les articles dans les journaux et dans les revues : la mode s'empare du procédé ; l'eau-forte originale, l'eau-forte de peintre est décrétée à juste titre une des formes les plus originales et les plus brillantes de l'art français du dix-neuvième siècle. Il est inutile d'insister ici sur une époque et sur un genre particulièrement bien étudiés et très connus. Ce qu'il faut savoir, ce qui, peut-être, n'a pas encore été dit, c'est à la suite de quels efforts et pour quelles raisons l'eau-forte est devenue, presque à l'exclusion de tous les autres genres de gravure, le plus éclatant et le plus favorisé des procédés de reproduction.

II

Et d'abord, quelles sont ces qualités nouvelles qui lui donnent, dès ses débuts, tant d'autorité ; en quoi ce genre de gravure se sépare-t-il nettement de tous les autres ; en un mot, qu'a-t-il pour lui que n'ont pas ses rivaux ? Quels sont, au point de vue technique, les avantages qui lui permettent de reproduire avec plus de hardiesse et plus d'éloquence les œuvres peintes ? Nous examinerons ensuite les origines historiques, assez obscures, de l'eau-forte de reproduction, ses différentes formes et les modifications qu'elle a subies.

On définit parfois l'eau-forte : un dessin exécuté à la pointe sur une plaque de cuivre recouverte de vernis, et mordu par l'acide. Cette formule, qui a l'avantage d'être claire et facile à saisir, est par ailleurs un peu vide. Il faut la reprendre et, si je puis dire, la traiter par la comparaison, en dégager tous les éléments. Tandis que le burin, taillé en biseau, enlève directement sur la planche un net copeau de cuivre et creuse en profondeur un trait, une *taille* parfaitement propre et sans bavures, la pointe sur la surface de vernis qu'elle égratigne pour mordre légèrement le cuivre ne fait que préparer le travail de l'acide. C'est l'acide qui attaque la matière et qui fait la taille. Ces mots, *l'acide*, *la morsure*, *attaquer*, ne sont-ils pas symboliques de toutes les violences et de toutes les ardeurs du procédé? Les traits du burin sont égaux et nets; ils présentent un bel aspect de régularité. Le travail de l'eau-forte au creux des sillons que la pointe a tracés pour elle est, selon son degré, selon les conditions de la température et même de la lumière, infiniment varié. Observons à la loupe un des traits qu'elle a creusés. Au lieu du canal rectiligne enlevé par l'outil, c'est une fente ravinée, irrégulière dans sa profondeur, semblable à une gorge jonchée de rochers éboulés. Une seule taille de burin et une seule taille d'eau-forte passées à l'encrage et imprimées n'ont aucun rapport : l'une est régulière et froide, l'autre est pleine d'une chaleureuse couleur. Comme on peut graduer l'acide, lui faire attaquer diversement le cuivre, non seulement le creuser avec plus ou moins de profondeur, mais encore et surtout y déterminer des réactions particulières, l'on dispose d'une palette qui comporte toute la gamme des tons en gris et en noir.

Il suffit d'autre part de comparer un burin et une pointe pour comprendre que le premier de ces outils n'est pas absolument à la libre disposition du graveur; couchée contre la planche et tenant le burin à peu près horizontalement, le poussant devant elle, la main ne peut entailler la matière que selon des directions qui sont toutes prévues. La pointe, au contraire, tenue comme un crayon dans le dessin à main levée, se promène sur la planche avec liberté : elle peut se limiter à des résumés expressifs, comme elle peut, conduite avec plus de sagesse, obtenir des tons d'une belle tenue et d'un caractère homogène. Elle est capable d'exprimer librement une personnalité, comme d'être une fidèle et brillante interprète.

Ainsi la franchise du trait et la richesse du ton apparaissent comme les qualités essentielles de l'eau-forte. Son mérite n'est pas le profond savoir qu'elle exige pour être maniée avec dextérité ; c'est de mettre à la disposition des graveurs des moyens d'expression plus nombreux, plus pittoresques et plus saisissants que tout autre procédé. Elle n'est pas un simple « dessin » sur cuivre, puisqu'elle a souvent la force, l'éclat et la plénitude d'une œuvre peinte.

Théoriquement, il n'y a pas de différences fondamentales entre une eau-forte originale et une eau-forte d'après un maître, au moins pendant la belle époque. Une eau-forte originale est presque toujours la copie interprétée d'un dessin ou d'un tableau de l'artiste. Une planche de Meryon, une planche de Buhot sont voulues et cherchées dans un certain sens. Elles sont le résultat de toute une série d'efforts vers un but, et non la fantaisie d'une minute. Les études antérieures dont elles s'inspirent ont été conçues en prévision de l'eau-forte, mais n'en est-il pas de même du travail préliminaire que s'impose tout graveur appelé à reproduire quelque beau tableau ? Il en emporte l'image, il la travaille avec fièvre, il la crée de nouveau en blanc et en noir, il la traite et la développe selon la *clef* de sa technique, comme s'il s'agissait d'une difficile et passionnante transposition musicale. Nulle erreur ne serait plus grave que de prendre la gravure de reproduction pour une copie servile, impersonnelle et inexacte tout ensemble. Les procédés de l'eau-forte, ses qualités, sa nature, sont en contradiction avec cet anonymat et cette nullité. Cette éloquente réduction de valeurs diversement colorées, tâche en face de laquelle la photographie a depuis longtemps fait banqueroute, exige un sens esthétique, un art de choisir et d'interpréter, une science des sacrifices nécessaires qui s'élèvent souvent à la hauteur d'une création proprement dite. Enfin, et c'est sur ce point qu'il convient d'insister, la technique de l'eau-forte est assez souple et assez complexe pour que la gravure de reproduction permette à chaque aquafortiste de talent d'exprimer pleinement ses dons personnels et d'être, dans toute la force du terme, un maître original. Les moyens de l'un ne sont pas les moyens des autres. Chacun conçoit à sa manière le talent d'un même peintre. Le même outil, entre les mains de graveurs différents, acquiert des nuances de virtuosité personnelles à chacun d'eux. Le procédé du point, chez Boilvin et chez Bracquemond par exemple, est employé avec une égale autorité ; mais l'un et l'autre ne s'en servent pas de la même façon. Chez Boilvin, il est argentin, velouté, délicat, il a été soumis à des morsures violentes et rapides, qui donnent au ton une exquise fraîcheur sans le rendre brutal, il exprime avec une fermeté enveloppée la finesse de tissu des chairs féminines, il est tout aérien et baigné de lumière. Chez Bracquemond, il est énergique, véhément, coloré ; il obtient dans les lumières des effets de pâte abondante, il est peint. Je n'ai pris qu'un exemple : on pourrait le multiplier. L'étude de la gravure de reproduction dans la seconde moitié du dix-neuvième siècle n'est qu'une longue justification de cette idée.

Au reste, cette richesse, cette variété, cette vie ne se limitent pas à l'exécution proprement dite. De plus en

FÉLIX BRACQUEMOND

Le Songe d'un habitant du Mogol, eau-forte d'après G. Moreau (1886).
Reproduite avec l'autorisation de MM. Manzi, Joyant et Cⁱᵒ.

plus, depuis les origines, le graveur à l'eau-forte sait se servir de l'impression. Tandis que les planches au burin n'ont rien à attendre des ressources de l'encre et du tirage, parce qu'elles sont gravées partout d'une manière égale, l'eau-forte les met à profit, et il arrive qu'elle en tire un parti excellent. Gravées pour être, selon le terme technique, *retroussées* par le chiffon de l'imprimeur qui va chercher le noir au fond des tailles et les enveloppe, pour retenir la fluidité ou l'épaisseur des encres, ces estampes acquièrent ainsi une saveur et un velouté que leur exécution avait préparés, que l'impression a su mettre en valeur.

Loin d'être immobile et prisonnier d'une tradition, le procédé n'a cessé de se renouveler et de s'assouplir tous les jours. Mille découvertes pratiques ont été faites par des artistes qui créaient eux-mêmes leur technique et qui la faisaient conforme aux exigences de leur tempérament. L'intervention du vernis à remordre, puis du rouleau à revenir leur a permis de reprendre plusieurs fois leurs préparations et de pousser ainsi leurs planches aussi loin qu'ils le voulaient, d'en faire des œuvres d'une déconcertante subtilité. La pointe sèche intervient à son tour, ménage les passages de la lumière, fait bénéficier la vigueur et l'intensité de l'eau-forte des trésors de sa gamme blonde comme de ces beaux noirs chaleureux que l'encre emprisonne dans les barbes du cuivre. On ne se lasserait pas d'insister sur toute cette chimie, si féconde en résultats et qui, heureusement maniée par les maîtres, a produit tant de chefs-d'œuvre.

III

Il faut bien dire qu'on n'a connu et utilisé toutes ces richesses qu'assez tard. Les débuts de l'eau-forte de reproduction sont pénibles et obscurs. Longtemps elle passa aux yeux du public et des artistes eux-mêmes pour n'être qu'un amusement, un délassement des peintres. On ne la croyait pas capable de s'élever jamais au niveau de la belle estampe. L'estampe, mot magique, derrière lequel il y a bien des superstitions d'amateur, bien des entraves au libre développement d'un art vivant entre tous !

Les livrets du Salon, jusqu'au milieu du second Empire, permettent, à la rigueur, une histoire des progrès et des aspects de l'eau-forte originale. Ils sont à peu près muets à l'égard de l'eau-forte de reproduction. De loin en loin, quelques planches très modestes, signées de noms inconnus, témoignent que des audacieux ont été en ce sens. Au Salon de 1849, par exemple, à côté de Daubigny, de Bléry, de Charles Jacque qui sont représentés par des pages magistrales, Auguste François Allé expose un *Général Bonaparte*, d'après Raffet ; Hilaire Guesnu et quelques autres ont à leur actif de petites eaux-fortes de reproduction. Un peu plus tard, surtout après la révolution de 1848, les peintres qui ont déjà fait maintes fois l'expérience du procédé l'appliquent à l'interprétation des œuvres des camarades ou des aînés. Ainsi les premiers graveurs de reproduction à l'eau-forte se trouvent être des artistes originaux, *d'Artistes*, et lui gardent ouvert à toutes les tentatives depuis les premiers engagements de la grande bataille romantique, accueille celle-ci et la favorise. C'est dans ses fascicules qu'il faut chercher nos incunables, si l'on peut s'exprimer ainsi à propos d'un art qui a déjà fait ses preuves dans une autre voie et qui va bientôt produire ici des œuvres définitives. Charles Jacque, — le Jacque de la *Truffière* et de la *Bergerie*, — lui donne une charmante petite planche d'après Hobbema, d'un faire moins énergique que ses eaux-fortes de peintre, plus « soignée », si l'on peut dire, mais fraîche, nuancée, délicate. Dès cette époque, il étudie l'œuvre gravé de Van Ostade, il s'essaie et il réussit à reproduire dans le même esprit, avec les mêmes moyens, les maîtres de l'école hollandaise. Chaplin, qui sera plus tard le peintre des grâces mondaines et des féminités élégantes, grave le *Cochon*, de Decamps.

Bientôt la Chalcographie commande à Daubigny deux eaux-fortes d'après les Ruysdael du Louvre, le *Buisson* et le *Coup de soleil*. Marchand, directeur de l'*Alliance des Arts*, rue de Rivoli, édite une série de planches de petit format, pour lesquelles il fait appel à tous les talents et à tous les métiers de l'art : burin, lithographie, manière noire, aquatinte, eau-forte. Rien de plus mêlé que ses publications, rien de plus instructif. C'est là qu'on voit paraître pour la première fois, à côté d'inconnus, des artistes qui sont appelés à laisser un nom. Edmond Hédouin, qui doit rivaliser un jour de charme, d'esprit et de facile élégance avec les petits maîtres du dix-huitième siècle, y débute par toute une suite de planches d'après Delacroix, interprétées avec une certaine mollesse de la même pointe un peu molle ... mon-... dont il grave les *Romains de la décadence*, de

Couture. Veyrassat traduit Decamps, Daubigny, Rosa Bonheur. Léopold Flameng, qui est loin encore d'être en possession de sa maîtrise, fait paraître une *Synagogue* d'après Leys et un mauvais *Gutenberg* original, où l'on devine pourtant déjà la préoccupation de l'effet rembranesque et du clair-obscur. A côté de ces eaux-fortes où l'on sent les tâtonnements et les hésitations d'un procédé qui se cherche, œuvres souvent pénibles, parfois franchement médiocres, il y a des lithographies charmantes, des estampes au burin en partie influencées par l'eau-forte. De cette époque datent les premiers essais de Bracquemond. En 1852, — il n'avait que dix-neuf ans, — une planche originale, le *Battant de porte*, le révélait du premier coup comme un maître. Élève de Guichard — ce grand Lyonnais à peu près inconnu, — capable d'appliquer supérieurement aux arts de la reproduction l'énergie et l'autorité de cet enseignement, il va l'enrichir encore de toutes les ressources d'un tempérament exceptionnel.

Dans cette histoire des débuts, l'année 1863 est intéressante. Elle marque un des premiers conflits entre la gravure officielle et l'eau-forte de reproduction. Le ministère d'État avait commandé à Bracquemond la gravure de l'*Érasme*, d'Holbein : elle fut refusée au Salon. « Il y eut un moment difficile, dit M. Béraldi ; la gravure rangée craignait que « l'eau-forte » ne tombât dans le lâché et ne compromît la gravure ; l'eau-forte répondait que l'excès du rangement de la taille « militaire » par première et par seconde tombait dans le mécanique, à preuve que des graveurs, voire célèbres, faisaient leurs fonds à la machine Collas, ce qui compromettait l'art. » Mais, la même année, la Chalcographie commandait à Charles

Jacque un *Paysage* d'après un dessin de Van der Neer. Des amateurs, comme Jules de Goncourt et le vicomte Lepic, exposaient d'intéressantes eaux-fortes de reproduction, l'un d'après Greuze et Chardin, l'autre d'après Géricault et Jadin. Enfin Léopold Flameng, qui, depuis longtemps, s'appliquait à la recherche des moyens par lesquels l'eau-forte pouvait aboutir à des estampes, construites, solides, vibrantes, et non pas seulement à d'amusantes interprétations libres, était représenté par trois eaux-fortes destinées à la *Gazette des Beaux-Arts*, dont le *Doreur*, d'après Rembrandt.

Il était élève de Calamatta. A cette école, il avait appris tout ce que l'on peut enseigner d'un art comme la gravure au burin, qui ne comporte qu'une part réduite d'invention, de progrès et de spontanéité personnelle. Il s'était tourné très vite vers un procédé plus vivant et plus riche de promesses, sans rien oublier du savoir acquis. Il eut le mérite de comprendre que, pour faire dire à l'eau-forte tous ses secrets, pour montrer d'une manière éclatante qu'elle est le plus éloquent des genres de gravure, il fallait revenir aux grands exemples légués par les maîtres, apprendre d'eux, par une étude attentive et serrée, tous les prestiges de l'art. Dans son admirable réplique du *Christ guérissant les malades*, il retrouve le rayon séculaire de Rembrandt, ses ombres de velours, ses palpitantes ténèbres. En 1874, sa *Ronde de nuit* fait sensation dans le public et dans la presse. Charles Blanc en parle longuement dans un article du *Temps*, qui la consacre. Désormais, l'estampe au burin pur passe au second plan : elle sera contrainte de se transformer pour survivre, d'adopter quelques-uns des procédés de sa rivale. En 1876, la *Leçon d'anatomie* et les *Syndics* continuent, étendent encore la portée de cet effort. Avant cette date, par des planches comme *Miss Graham* et *The Blue boy*, d'après Gainsborough, Flameng avait fait voir que l'eau-forte existe en dehors du cycle Rembrandt, qu'elle peut reproduire avec charme et vérité les maîtres de toutes les tendances et de tous les temps. Par ses élèves, on peut dire qu'il forma toute la gravure française. Son école, c'est Rajon, qui assura le succès de notre école en Angleterre; c'est Charles Courtry, qui à son tour prépare d'innombrables disciples; c'est Guillaume, qui, dès son retour de Rome, [...] les grandes [commandes] officielles, [...] sans rien perdre de sa belle probité d'exécutant, [...] pour l'Espagne afin de graver la *Reddition de Bréda*, d'après Velasquez (1873); [...] Lefort, l'auteur du *Portrait de Washington*. Dès avant la guerre, le mouvement se dessinait. Au Salon de 186[.], les noms de Chauvel, de Bracquemond, de Courtry, de Jacquemart, d'Edmond Hédouin sont au catalogue, formant un bel ensemble. La même année, Paul-Adolphe Rajon apparaît pour la première fois, avec deux planches, d'après Dürer et Maréchal. [...] voici le baron Walner, avec son *Portrait du baron d'Uffort*, Raphael Rubens [...] encore, moins [...] de Rome de même année, [...] qui travaille [...] la faveur du public à [...]

[...] des maîtres admirés. Flameng [...]

VICTOR FOCILLON

Cour de Ferme, la nuit, eau-forte d'après J.-F. Millet (1885).
(Musée de Lyon.)

faut signaler Léon Gaucherel. L'eau-forte avait été de tous temps utilisée par les graveurs d'architecture. Élève de Viollet-le-Duc, Gaucherel s'était d'abord destiné à cette carrière, mais il devina très vite les ressources de la technique nouvelle. Il devint un bel aqua-fortiste passionné de son art. L'histoire de son atelier serait intéressante à écrire. Il a joué, lui aussi, un rôle de préparation et de diffusion. Courtry fut son élève, en même temps que celui de Flameng, et, avec lui, le magicien Buhot, l'alchimiste du blanc et du noir, qui se consacra bientôt à son rêve personnel et à l'eau-forte originale; Brunet-Debaines, interprète de Turner, de Constable, de Ziem; Mongin, dont les planches atténuées d'après Meissonier firent la conquête du public anglais. On le voit, enseignée par Flameng, défendue, encouragée par Gaucherel, bientôt directeur artistique de l'Art, l'eau-forte de reproduction cesse d'être une tentative isolée pour [illegible] dans la mêlée. L'abondance des talents et l'importance des planches exécutées sont les signes [illegible] de ses progrès. [illegible] 1875 [illegible] Émile Boilvin exposa pour la première fois, en 187[illegible], c'est Auguste Boulard [illegible] forme à la généreuse discipline des maîtres [illegible] dans l'atelier de son père, le puissant peintre de paysa[illegible] des portraits, l'ami et l'émule des Daubigny, des Dupré, des [illegible] la même année. [illegible] de lithographe, peintre et graveur [illegible] commença par [illegible] les toiles de son maître avant de s'occuper à [illegible] par le portrait du *Maréchal* [illegible] souplesse des maîtres les plus variés ; en 1879, Kœpping, qui, l'année suivante, cesse de s'intituler élève de Jacobi, pour devenir élève de Waltner, Kœpping, dont les *Syndics* d'après Rembrandt sont une des plus belles pages de l'histoire de l'estampe. Désormais, l'impulsion est donnée. A consulter les catalogues du Salon, on s'aperçoit des progrès incessants de l'eau-forte. Jusqu'à ces dernières années, elle ne cesse de produire et de s'imposer.

Il ne pouvait guère en être autrement. Jeune encore, elle avait ses autorités dans un passé illustre, elle comptait déjà des maîtres. La faveur publique, il faut le reconnaître, contribua pour beaucoup à rendre son succès facile et durable. Cet art n'a pas grandi artificiellement dans des ateliers, dans des milieux clos. Il n'a pas pour origine la curiosité érudite de quelques spécialistes. Il a été tout de suite en contact avec le goût du temps. La mode a déterminé en sa faveur un mouvement qui ne l'a pas seulement aidé à se répandre, mais encore à se manifester. On ne peut pas dire qu'il ait eu pour lui « un public », c'est-à-dire quelques adeptes isolés, peut-être victimes d'un snobisme, mais le grand public des artistes et des connaisseurs. Par là, il est d'accord avec l'esprit et les tendances générales de l'art français au dix-neuvième siècle, il est une forme vivante. Il a été encouragé, soutenu, répandu. Les grandes revues d'art ont été les protectrices et les amies de l'eau-forte. J'ai parlé à leur place de l'*Art* et de la *Gazette des Beaux-Arts* : l'une a publié les plus belles séries d'estampes de moyen format ; l'autre, surtout à partir du jour où elle fut dirigée par Philippe Burty, grand passionné d'eauforte depuis son voyage d'Angleterre en 1862, a fait une large place aux aquafortistes, de même que d'autres recueils très nombreux, comme le *Musée des Deux Mondes* et le *Musée universel*. Dès sa fondation (1897), la *Revue de l'Art ancien et moderne* a continué cette tradition avec éclat. En même temps, des catalogues de collections, comme le charmant catalogue Péreire (1872) et le catalogue Wilson, se remplissaient d'illustrations à l'eau-forte.

Alors parut une nuée de petites planches, d'une saveur et d'un charme très particuliers, qui en font un genre à part, — libres, faciles, vivantes, pleines de brio et de couleur. Exécutées dans un esprit de franche indépendance, et non pas asservies à la lettre de l'œuvre à reproduire, souvent expédiées à la diable, elles permettent de lire avec clarté les qualités essentielles de certains graveurs : c'est là que s'exerce peut-être avec le plus d'aisance leur verve spirituelle ; il arrive que leurs eaux-fortes ont le mouvement et la chaleur d'esquisses peintes. Souvent le travail des tailles est quelque peu succinct, mais la vie y respire, l'effet est prestement distribué en quelques touches d'acide qui font chanter l'harmonie de l'ensemble.

Même maîtrise, qualités différentes dans le livre à eaux-fortes, inauguré par les *Évangiles* de Hachette, où, sous la direction de Gaucherel, tous les graveurs du second Empire reproduisent les dessins de Bida. En quelques années, le métier des vignettistes devient subtil, délicat, nuancé ; il donne la chaleur et la vie de l'eau-forte à tout un univers réduit, à d'exquises figurines, parfois émouvantes. Successeurs directs des Gravelot et des Saint-Aubin, Lalauze, Champollion, Müller et Ruet, dans de petites planches précieuses et brillantes, inventent ou renouvellent des procédés dont ils font bénéficier l'estampe de proportions plus grandes, qu'ils traitent avec maîtrise. La publication des *Cent chefs-d'œuvre* par l'éditeur Georges Petit, en 1885, est le témoignage le plus complet de l'activité de cette pléiade. Le catalogue de la même maison pour l'année 1888 offre au public un choix de grandes planches d'après Millet, Corot, Daubigny, Stevens, Van Dyck, Rubens : presque toutes sont des pièces capitales.

La variété de ces manifestations répond à la variété des ressources de l'eau-forte. La diversité des talents l'atteste encore mieux. Ils se meuvent en elle, si l'on peut dire, avec une liberté infinie. La manière de chacun y est peut-être plus facile à lire que partout ailleurs. Toute limitée qu'elle soit au blanc et au noir, elle est une peinture et, dans la gamme très étendue des tons dont elle dispose, l'artiste peut choisir spontanément les éléments qui l'expriment le mieux. De plus, par le mordant du trait, elle conserve le caractère significatif d'un dessin ; par la manière dont la pointe se promène et enchevêtre la taille sur le cuivre, elle est d'avance signée. C'est ce qui explique que l'eau-forte ait suffi à des maîtres pour se révéler avec plénitude.

Bracquemond, admirable chimiste des morsures, a la force et l'âpreté. Il sent toute la poésie du trait coloré, la grandeur et le caractère d'un dessin auquel l'acide ajoute sa mordante énergie. Ses œuvres ont quelque chose d'autoritaire. Il voudrait s'en tenir au premier état, à l'eau-forte pure, sans la dissimuler par un travail de nuances. Qu'il s'applique, dans ses planches originales, à traduire le charme doré de l'été sur les feuillages de Sèvres, la lumière mouillée de l'orage parisien, la variété des tons sur un plumage d'oiseau, qu'il interprète Delacroix, Gustave Moreau, Millet, son art reste plein de liberté, de fermeté et de grandeur. Et de quelle souplesse n'est-il pas capable dans son unité, puisque, quelques années après le *Boissy d'Anglas*, il se plie à la traduction du *Roi David* d'après Gustave Moreau, il enrichit l'eau-forte de tout un orientalisme du blanc et du noir, de toute une énigmatique féerie de lueurs rares! Dans les six planches exécutées pour les fables de La Fontaine, d'après les aquarelles du même maître, l'extraordinaire virtuosité de la pointe et des morsures déconcerte par une profusion de sombres trésors, par de surhumaines pâleurs.

Waltner est peintre, par l'éclat et la profondeur. Pour lui, chaque œuvre d'art est une certaine expression de la lumière en conflit avec la nuit. Au sein de l'ombre, des lueurs apparaissent, qui se modèlent doucement, comme des apparitions. La chair, cette pulpe vivante qui a ses mollesses et ses fermetés, rayonne mystérieusement. Elle n'est pas traitée par lourdes hachures, comme le marbre d'une colonne ou le bois d'un meuble. Usées, atténuées, reprises, les tailles forment un réseau ténu où joue la lumière. L'ombre n'est pas produite par une juxtaposition de canaux réguliers où s'entasse la profusion des encres. Elle vit, elle palpite, distribuée par touches agiles que soutient un travail de pointe sèche extrêmement libre, où la barbe du cuivre joue un grand rôle. Au même titre que des planches comme la *Ronde de nuit*, l'admirable série de portraits publiés dans l'*Art* assure à Charles Waltner une place d'honneur parmi les graveurs de ce temps. Jamais la magie des noirs n'avait atteint cette intensité velou-

Jamais l'éclat attendri des chairs dans la transparence du clair-obscur n'avait propagé cette douce chaleur de vie. Ce travail véhément et suave, où la gravure pour la gravure n'apparaît jamais, est l'expression d'une maîtrise originale qui ne doit rien à d'adroits emprunts, pas plus qu'à la tradition d'une école.

Au cours des mêmes années, Théophile Chauvel, peintre et lithographe, venu à l'eau-forte comme son confrère Achille Gilbert, s'attachait aux maîtres de 1830. Poète des sous-bois et des clairières, savant dessinateur de l'arbre, il exprima son rêve et son émotion en se confiant aux paysages des grands artistes qu'il aimait : l'orage du soir pesant avec tristesse sur les marécages de Dupré, la vie ardente et silencieuse de la flore sylvestre, les larges horizons de Rousseau, l'humide et mélancolique vallon où Corot écoute la flûte du chevrier. Au travail parfois brutal de ses prédécesseurs dans la gravure de paysage, au jeu trop facile et trop apparent de la pointe, il substitue une technique à la fois plus discrète et plus riche. Préoccupé avant tout du rôle des valeurs dans l'harmonie générale, il les distribue, il les fait vibrer, s'apaiser ou s'éteindre, avec une sensibilité, une intelligence de l'effet que nul n'a dépassées.

Jules Jacquemart a longtemps étudié le luxe de la lumière sur des surfaces rares, le rayonnement trouble du jour à travers les verreries et les gemmes. Graveur des *Joyaux de la couronne*, il les a reproduits avec une étincelante préciosité. Il interprète les maîtres hollandais, Rembrandt en particulier, avec un savoir, une fermeté pittoresque digne du maître. La fraîcheur de ses morsures, l'élégance du travail des tailles qui n'alourdissent jamais

CHARLES WALTNER
Eau-forte d'après Van Dyck.

les valeurs blondes et restent transparentes dans les noirs, donnent à ses eaux-fortes l'aspect le plus lumineux et le plus brillant. A côté de tant d'estampes fatiguées qui ont perdu toute leur fleur, les siennes restent baignées d'une lueur argentine. A cet égard, Émile Boilvin, peintre de talent conquis par l'eau-forte originale, puis par l'eau-forte de reproduction, dont il fut tout de suite un des maîtres, et peut-être le maître tout court, Boilvin, chercheur obstiné, poète de la matière gravée, complète et dépasse Jacquemart. Nacrés, transparents, humides, ses nus féminins, d'après Boucher, Chaplin, Ranvier, sont ce que la gravure française de tous les temps a produit de plus gracieusement subtil. Ses *Bibliophiles*, d'après Fortuny, se rattachent à la tradition des maîtres du dix-huitième siècle; mais en associant à la taille le procédé du point, dont j'ai parlé plus haut, en variant à l'infini l'action de l'eau-forte, Boilvin dispose d'une gamme plus étendue. Même au plus fort de ses inquiétudes et de ses recherches, il a l'accent de la liberté.

Ainsi représentée, l'eau-forte française s'était créé un public européen. Dès les origines de cette renaissance, une revue étrangère, la *Gazette de Vienne*, avait commandé une gravure à Walther. Mais c'est surtout en Angleterre, puis en Amérique, que nos artistes rencontrèrent les amateurs les plus fidèles et les plus passionnés. Déjà, au siècle précédent, la société anglaise avait accueilli et fêté le Vénitien Bartolozzi. Pendant toute l'époque moderne, elle avait aimé et favorisé l'estampe. Elle avait un procédé à elle, une technique toute nationale, la gravure à la manière noire, inventée au milieu du dix-septième siècle par le prince Rupert. Les gra-

et en Amérique, les maisons d'édition et les sociétés
d'art s'adressaient presque exclusivement à des aquafortistes français. De 1875 à 1900 environ, l'éclat, l'autorité
et le charme de l'eau-forte de reproduction contribuèrent
peut-être plus à la gloire de l'école française que n'importe quelle autre forme d'art.

IV

Il est indéniable que, depuis une quinzaine d'années,
l'aspect et sans doute le métier des œuvres de nos
aquafortistes se sont sensiblement modifiés. Des talents
considérables demeurent. Les maîtres des premières
années n'ont rien perdu de leur vigueur et de leur autorité. Mais une certaine tendance à faire trop complet, à
charger les planches d'un excès de travail les a rendues
peut-être moins vivantes et moins saisissantes. Toute une
série d'influences se sont exercées sur l'eau-forte et l'ont
en partie transformée.

Le rôle néfaste de la photographie ne saurait être dis-
cuté. Il serait grand temps de s'expliquer sur les procédés mécaniques et de limiter leur domaine. On carac-
térise souvent la photographie en disant qu'elle est
impersonnelle, qu'elle offre par conséquent des garanties
d'exactitude et de fidélité que le traducteur le plus consciencieux ne peut présenter. Or — tous les peintres le
savent — la photographie ne rend pas les valeurs d'un
tableau. Je veux dire que la plaque sensible et la rétine
n'acceptent pas de la même façon l'objet qui leur est
proposé. La qualité de l'ombre et de la lumière n'est
pas la même pour l'œil humain et pour la sensible de l'ob-

jectif : pour cette dernière, elle est infiniment plus sommaire et plus violente. Mais la fatigante minutie avec laquelle elle reproduit le faire et les accidents de la facture, la noirceur calcinée des ombres photographiques, les grands blancs abstraits des lumières satisfaisaient les instincts enfantins et brutaux de la masse. En élargissant son public, la gravure à l'eau-forte ne pouvait prétendre s'adresser exclusivement à des amateurs compétents. Les éditeurs qui espéraient une diffusion énorme de certaines œuvres étaient forcés d'obéir aux préférences de la foule et les communiquaient impérieusement à leurs graveurs. Ceux-ci, portés à s'inspirer de photographies, parfois contraints de s'en contenter parce qu'ils n'avaient pas le tableau à leur disposition, tombaient nécessairement dans les défauts de leur document. Des critiques peu préparés à leur tâche ne rougissaient pas de parler de *premiers états* d'une photogravure et de belles épreuves, à propos de photographies. Ainsi le goût public était corrompu et risquait d'entraîner la décadence de la gravure. Par réaction, on lui proposait, sous le nom d'eaux-fortes originales, de rapides croquis, non dénués d'agrément, mais où l'ignorance devenait trop rapidement vertu. Les maîtres, Rembrandt, Buhot, cet âpre chercheur, Meryon le visionnaire, eussent souri de ces fantaisies de demoiselles. Elles n'en contribuaient pas moins à reculer quelque peu dans l'ombre et dans le passé l'eau-forte de reproduction.

D'autres influences encore s'étaient exercées sur elle. Meissonier, par la nature même de son talent, exigeait de ses graveurs certaines qualités de finesse dans le détail, une minutie d'exécution qui sont contraires à l'esprit de l'eau-forte. L'autorité tyrannique de ce petit des-

sinateur pointu les leur imposait avec empire ; le public
en était avide. Sans doute cette manière a donné lieu à
des estampes où le sérieux et la science de la facture
n'excluent ni le mouvement ni la couleur. Les planches
de Mongin, de Lucien Dautrey, de Courtry lui-même,
le libre, l'indiscipliné Courtry, en sont de bons exemples.
Il reste toutefois que l'art de Meissonier *attrista* la gravure française ; malheureusement il était à la mode :
dans un catalogue d'édition, je compte six Meissonier
pour une seule année.

D'autre part, en formant d'innombrables élèves, certains maîtres ont vraiment *vulgarisé* l'eau-forte. Une
foule de moyens talents, beaucoup plus mécaniques que
personnels et peu propres à se créer eux-mêmes les
moyens d'une interprétation indépendante, ont trouvé
commode la méthode exposée plus haut. La réputation
acquise par l'admirable et néfaste Ferdinand Gaillard a
déterminé une revanche de la gravure au burin qui a
imposé sa vision et ses procédés à beaucoup d'aquafortistes. Il est plus facile sans doute de traiter une planche de *main d'ouvrier*, de la surcharger partout du même
travail égal et pénible, avec le même outil impersonnel,
sans variété, sans vie, que de la voir, de la sentir et de
l'exécuter en artiste. Mais, au milieu de ces mornes effi-
gies, de ces paysages gris, que de belles pages encore !
A côté des maîtres qui n'ont pas cédé aux courants d'une
vogue dangereuse, qui sont restés eux-mêmes, de jeunes
talents apparaissent, pleins de promesses. L'eau-forte
de reproduction qui, depuis quarante années, atteste sa
vitalité et sa supériorité par tant de belles œuvres, l'eau-
forte de Waltner, de Bracquemond, de Boilvin, de Chauvel, de Focillon est un art vivant au premier chef. Elle

ne peut que continuer une carrière illustre déjà. La faveur passagère avec laquelle le public accueille des tentatives peu dignes de réussir et de durer ne saurait tromper sur sa destinée véritable, qui est d'exprimer librement, d'après les maîtres de tous les temps, de toutes les écoles et de tous les pays, un des aspects les plus originaux et les plus puissants du génie français.

L'IMAGE DE L'ENFANCE
DANS L'ART MODERNE

LES peintres, les statuaires de tous les temps et de tous les pays nous ont légué de l'enfance une image pleine de charme et d'émotion. Dans les salles solennelles et froides de nos musées, au milieu des batailles, des pompes triomphales et des supplices, parmi les portraits des amoureuses et des capitaines, il arrive que l'enfant rayonne et nous fasse oublier d'un seul coup toutes les fictions héroïques ou voluptueuses inventées par le génie des maîtres. Il nous conduit par la main vers un domaine où tout respire la sérénité, l'innocence et la joie. A l'entrée de ce verger paisible, les passions expirent, les souvenirs des combats et des détresses se dissipent. Une force plus puissante que tous les prestiges de l'art nous ramène à nos origines ; sur les fronts charmants des enfants d'autrefois, dans leurs traits délicats respectés par les siècles, nous retrouvons quelque chose de nous-mêmes, et, fixé pour toujours, le reflet de ces grâces rapides qui brillèrent un instant sur tant de visages. Le peintre et le sculpteur dérobent au temps la ressemblance éphémère de leur modèle, ils en construisent une image stable, faite pour survivre à la décrépitude et à la mort ; aux murailles des grandes galeries d'apparat, les adolescents, les hommes faits et les vieillards se présentent tels qu'ils étaient à un moment de leur vie personnelle. La splendide maturité de Balthazar Castiglione semble défier les décadences de l'âge et faite pour résister éternellement. Mais nous savons qu'ils ont changé, les uns et les autres, qu'ils ont subi la loi. Ces rêveries et ces regrets n'atteignent pas l'image de l'enfance. Elle est toute sereine. L'idée d'une évolution nécessaire et d'un terme inévitable ne nous sollicite pas en sa présence. Au milieu de ce petit peuple, qui n'a que le souci de ses tendresses et de ses jeux, nous quittons nos agitations et nos désordres, nous nous trouvons restitués à l'harmonie et à la paix.

C'est en ce sens que l'on aimerait à parler de l'enfance, à la fois familière et divine, telle que l'ont vue les artistes grecs. Longtemps, l'on crut qu'habiles à dresser les statues des héros et des déesses, à répandre sur des membres admirables le charme d'une noblesse exceptionnelle, ils n'avaient pas senti la poésie du premier âge de l'homme, faite de maladresse touchante, de grâce et d'abandon. On pensa que la fermeté sévère de leur dessin se serait malaisément prêtée à la mollesse, au potelé des chairs enfantines. Par réaction contre l'esthétique italo-allemande de la fin du dix-huitième siècle, on blâma justement les proportions fausses des deux fils de Laocoon, en remarquant que c'étaient là deux statues de petits hommes, réduites à une échelle moindre que celle de leur père, mais d'après le même canon, et non deux études d'enfants proprement dites, avec la morphologie qui leur est propre et leur vérité anatomique. Mais ce médiocre marbre gréco-romain de basse époque a cessé d'être à nos yeux le résumé des perfections de la statuaire grecque. Nous connaissons les stèles funéraires et les

reliefs votifs de l'école attique du cinquième siècle, les
lécythes blancs décorés à pointe de pinceau d'élégantes
et légères peintures, — surtout les séries de statuettes
en terre modelées par les coroplastes thébains à l'époque où l'art antique, après les sévérités et les grandeurs
primitives, sous l'influence d'une civilisation plus délicate et plus molle, accédait à toute sorte de grâces
nouvelles. En Attique, dans les îles, en Asie Mineure,
partout, naissaient alors mille images charmantes de la
femme, depuis la vierge, strictement voilée, longue,
mystérieuse et chaste sous les plis serrés de l'himation,
jusqu'à la danseuse nue sous une étoffe légère qui accuse
le modelé provocant de son corps cambré. La petite
fille paraît, et il semble que nous la reconnaissions,
assise sur une pierre, au bord de quelque route, avec
sa gentille tunique courte et sa balle, qu'elle tient dans
un filet. Des amours dansent, avec un entrain mala-
droit, ou bien s'accrochent à la toison crépue d'un
bélier ; mais ils n'ont pas les traits du dieu terrible ;
leurs grâces, leurs familiarités sont celles des enfants
des hommes. Telle est la métamorphose du vieil Eros
épique, formidable frère du Chaos. Les siècles l'ont
rajeuni. Au soir de la civilisation grecque, il n'est plus
qu'une petite chose légère, il rit et il passe. Il associe une
pensée de spiritualité à la tristesse des jeunes tombes,
mais il garde toute la gaieté de l'innocence. Bientôt, des
rivages de l'Egypte et de l'Asie hellénistiques, les petits
Eros funéraires s'envoleront vers l'Italie. Captifs de la
marchande d'amours pompéïenne, ils ne quitteront leur
cage de colombes que pour se mêler à de riants plaisirs[1].

1. Cf. Henri Lechat, *Tanagra*, p. 44 sqq.

Le mime IV d'Hérondas, en dénombrant les richesses conservées dans l'Asclépiéion de Cos, appelle l'attention des visiteurs et la nôtre sur une réplique d'un groupe fameux, l'Enfant à l'Oie, dû au ciseau d'un maître qui se consacra tout entier à l'enfance, Boethos. Œuvre humaine, spirituelle aussi, tout imprégnée des grâces alexandrines. Gonflés d'une énergie redoutable, les bras d'Héraklès au berceau, ces bras qui étouffèrent les serpents envoyés par Héra, conservent, malgré leur puissance, le charme d'une proportion courte, ramassée, la plénitude d'une chair grasse et délicate à la fois, où la forme s'inscrit encore avec mollesse.

Rome donne à l'image de l'enfant plus de vérité individuelle et plus d'accent. Dès lors, le volume crânien, la fermeté du dessin des traits laissent deviner, en dépit des indécisions aimables et du souple modelé, la force et l'autorité de la race nouvelle, faite pour imposer son empire aux peuples, pour bâtir des routes, des aqueducs, des forums, et pour rédiger des lois. Ce sont là les fils et les filles des juristes et des civilisateurs. Mais ce sont d'abord des enfants, et leur âme n'est pas encore façonnée par l'histoire. Le buste du petit Néron, qui n'est peut-être pas un Néron, n'autorise pas les développements psychologiques. Il ne laisse deviner ni le tyran futur ni le cabotin. Il révèle surtout une santé magnifiquement épanouie et présente cet air grave et volontaire si touchant parfois chez les petits. Tous ont eu leurs jeux, leurs camaraderies, leurs joies et leurs peines. Les inscriptions funéraires en vers recueillies par Buecheler dans ses *Carmina Epigraphica* nous donnent un aperçu et comme une lueur rapide de ces existences enfantines. Mieux que les poètes d'épitaphes et les lapicides, les sculpteurs antiques ont su nous en communiquer le souvenir, ou plutôt nous en suggérer l'idée, plus conforme aux habitudes éternelles de l'homme qu'aux résultats positifs d'une enquête archéologique encore précaire sur ce point.

Par le culte de la Vierge et de l'Enfant, le christianisme allait fournir aux arts un thème émouvant et nouveau. Sans doute l'idée d'une maternité chaste se révèle dans des œuvres comme les groupes d'Athéna et d'Erichthonios, au Musée du Louvre, d'Eiréné et de Ploutos, au Musée de Munich. Mais rien qui égale, dans les arts du dessin, la magnifique poésie de l'hymne homérique à Déméter. Une stèle funéraire attique montre un bébé au maillot, serré comme une momie dans des bandelettes croisées : c'est la nourrice qui le porte. La grande louve de bronze tend son mufle allongé et semble flairer le péril qui peut menacer Romulus et Rémus pendus à ses mamelles. Toutefois on chercherait en vain la mère et sa tendresse auguste, la mère dont les bras enveloppent et protègent, la mère avec ses élans et ses jeux, sa confiance et ses alarmes. Il était réservé au christianisme, aux hommes du moyen âge et aux pays du Nord de décrire et de commenter avec profondeur cette aube de la tendresse humaine que l'enfant, dès le premier jour, voit rayonner sur le front de sa mère. Mieux que l'arène dorée de la palestre, mieux que les grandes maisons claires envahies par l'air et la lumière, les demeures étroites et chaudes des petites villes, au fond de quelque vallon mélancolique des Gaules, abritèrent la poésie de l'intimité familiale et rendirent chère à l'homme la douceur du foyer. L'enfance n'y fut pas mieux aimée ni plus choyée que jadis, mais peut-être devint-elle plus sensible à la chaleur du sein, contre lequel elle était plus tendrement pressée. Ce qu'il y a de suavité dans la foi chrétienne, l'adoration de la femme et de la mère favorisaient ces élans nouveaux et permettaient aux artistes de révéler au monde l'expression la plus grande, la plus simple aussi, de l'amour et de la charité.

Qu'elles sont humbles, qu'elles sont modestes ces premières images du Christ enfant, telles que les ont ciselées dans l'or, l'argent ou l'ivoire les orfèvres byzantins ou romans ! Quelle humanité maladive et triste, quelle vieillesse précoce dans les traits du petit visage sérieux, qui semble moins doué de la grâce rayonnante de l'enfance qu'accablé sous le fardeau d'une destinée terrible ! L'art anémique et rigide des diptyques consulaires se perpétue longtemps dans l'iconographie de l'enfance chrétienne. Le Christ est pareil à ces tristes petits princes écrasés sous le poids de la toge et des insignes, et dont le nom incertain survit faiblement au crépuscule de l'Empire, aux désastres des invasions. Puis l'art franchit un jour l'enceinte des cloîtres et s'empare audacieusement de toutes les manifestations de la vie. Aux rêveries chimériques des moines architectes et tailleurs d'images, aux entrelacs, aux animaux symboliques, aux matières rares, sont substituées mille apparences émouvantes nées du spectacle de l'existence quotidienne, la faune et la flore de nos vergers et de nos forêts, fixées dans la pierre des églises avec une sorte de rudesse naïve et grande.

Ce sont d'admirables expressions populaires de l'innocence enfantine et de l'amour maternel que les nobles Vierges françaises du treizième et du quatorzième siècle. La Vierge Dorée d'Amiens les domine toutes par l'ampleur et par la beauté du style ; mais elle reste intime, si l'on peut dire, et proche de nous, dans sa royauté gracieuse. Les unes et les autres révèlent à tour de rôle une émouvante sincérité d'attitude et de sentiment. Dans un groupe du Louvre, l'enfant tend ses petits bras pour appeler et pour étreindre. Avec la Vierge de Jeanne d'Evreux, le geste s'achève en caresse, la main délicate flatte avec une tendre gaucherie la joue qui s'incline. A Bayel, c'est la maman qui caresse le petit. La Vierge de Bossy n'est pas tout à fait exempte de maniérisme, mais elle montre un autre geste vrai, d'une spontanéité délicieuse, celui de l'enfant qui porte la main au sein de sa mère. Plus simples, plus touchantes encore, la Vierge de Maisoncelle et la Vierge de Marcoussis sont les images de la confiance et de l'abandon. Presque toutes ont ce joli déhanchement de la femme qui se ramasse, en quelque sorte, pour soulever son petit et pour lui faire un abri contre son cœur, aspect de vérité éternelle auquel se prêtait particulièrement la courbe de l'ivoire et qu'ont respecté les sculpteurs en bois et en pierre. Jusqu'à la fin du quinzième siècle, et même dans les premières années du seizième, ce grand art populaire, tendre et grave à la fois, continue à choisir ses modèles dans la vie qui passe. Il immortalise dans la matière, non quelque souvenir pathétique, idéalisé par le temps, noyé dans la torpeur des âges, mais le fils et la femme du vannier, de l'enlumineur ou du tisserand. La Vierge de Beaujeu (Musée de Lyon), taillée dans le bois et polychromée par un artiste bourbonnais contemporain du Maître de Moulins, est une fine paysanne, toute jeunette, avec son front bombé, ses yeux mélancoliques, qui rappellent le type exquis de la *Nativité* d'Autun ; elle ne connaît pas encore les alarmes d'une tendresse inquiète ; son fils est un petit gars bien bâti, fait pour respirer avec plénitude l'air des vallons de France, pour croître en force et en beauté parmi les siens.

Cependant les peintres des écoles septentrionales disposaient d'un élément de plus que les statuaires. A la poésie de la forme, traduite avec naïveté et grandeur, ils pouvaient ajouter une poésie de matière, à laquelle les avaient de longue date préparés leurs recherches techniques, leur pénétrant et mystérieux savoir d'alchimistes de la couleur, du vernis et des huiles, habiles à faire briller la pulpe de la chair, semblable à une belle fleur, dans un voluptueux demi-jour. Mais, s'ils étaient hautement capables de nous émouvoir par ces moyens nouveaux, leur inspiration fut longtemps plus sèche, plus dramatique et plus violente que celle des imagiers français. Sur les genoux des Vierges de Van der Weyden et de Thierri Bouts, l'enfant est une pauvre chose inerte, à peine animée d'un souffle de vie ; cette chair pâle et souffrante semble déjà promise aux angoisses de la Passion. Memling lui-même, Memling, l'homme des Vierges exquises, recroqueville péniblement les petites jambes malingres de Jésus enfant. Avec Gérard David, un rayon nouveau vient éclairer les fronts bombés et les chevelures bouclées. L'enfant sort peu à peu des limbes où le confinait jusqu'alors l'imagination douloureuse des croyants. Une inspiration profane, la grâce du siècle et l'élégance de la vie mondaine transforment l'image de la foi. Chez Hugo Van der Goes et ses émules, l'enfance est à la fois plus vraie, plus individuelle et plus humaine.

Mais le miracle de l'enfance retrouvée, dans toute sa fleur, avec toutes ses grâces, c'est à l'Italie de la Renaissance que l'on le doit. Déjà les imagiers français du moyen âge avaient su éveiller en nous de profondes émotions, en représentant avec force et avec sensibilité tous les aspects, et presque toutes les minutes de l'amour maternel. Touchés ou non par un rayon du généreux soleil italien, Jean Foucquet, Nicolas Froment, Bourdichon avaient peint quelques beaux enfants nus, dignes d'être admirés et aimés, non seulement pour leur tendre fragilité et pour la grandeur de la mission future, mais pour la noblesse de leurs membres et pour la suavité de leur sourire. Sous la lumière du Sud, le réveil du génie méditerranéen et de ses antiques vertus s'accompagne d'une allégresse à laquelle tous et toutes prennent part, et c'est l'enfant qui porte la bonne nouvelle. La statuaire florentine en emprunte aux origines de l'Eglise un premier et pénétrant symbole. Au temps des persécutions de Dioclétien, quatre pauvres artisans chrétiens, pressés de donner un témoignage d'abjuration, avaient refusé de faire une statue d'Esculape. Mais ils avaient consenti à modeler l'image de la Victoire et l'image de l'Amour. Nani del Banco les a représentés à Or San Michele, et l'un d'eux est en train de tailler une statuette d'enfant. Ambrogio Pesellino confie à des *amorini* le mystérieux secret de son romantisme païen. Un chant merveilleux s'élève ; des chœurs d'enfants retentissent à l'ombre des dômes et dans les rues des cités. Pareils aux petits pauvres, sains et libres, qui jouent dans les ruelles de Rome ou sur la plage de Naples, pareils aux amours de marbre qui animent de leurs appels, de leurs ébats, de leurs danses trébuchantes les bacchanales sculptées par les anciens aux flancs des grandes cuves funéraires, voici que s'avancent de gais petits prophètes, des enfants nus, glorieux, vivants, et la toute-puissance de leur santé, de leur ardeur et de leur beauté confère à l'âge heureux qui les vit naître une sorte de jeunesse immortelle.

Ils sont nus, comme les héros. Ils ont quitté les genoux de leur mère : elle n'a plus à ramener sur eux un pan de son manteau pour les protéger contre l'incertitude du ciel. Elle n'a plus à surveiller avec sollicitude leurs pas et leurs jeux. Ils sauront se défendre eux-mêmes contre les hasards, car, dans leurs veines, coule encore le sang de ceux qui ont dompté la terre. Ils sont comme les annonciateurs d'un ordre nouveau. A Florence, à Pise, à Padoue, les petits chanteurs de Donatello et de Della Robbia célèbrent le règne de la grâce, la restauration du « gai sçavoir », une deuxième apothéose du génie de l'homme. Gras, un peu courts et musclés comme des athlètes, les *putti* de Donatello ont quelque chose de pesant et de triomphal. A la Vierge mère, Florence restitue un Jésus potelé, harmonieux, épanoui dans la joie de vivre. Une robuste bonhomie substitue à l'expression vague et lointaine qui flottait rêveusement sur les petits visages le franc sourire du bon accueil, une allégresse heureuse qui accepte la vie. Mino da Fiesole a quelque chose de plus délicat et de plus grave. Desiderio de Settignano est plus attendri : il est de ceux qui ont reçu le don de grâce. Ses œuvres sont baignées d'un mystère charmant, qui ajoute à la poésie de la matière, amollie par les caresses du modelé, l'émotion d'une vie rare et secrète, fragile et durable. Entre tous, les enfants dont il a sculpté l'image ont le charme d'une noblesse native ; ils appartiennent à la fois au ciel et à la terre ; ils sont héroïques et fraternels. Même dans des œuvres d'école, comme la belle Vierge milanaise en terre cuite de la fin du quinzième siècle, récemment acquise par les Musées de Lyon (1914), l'on retrouve cette allégresse, ces vertus humaines, cette simplicité paisible. Dans les médaillons des *Innocenti* de Della Robbia, rien ne subsiste des maladives tristesses de jadis. Ils décorent une demeure de bienveillance et de charité : bientôt libérés de leurs langes, les innocents joueront parmi les fleurs, ils se joindront au chœur qui célèbre la bonté de la vie, ils y mêleront leurs voix.

Venise donne à ce paganisme une note tantôt voluptueuse, tantôt familière. Titien présente la Vierge au temple, et c'est une petite fille candide et naturelle, toute semblable à celles qui, chaque jour, vont et viennent dans l'ombre des ruelles étroites ou penchent sur l'eau des canaletti leur ronde et rieuse figure. Mais une retraite mystérieuse abrite d'autres fêtes et des ébats profanes. Sous les frondaisons éternellement vertes du jardin des Hespérides, l'*Offrande à Vénus* révèle les délicates beautés des enfants des hommes, faits pour les délectations et pour les triomphes. Mieux que les amours et les chérubins de Raphaël, mieux que les enfants et les adolescents de Vinci, dont l'expression suave et profonde a quelque chose de surhumain, mieux enfin que les fils des Titans sculptés ou peints par Michel-Ange, ils s'adonnent avec ivresse à la joie d'être beaux et nus, ils appellent de toutes leurs forces, non les tendresses de la mère, mais les voluptés éparses autour d'eux, pour lesquelles ils grandissent avec sérénité.

L'âge héroïque prend fin. Ces magnifiques concerts, ces fêtes, ces danses et ces chœurs font place à des formes nouvelles de la vie. Une fois encore, les dieux abandonnent le monde. On dirait que l'homme vieillit.

Mais, chaque fois qu'il se penche sur l'enfance, il retrouve un écho de ses antiques allégresses. Elle reste pour les arts la source d'une inspiration plus large et moins factice que les thèmes élaborés par les esthéticiens, imposés par la volonté des princes ou par le caprice de la mode. Elle donne aux maîtres l'occasion de révéler parfois quelques-uns de leurs dons les plus rares, l'accent spontané de leur génie et ses préférences secrètes.

Tout ce qu'il y a de féminin, de sensible et de tendre chez un Van Dyck, par exemple, trouve une expression complète dans les portraits des enfants de Charles Iᵉʳ. Naguère, les portraitistes des Médicis accablaient les frêles statures sous une barbare profusion de richesses, faite pour plaire aux ducs de Florence, ces singuliers collectionneurs de gemmes, de dentelles et de poisons. Van Dyck, le premier, eut le sens et le goût du vrai luxe ; il comprit ce que l'élégance pouvait ajouter en rareté et en raffinement au charme des beaux regards innocents, à la fraîcheur veloutée d'une jeune chair, qui brille d'un éclat plus rare et plus doux dans l'ouverture des petites robes de soie. Il est le vrai peintre des princes enfants, de leur indolence pleine de grâce, de leur sérieux précoce et de cette royale mélancolie qui rayonne sur leurs fronts prédestinés. Il légua ce secret à l'école anglaise. De cette belle race de seigneurs hardis, hautains et violents, il avait contribué à faire une aristocratie, en leur montrant des images d'eux-mêmes auxquelles il avait ajouté sa propre distinction d'homme et d'artiste. Enfin, il leur révéla leurs enfants. C'étaient alors, ce sont toujours les plus charmantes et les plus suaves fleurs humaines. Tous, Gainsborough, Reynolds, Lawrence, les peignirent comme ils eussent peint un bouquet, avec les ressources d'une palette riche en tons puissants, délicats et frais, baignant dans la fluidité de l'huile qui les laisse, semble-t-il, tout humides encore, avec mille ingéniosités de pose et de costume, mais sans émotion. Au milieu des parcs plus somptueux que des palais, les fraîches petites filles, toutes rondes et toutes roses dans leur mousseline, les blondins vêtus de velours noir ont un don prodigieux de grâce animale, et en même temps la poésie des êtres rares, pétris d'une argile plus fine que les autres mortels ; on les devine merveilleusement armés de bonne humeur et de santé, entourés de soins savants, distants et peu tendres.

Rien ne s'oppose plus fortement à cette brillante image de l'enfance que l'art de Vélasquez. Le peintre des *Menines*, de don Balthazar Charles et des petites infantes découvre dans l'ombre des palais où circulent tant d'apparences énigmatiques la fragilité charmante des petites filles, et c'est comme le repos de ses méditations. A la rêverie concentrée des princes, au terrible sérieux des nains, monstrueux et dignes, s'opposent les enfants royaux et les petits seigneurs, semblables à des fleurs étranges, pâlies par les ténèbres. Dans le dédale d'une étiquette qui jette sur la vie comme une ombre glacée, l'enfance royale grandit, pure et délicate, le corps étreint par l'armature des corselets, noyé dans les robes d'apparat, moins lourdes et moins étouffantes que l'air épaissi des palais. Mais elle vit, Vélasquez lui confère ce don, avec une puissance de charme mélancolique qui triomphe du temps. Elle vit, par le sombre éclat des magnifiques yeux noirs, où se concentrent, pour des jours prochains, tant d'ardeurs secrètes, mais ingénus encore, étonnés et rêveurs. Elle vit, par la vérité

matérielle de la chair, par la lumière qui la baigne et par
celle qui émane d'elle, plus rayonnante et plus douce
sur le fond velouté des tentures. Le réseau aérien des
chevelures d'or encadre les petits fronts tendres ; dessinées d'une touche ferme et légère, les lèvres pâles s'entr'ouvrent. Le miracle d'une technique réduite à des
expressions simples et qui va spontanément à l'essentiel,
qui respecte l'atmosphère et la laisse palpiter autour des
formes, toute cette poétique adresse et quelque chose de
plus — le génie mélancolique du maître et ses nobles
tristesses — font circuler autour de ses œuvres un mystère plus poignant que le charme de toute révélation
païenne.

Et puis, au centre des plaines immenses, coupées de
canaux, dans les cités où règnent les guildes et les cor-
porations, au bord de la mer, chemin des peuples et de
la richesse flamande, les joues fouettées par l'air vif, humide d'embruns, les rudes petits gars, fils de pêcheurs et
de marchands jouent, crient et s'ébattent en liberté. L'enfant du Musée de Dijon, peint par Franz Hals, frère cadet
de la Bohémienne, a la franchise, la verdeur et l'aplomb
d'un petit homme qui sait à la fois se défendre sans peur
et s'amuser sans contrainte. Il s'esclaffe, et ses lèvres
largement fendues laissent voir une denture de loup. Le
jeune bourgeois de Van Noordt (Musée de Lyon) a plus
de suffisance et moins de simplicité cordiale ; mais il
est, lui aussi, d'une race robuste, faite pour commander
dans les officines et dans les comptoirs et pour crier des
ordres sur le château d'avant des vaisseaux de guerre.
Pêle-mêle avec les chats, les chiens et les volailles, dans
la joie des ripailles paysannes, les gras marmots d'Ostade, pendus à la jupe de leur mère ou sommeillant avec

P.-P. PRUD'HON
Portrait de Madame Anthony et de ses enfants (1796).
(Musée de Lyon.)

béatitude dans les berceaux d'osier, sont semblables aux fruits dont la bonne odeur remplit les celliers.

A tant d'expressions aristocratiques ou populaires, le génie français ajoute la note d'une familiarité fine, une sorte d'élégance véridique qui ne déguise pas l'accent de la vie. A travers les allégories et les symboles, en dépit des esthétiques et des affirmations doctrinales, l'enfance reste, chez les peintres de l'époque classique, plaisante, sympathique et vraie. Il faudrait consulter les dessins du Louvre, feuilleter les cartons d'artistes, analyser les notes émues et naïves, prises souvent par les peintres à leur propre foyer et dans lesquelles ils ont mis quelque chose de leur paternité. Aux amours de Boucher, coquets, hardis et malins, je préfère encore les esquisses de fillettes d'Antoine Coypel, surtout les enfants sages du bon Chardin, enfin le petit écolier de Lépicié, de la collection Bernard, au Musée de Lyon, d'une si jolie qualité d'esprit et de facture. Le buste de Sabine Houdor est égal, sinon supérieur aux chefs-d'œuvre de la Renaissance italienne, et plus voisin de notre sensibilité. Prud'hon, amoureux de la femme, de ses suaves sourires, dont il connaissait déjà le mystère et les charmes, lorsqu'il étudiait en Italie Corrège et Vinci, Prud'hon est également un des grands poètes de l'enfance : le portrait d'Alexandrine de Talleyrand, âgée de neuf ans, les enfants de Mme Anthony, les études de petits amours pour l'*Enlèvement de Psyché*, le *Zéphyre* sont modelés comme par des caresses, avec une souplesse noyée, une délicate langueur que les graveurs du maître, Barthélemy Roger et Copia, savent respecter, lorsque, s'inspirant de Bartolozzi, ils craignent de zébrer de tailles et de hachures ces tendres chairs et substituent au travail ordinaire de l'outil un système de points, plus léger et plus vrai.

Les siècles passent sans enlever aux nations l'esprit de leurs préférences et leurs caractères moraux. Mais aux bénéfices généraux des différents âges notre époque ajoute une inquiétude noble de la misère humaine et un grave respect de toutes les manifestations directes de la vie. Miss Mary Cassatt nous fait pénétrer dans le nursery, et nous assistons à tous les aspects de cette jolie éducation animale des tout petits, ou plutôt à leur élevage, conforme aux habitudes du génie anglo-saxon. Les belles joues rougies par le grand air craquent de santé ; les beaux petits membres se développent librement. Par delà les fenêtres ouvertes, les parcs déploient magnifiquement leurs ramures et prodiguent à l'enfance leurs basalmiques senteurs. La chambre est claire et gaie. La maman — ou la nurse — n'est pas toujours jolie, mais ses mains sont agiles et savent prendre comme il faut les corps délicats. Elle ne sourit pas toujours, mais son regard attentif déjoue les ruses et les maléfices qui menacent les petits.

Cependant, en France, sur les hauteurs de Belleville, au cœur d'un faubourg populeux, Eugène Carrière rêve aux soucis et aux bonheurs d'une maternité plus chaude. Dans l'atmosphère fumeuse et dorée des soirs parisiens, il surprend les lueurs qui brillent sur le front penché de la mère et sur son enfant. Il sait tout ce qu'il y a d'inquiète et innocente curiosité dans le regard des fillettes, leur ardeur mystérieuse et déjà leurs grâces de petites femmes, toutes menues dans les minces tabliers noirs. Ces volumes fermes et tendres, on dirait qu'il les a pris avec sa main et qu'il les a légèrement pétris. A travers l'enveloppe aérienne, ce n'est pas un pinceau lointain, c'est le doigt même du maître qui, parfois, touche de lumière le modelé des visages. Le rayon qui les éclaire ne vient pas frapper roidement une surface impénétrable, il est l'émanation de la chair. Ici plus que dans toute autre peinture la matière est esprit. Ni dans les ombres ni dans les clairs elle ne s'accumule. Le jour ne se *pose* pas, il monte des profondeurs. Partout où affleure cette lumière de l'âme, la toile est moins couverte. Dans les œuvres des dernières années, on discerne aisément les traces de cette mystérieuse économie qui, çà et là, épargne sur les ténèbres, par un frottis léger, des lueurs encore baignées des tendresses de la nuit.

Et c'est encore un grand et charmant historien de l'écolière que le noble Guiguet, qui peint avec une attention émue, avec le plus sobre et le plus délicat savoir, les jeux et les rêveries de la fillette, les caresses dont elle entoure ses poupées et qui sont l'ébauche de sa tendresse maternelle. Ce liseur des traités de Cennino Cennini est une sorte de technicien de l'immatérialité. Un visage n'est pas une surface, mais une profondeur. L'enfance n'est pas un âge défini par un nombre d'années, mais une promesse de vie qui sort, toute brillante, des fraîcheurs de l'inconnu. La rudesse des structures accusées, la maçonnnerie des pâtes ne sont pas faites pour elles. Le modelé est trop fragile encore, les valeurs sont d'une qualité trop rare et trop tendre, la fleur de l'épiderme est impondérable comme la poussière lumineuse qui enveloppe les beaux fruits. Guiguet peint par glacis faiblement colorés. Ces transparences sont le secret de la spiritualité.

Aimons ces maîtres, qui nous donnent de l'humanité

une image à la fois si vraie et si élevée, et qui, prenant l'homme et la femme à un âge où la vie ne les a encore ni flétris ni dépouillés, font passer dans leur art l'intacte candeur de l'enfance. S'il est vrai que le spectacle de l'âge mûr et de la caducité n'est ni sans poésie ni sans enseignement, les portraits d'enfants ont cette vertu de nous restituer ce qu'il y eut de meilleur en nous, et, en un sens, de plus divin. En même temps, ils nous rendent sensibles à une sorte de poésie historique plus émouvante et plus profonde que toutes les suggestions nées du spectacle des grands aspects de la vie telle que se l'est faite l'homme adulte au cours des âges. C'est qu'autour de l'enfance les peuples ont groupé des institutions des mythes et des coutumes qui sont sans doute le meilleur d'eux-mêmes. C'est que ces nuances de leur vie morale sont peut-être les plus significatives de leur génie ethnique et de leur vertu. C'est, enfin, qu'au fond de tout cela, il y a un dépôt de tendresse humaine que les temps n'altèrent pas et qui reste le même, à travers les traditions et les usages. Les jouets, les exercices, l'éducation se modifient selon les cités, les climats et les siècles. Mais la façon dont une mère porte son petit ou lui enseigne à marcher n'a jamais changé. Ainsi, tandis que l'humanité s'ingénie à préparer l'avenir de la race par des leçons et par des délassements où chaque époque et chaque pays mettent une note particulière, les gestes de son amour se perpétuent d'âge en âge et les variations de l'histoire ne les atteignent point. L'enfance, par une sorte de privilège, échappe à la fois à la loi du temps et à celle des lieux. Son image reste toujours contemporaine de notre tendresse et de notre émotion. Les rangs sont confondus, comme les races mêmes. Le sourire et les bonnes joues des petits princes nous font oublier qu'ils portent des noms illustres et qu'ils sont voués à l'empire. Nous les aimons avec simplicité, comme de petits voisins. En revanche, tel enfant pauvre est revêtu d'une grâce royale; un rayon mystérieux brille sur son front et son visage respire cette lointaine gravité, cette majesté rêveuse que les années et la condition effacent ou durcissent peu à peu. A travers les grandes époques de l'art, l'enfant apparaît ainsi libre, harmonieux, léger; sur son épaule fragile ne pèse pas le fardeau que porte lourdement l'homme fait. Il est comme le reflet d'une humanité toute proche encore des dieux; il s'ébat dans un air plus lumineux que le nôtre, uniquement peuplé de beaux songes.

L'ART ALLEMAND

DEPUIS 1870

Il faut donc que l'art entre à son tour dans la bataille et que nous nous attachions à voir en lui, non le domaine des voluptés ou des tristesses éternelles, mais le programme d'une race et le résumé de ses instincts.

Puissions-nous examiner avec largeur, avec gravité les œuvres conçues par nos ennemis ! Certaines d'entre elles sont des outrages à la raison et révoltent en nous ce sentiment de la mesure que l'humanité d'Occident a reçu comme un héritage de l'antique génie méditerranéen. D'autres sont nouvelles, étranges et belles. Je ne cherche pas à susciter la diversité des appréciations esthétiques. Quels que soient ses caprices et sa liberté, l'art prête un relief exceptionnel aux diverses fictions par lesquelles l'âme des peuples résume l'essentiel de ses préférences momentanées et de ses aspirations permanentes. Nous nous accorderons sur cette idée. Elle doit nous aider à mieux comprendre l'histoire, — la nôtre et celle de nos adversaires, — celle de l'Europe d'hier qui va sortir plus grande et plus noble de la plus terrible des guerres.

Même ainsi, qu'il est difficile d'être juste et critique !

De quel ton parler des magnificences ou des beautés
dont le génie a pu doter des ennemis? A travers ces
images même, une Allemagne obsédante apparaît. La
pensée gréco-romaine, la pensée française classique
s'adressent à la raison universelle, à l'homme de partout
et de toujours. Elles sont nées d'un certain terroir,
elles en propagent le parfum, mais elles n'imposent
rien, elles sont humaines et libérales. L'art de l'Allemagne moderne repose sur l'homme allemand, sur la
raison allemande, sur la nature allemande. L'étudier
ainsi, ce n'est pas appliquer ces fausses logiques, ces
méthodes peu souples par lesquelles nos ennemis ont
cru qu'ils allaient conquérir l'univers. Si l'art d'empire
s'appuie sur une armature de ce genre, c'est sa faiblesse.
Analyser cette vaste, pesante et fragile construction, que
chevillent tant d'idées — ces accessoires néfastes de
l'art humain —, n'est-ce pas un bon et utile exercice à
l'heure où, plus que jamais, nous avons besoin de voir
clair et de contrôler nos manières de penser?

I

Toujours la forte Germanie eut le don de se signifier
et de s'exprimer avec puissance et de pétrir la matière
à son image. Elle a modelé un type plastique peu noble,
mais reconnaissable, une humanité solide, membrée rudement, bâtie de gros os et de chairs pesantes. Nous lisons
une singulière constance organique et morale sur ces
visages, où le modelé n'est pas déterminé par la fermeté
de la structure, mais par des accidents pléthoriques.
Cranach, effrayant d'enquête patiente, appuyée, inexo-

rable pour les mâles (je pense à ses vieux terribles, couturés et labourés de rides creusées par l'usure d'une vie besogneuse), Cranach n'est pas moins sévèrement vrai pour les femmes. Devant elles, il ne désarme pas, et, s'il arrive qu'il les pare de grâces douillettes, sinon délicates, c'est qu'elles en sont douées. Ce n'est pas un voluptueux, mais un physiologiste et un historien. Le paradoxe des jambes grêles et du ventre lourd, projeté en avant, n'est pas une fiction. Au-dessus de ces corps à la fois mièvres et puissamment jointés, se dressent des visages de petites filles bien nourries, pâles et paisibles. Dürer, sous l'influence de la plastique italienne, nous montre de la femme une image plus conforme au sentiment moderne de l'équilibre et des proportions, mais épaisse, et d'un athlétisme lourd. Ce qui est surprenant chez ces maîtres, c'est un redoutable don de vérité qui n'épargne rien. De près et de loin, ils voient tout, ils ne choisissent pas. Les *Trois Grâces* de Raphaël sont un hommage à l'intelligence et à l'harmonie. Les *Trois Grâces* de Dürer sont authentiques, je veux dire allemandes, et non autres. Ce sont trois magnifiques servantes d'auberge déshabillées, et peu rassurées d'être nues.

Un accent plus profond et plus lointain, également fort et reconnaissable, se retrouve dans l'expression des sentiments allemands par les peintres allemands. Ils gravitent presque tous autour du *heim* germanique, de la demeure chaude, religieuse et close, où le bien-être est honoré, où les ancêtres ont leur culte et à laquelle s'attache le regret du voyageur errant. Les Latins ont bâti des basiliques, des prétoires et des forums ouverts à tous. Les Celtes ont rayé l'univers de leurs courses vagabondes. Les Germains ont senti la douceur de la vie intime, la force des liens de famille, la poésie du foyer qui ne change pas. Des forêts de Thuringe à la vallée rhénane et jusque sous le ciel froid des grandes landes désertiques du Nord, leur cœur est fixé. Deux ou trois images essentielles le peuplent, le *heim*, la mère, les camarades, les anniversaires, les fêtes, la joie d'être associés et de partager les chances de la vie, la proie et le butin fidèlement rapportés.

De là un don curieux. Sans doute ils ont été attirés par ce qu'il y a de chaotique, d'angoissant et de triste dans les grands spectacles de la nature, sous les rudesses du Septentrion. Mais chaque fois qu'ils l'ont pu, ils l'ont *familiarisée*, ils l'ont réduite à leur usage, vue idyllique et domestique à la fois. C'est ainsi qu'on l'aperçoit dans les jardinets peints par les maîtres primitifs, sagement décorés de plates-bandes, où la fiancée vient effeuiller le questionnaire de la pâquerette. De même, ils ont familiarisé Dieu, — non seulement par les accessoires et par les pratiques du culte quotidien, mais par l'image qu'ils se sont faite et qu'ils nous ont léguée de lui. Le Christ mort, entouré des femmes de son quartier, c'est un forgeron, c'est un tisserand, victime d'un accident de travail. Par là, d'ailleurs, reconnaissons-le, l'art allemand des hautes époques aboutit à des expressions humaines et touchantes. Mais à ces grandes notes populaires, légitimement chères à nos cœurs, s'associent les mièvreries d'une dévotion sentimentale, les airs penchés des petites saintes, groupées dans les concerts célestes, autour des Nativités et des Crucifixions, toutes les mines confites d'une sociabilité précieuse, froide et artificielle.

Ces hommes et ces femmes, les demeures qui les

abritent, les paysages qui les entourent, leur manière de penser, de sentir, d'aimer, tous les traits de leur nature physique et morale ont l'accent personnel d'une civilisation. Au cours du moyen âge et de la haute Renaissance, les maîtres allemands vont au loin, véhiculant cet art qui étonne les peuples. Puis une force nouvelle, un principe de dissociation, intervient. Ce n'est pas que le réveil du paganisme ait ébloui et désarmé la Germanie, mais il l'a rendue extrêmement pénétrable à des influences pour lesquelles elle n'était pas faite et qu'elle ne s'est jamais assimilées. Placée entre la France et l'Italie, elle leur demande tour à tour des leçons. La magie de Versailles s'exerce avec empire sur les princes. Toutes ces réductions bouffonnes de Louis XIV ont d'abord hâte de se loger comme lui. A côté des maîtres bâtisseurs du dix-septième siècle français, tourmenté par le génie prodigue, fastueux, fantaisiste qui est en lui et dans l'âme italienne de son temps, Bernin invente. Quand sa formule tend à se démoder, les Allemands la reprennent, la tourmentent, l'alourdissent, pour aboutir à cette prodigieuse variété du style baroque qui leur est propre, et qui semble la signature même du mauvais goût.

Toujours ils ont été hantés par la lumière du Sud, et toujours séduits par cette force créatrice, inépuisable en tentatives, en nouveautés, en merveilles, qui est le don des peuples méditerranéens. Leur perpétuel échec les enivre. Eux aussi, ils voudraient s'asseoir au banquet des dieux, compter parmi ces peuples de choix qui, établis sur des rives fortunées, ont découvert pour l'humanité des raisons immortelles de vivre. Leur erreur séculaire a quelque chose de touchant, et même de dramatique. Mais elle est plus grave et plus redoutable dans ses conséquences, lorsqu'elle cesse de les affecter seulement et qu'elle rayonne sur la civilisation occidentale. Rien de plus significatif à cet égard que l'espèce de fausse renaissance dont l'Europe a eu le spectacle et couru le danger à la fin du dix-huitième siècle. Son initiateur, peut-être, c'est un latin, une grande âme ardente et libre, traversée par des songes, Piranèse, — mais elle fut accaparée tout de suite par les voyageurs en idées et en éclectisme, Winckelmann, Mengs, par les esthètes et par les archéologues. Les ébénistes de Neuwied, les abbés érudits familiers d'Albani sont à l'origine des majestueuses erreurs du style Empire et des froides copies de Canova. Les services rendus par Winckelmann à la science historique sont immenses. Il est juste qu'on les commémore périodiquement dans les universités d'Allemagne. Mais ils sont responsables d'une direction fausse de l'esthétique européenne. Cet art allemand qui se cherche sans se trouver, de 1750 à la fin du siècle, qui s'épuise en lectures et en théories, a vu le paganisme par le dehors. L'âme est absente ; elle est ailleurs, éparse, accidentelle, légère, — recueillie par de moins savants, mieux inspirés.

Ils se sont obstinés en ce sens. Nous le verrons, ils s'obstinent encore. C'est qu'ils croient à l'autorité souveraine de l'idéologie, à la toute-puissance des méthodes. L'art n'est pas à leurs yeux un instinct qui se réalise par la technique, c'est un concept. Une pédagogie appropriée doit nous rendre maîtres de ses secrets. On peut dire qu'ils ont tout fait pour comprendre et pour s'assimiler. Leurs musées sont admirables, et depuis longtemps. Quelle impression de choses bien classées, de précieux trésors chronologiques, ne rapportons-nous pas de nos voyages! Là-bas les palais sont construits autour des œuvres. Chaque salle encadre exactement une période et des séries. On commence par l'âge de pierre, on finit par Paul Cézanne.

A ces magasins magnifiques rien ne s'oppose mieux que nos musées de France ou d'Italie, logés dans d'incommodes et vénérables palais, dont chaque pierre ajoute à la poésie du temps écoulé, aux largesses des générations. Sous les voûtes de leurs cloîtres, dans l'ombre de leurs jardins, témoins des âges, règne un prestige aussi noble, aussi fort que celui des chefs-d'œuvre, et qui ajoute à leur vertu. Ces grâces errantes, ces harmonies impondérables ne sont-elles pas l'art tout entier? Aux musées allemands, collections d'exemples, se superposent des écoles et un professorat. De tous ces efforts, si bien concertés, de cette logique et de cette discipline, sort-il une leçon nouvelle pour les peuples, et pour l'Allemagne une grandeur de plus?

L'art allemand de la première moitié du dix-neuvième siècle conserve, en notes naïves, la trace de ces aspirations et de ces méthodes, les unes lointaines et profondes, les autres plus récentes, mais à cette date sensibles déjà. J'ai sous les yeux un recueil de reproductions d'après des œuvres de cette époque, réunies par un compilateur sous ce titre très littéraire : *Le Jardin silencieux*. De quel silence s'agit-il? C'est sans doute celui de l'âme allemande, tout entière aux rêveries du passé, aux joies familiales, au « sentiment de la nature », avant l'ère des expansions dominatrices. Voici les gras enfants de Runge, ébauches des laideurs adultes. Un peu plus tard, Kersting propage, avec une sorte de finesse tendre, le goût de l'anecdote sentimentale et de l'idylle domestique. Les yeux d'enfant de Friedrich se détournent des vieilles fictions académiques et contemplent éperdument des paysages candides. Dès le début du dix-neuvième siècle, les frères Boisserée avaient réuni à Cologne une collection de primitifs allemands, et Frédéric Schlegel avait commencé à formuler une esthétique préraphaélite. Ainsi se préparait le grand renoncement des Nazaréens et leur retour à l'idéal du christianisme. Tant qu'ils ne se déchaînent pas sur de grandes surfaces, leur art est doucement plongé dans de gracieux et pacifiques songes. Qu'ils peignent mal! Mais ils peignent avec application et vertueusement. Ils chérissent leur Allemagne, ils copient les vieux Rhénans d'une main qui tremble d'amour et d'inexpérience. La *Visite de la famille de saint Jean à la Sainte-Famille* par Schnorr von Karolsfeld est une image, mais d'un sentiment profond, sincère en somme et bien conforme à l'antique idéalité germanique.

A la suite de Victor Müller et de Piloty, l'Allemagne allait sortir de ces rêveries bénignes, on la voit peu à peu se passionner pour la couleur, les effets dramatiques et la beauté de l'exécution. Dès lors l'école est envahie par d'innombrables pastiches. Les peintres épèlent la leçon des musées de tous pays, dérobent leur huile aux maîtres, non leur flamme. Holbein, les Flamands, les Hollandais, le dix-huitième siècle français, Delacroix sont traduits, copiés, imités, trahis. Homme de dons faciles, de magnificence insolente et d'ailleurs assez généreusement peintre, le Viennois Hans Makart essaie de recommencer Venise. Tous ces studieux, si loin de l'innocence, besognent avec conviction et sans génie, vont à Rome, visitent les galeries publiques et privées, vivent et meurent chargés d'honneurs dans leur patrie, généralement obscurs en Europe, négligés par l'histoire. De ces naïvetés et de ces adresses, de cette renaissance des vertus allemandes en peinture, à laquelle succède un singulier cosmopolitisme d'emprunts, que reste-t-il après l'empire? La grande date politique, 1870, ouvre-t-elle un nouveau chapitre dans l'histoire de l'art? Que nous apprennent les peintres, les sculpteurs et les architectes sur l'Allemagne d'aujourd'hui?

D'un peuple vertueux, sentimental, âgé, curieux de musique et de philosophie, au fond arriéré, mais d'apparence inoffensive, la victoire allemande extrait des forces inconnues, perpétuelle menace pour l'Occident. Les grands essais d'ordre public tentés ou réalisés par l'Europe au cours de l'époque moderne n'avaient pas affecté la vieille Allemagne. Elle arrive sur le premier plan de l'histoire sans être alourdie par un passé de civilisation supérieure. L'empire se fait, et les puissances du capitalisme et de l'industrie, déjà concentrées et utilisées par nos penseurs et par nos hommes d'action, s'emparent avec une force inouïe du vieux pays où il n'y a rien. Les grandes landes désertes se couvrent de bâtisses; les villages de bois deviennent des villes. Les rustres barbares des steppes nordiques sont promus citadins. Les calèches de louage emportent à travers les rues de Berlin les compagnons maçons aux poches pleines d'or. La spéculation sur les valeurs immobilières urbaines vide les campagnes, crée un prolétariat mouvant, bientôt enregimenté par l'usine. La machine outille l'expansion allemande et fabrique des états de conscience. Qu'est-ce que la *Kultur*? Un essai de civilisation industrielle, fondée sur un compromis entre une image déformée du passé et une évaluation démesurée des forces allemandes modernes.

A la base de cet édifice, ils ont mis la notion de race, vaniteux abus de mots, que l'anthropologie objective n'accepte plus comme principe scientifique. Ils ont concrétisé cette force mouvante, restauré ce terme démodé. De là leur culte pour Gobineau, penseur hasardeux, accidentel, parfois singulier, parfois profond, que la raison française et la méthode française ont mis à son vrai plan de diplomate anecdotier, d'homme à synthèses, en reconnaissant d'ailleurs les dons assez beaux de ce gentleman errant. Ils se sont attachés à donner une unité morale factice au passé de la race et à célébrer ses grandeurs. Dans la confusion des hautes époques de l'Europe centrale et de l'Europe du Nord, ils ont découpé un moyen âge allemand plein de noblesses barbares. En même temps qu'ils exaltaient les vertus de la race et la constance de sa moralité, ils étendaient son domaine. Ratzel, créateur de la géographie humaine, déverse la Germanie sur l'Europe et, déniant aux peuples toute autorité sur leurs antiques domaines, y installe la race allemande en vertu d'un droit métaphysique, conféré à la plus creuse, à la plus abstraite entité. Toute activité supérieure, science, art, poésie, est considérée comme expression profonde du génie ethnique. Jamais l'on n'a été plus éloigné de l'esprit de la Renaissance, des formes classiques de la pensée, de la méthode gréco-latine, — inventée, non pour la tribu, mais pour l'humanité tout entière. Jamais l'on n'a été plus loin du désintéressement de l'intelligence. Négoce, art, vie publique, industrie, affaires, tout forme ici un seul et même faisceau. L'on sent dès lors combien de créations artificielles sont appelées à naître de cette interprétation faussée de l'histoire. Un art de la *Kultur*, un art d'empire est possible. Il existe, on peut essayer de le caractériser.

II

Dès avant 1870, les peintres ont célébré les fondateurs de l'Allemagne moderne. Adolf Menzel s'est attaché à Frédéric II. Ce myope prodigieux, doué d'ailleurs d'un sens aigu de la vie, du pittoresque et de la familiarité des choses, a consacré longtemps le meilleur de son art aux miettes épisodiques du grand règne militaire. Son humour singulier, fait de minutie, de malice et de bonhomie lourde, se nuance d'une sorte de tendresse, quand il s'exerce sur la personne physique et morale de Frédéric, quand il analyse son faux air de Voltaire déguisé en tabellion de campagne, ses lèvres serrées d'avare, ses habits minces. Il le chérit, sans l'épargner. Avant tout, il le divulgue, il le raconte au peuple, qui aime à voir les grands dans l'intimité de leur vie domestique et qui construit la légende de ses princes avec les côtés médiocres, humains, quotidiens de leur caractère. Mais la victoire de la Prusse donne un relief extraordinaire à trois figures nouvelles et puissantes. La trinité Bismarck, de Moltke, Guillaume I⁰ʳ envahit les arts. Von Werner dresse la longue silhouette du chef de guerre dans les matins de combat. Lenbach laisse à l'histoire, non des notes, non des épisodes, mais des documents faits pour durer.

La puissance de synthèse, l'acuité d'un regard qui ne s'arrête pas à des agréments, à l'éphémère, mais qui dégage l'essentiel, un certain sentiment de théâtre, si l'on peut dire, sobre d'ailleurs, et qui choisit avec bonheur le moment, l'attitude, le costume, tels sont les dons, vraiment exceptionnels, de l'éminent portraitiste. Grand peintre, non. C'est que sa technique n'est pas à lui, et qu'il l'a studieusement dérobée aux maîtres, c'est qu'il n'a pas su imposer à son dessin la griffe d'un génie personnel, à sa touche l'accent qui signe. Élève de Piloty, compagnon et ami de Makart, comme eux il erra trop longtemps dans les musées. Je le loue d'avoir aimé la pâte nourrie, onctueuse et chaude de Rembrandt, des Vénitiens, des Espagnols, qu'il copia pour le comte Schack. Mais les patines de ses œuvres, belles et savantes, nous dissimulent la franchise de Lenbach. Plus que la lueur immortelle de l'histoire, c'est le soleil vieilli des musées que l'on voit rayonner dans ses œuvres. Il répand sur ses modèles une sorte de solennité trouble. De Moltke disait : « Pourquoi Lenbach s'obstine-t-il à faire de moi un héros ? »

L'image de Bismarck domine l'œuvre du peintre. Chaque musée d'Allemagne, chaque collection particulière a la sienne, signée Lenbach. Le cas est extraordinaire, par l'attachement au modèle, par cette fidélité qui, loin d'émousser l'analyse et de trahir la force expressive, les rend avec le temps plus pénétrantes et plus terribles. Ce portrait multiple est commencé en 1879. A partir de cette date, l'artiste fixe, parfois par de simples notes ou par des ébauches, souvent par des œuvres d'une exécution complète, toutes les minutes morales de son modèle. Ce n'est pas qu'il s'obstine à saisir une vérité qui se dérobe. Il veut être historien. Il refuse de se limiter à un moment, il a l'ambition de laisser après lui le spectacle curieux, vaste et divers d'une grande vie humaine, étudiée dans tous ses aspects. Il n'a pas connu le Bismarck jeune, amateur de juments et de molosses, pas plus que le singulier joueur de la partie de Sadowa. L'homme qu'il nous montre jouit de sa vieillesse triomphante. Mais il n'est pas au repos, il ne s'abandonne pas. Même dans ses indulgences d'aïeul, même sous le costume civil de l'homme en retraite, il reste le chancelier. Tous les traits de son visage raviné par les années, le front énorme, la rude construction osseuse sensible sous la peau flétrie, où se hérissent des touffes de moustaches et de sourcils, les yeux de ruse et de commandement, enfin la terrible mâchoire lourde, composent un masque à la fois symbolique et vrai qui respire la force et qui en impose à l'Allemagne moderne le respect et la religion.

Aussi bien l'art contemporain s'y présente-t-il d'abord comme un hommage à la force allemande. Menzel lui-même, le savant et perspicace promeneur des Linden berlinois et des allées de Kissingen, n'échappe pas à ce courant nouveau. Après s'être si longtemps consacré à Frédéric, à ses généraux, à ses grenadiers, il célèbre les héros de l'heure présente, les artisans de la puissance industrielle. La manufacture de rails de Kœnigshütte, en Silésie, les forges, les ateliers qui partout s'installent inspirent son talent de 1876 à 1881. Moins qu'un prétexte à des anecdotes réalistes, à des scènes de la vie ouvrière à la manière de Leibl, il voit dans la fièvre disciplinée de l'usine un aspect inattendu de l'histoire d'Allemagne, non moins émouvant que les batailles. La hâte et la précision des mains allemandes qui besognent autour des mécaniques ajoutent à la grandeur de l'Empire.

Mais les formes modernes de l'énergie nationale sont étroitement d'accord avec le passé. Si l'Allemagne est forte, si les coffres des banques allemandes commencent à retenir l'or européen, si les voyageurs allemands écoulent si largement sur les marchés du monde les produits fabriqués par les usines allemandes, ce n'est pas en vertu d'un miracle historique, d'un heureux hasard militaire, — c'est que la supériorité de la race est à la base de la prospérité économique. On revient volontiers aux époques confuses où sa suprématie brutale s'affirmait par le droit du poing. Une sorte de romantisme attardé, qui nous paraît naïf, mais qui puise ses raisons d'être aux racines mêmes de la *Kultur*, ressuscite le reitre. Jusque dans la partie religieuse de l'œuvre du grand idéaliste Hans von Marees, plus tard chez Herterich, il se dresse en pied, vêtu d'une armure pesante, aux reflets noirs. Nulle part peut-être il n'apparaît doté d'un germanisme plus candide que dans le médiocre et significatif portrait du peintre Wilhelm Trübner par lui-même. Sous sa chemise d'acier, d'une matière et d'une exécution volontairement lourdes, c'est un acteur de province, content de sa figure, de son rôle et de son costume.

Ce culte déréglé de la force comme souveraine vertu de la race trouve son couronnement dans l'œuvre des grands symbolistes contemporains. Peut-être ont-ils été sincèrement obsédés par l'énigme de la destinée humaine. Mais ce qu'ils ont fait peser sur elle, c'est le fardeau des fatalités germaniques. Max Klinger, peintre et graveur, débute par des fantaisies cyclopéennes sur la trouvaille d'un gant féminin. Autour d'un gant, il convoque les puissances de la nature, il déchaîne la tempête. L'*Hymne au Destin*, de Brahms, commenté par ses visions, devient l'histoire des Titans révoltés. Même après la libération du Rédempteur, le mythe de Prométhée n'aboutit pas, dans l'interprétation de Klinger, à la joie sereine, à la confiance des hommes et de leur bienfaiteur dans l'expansion indéfinie du génie humain et de sa puissance créatrice. Pessimisme et stoïcisme, un stoïcisme d'une âpreté particulière, dur à autrui, sont au fond de la conclusion de l'artiste. Cette note se rattache sans doute à toute l'histoire du malaise européen des années 80. C'est par ces nuances que fut assurément séduit l'inquiet génie de Jules Laforgue, qui connut et aima le graveur. Mais plus qu'une sensibilité déréglée et profonde, élégante surtout, capable d'enfanter d'exquises merveilles désenchantées (comme les *Moralités légendaires*), reconnaissons dans l'inspiration qui traça ces images, auxquelles la toute-puissace du blanc et noir confère une autorité de plus, une sorte de sombre appétit de la douleur métaphysique.

Étrange tournure prise, depuis l'âge des naïvetés romantiques, par ce problème de « Chute et Rédemption », qui n'a cessé de hanter les intelligences allemandes ! Le règne de l'inconscient, l'inéluctable fardeau des lois sociales, également aveugles, condamnent l'homme à des combats obscurs, à des voluptés sans noblesse. Sans aller jusqu'au nihilisme fataliste de M. Sasha Schneider, qui dresse les victimes en révolte ou résignées dans les funèbres magnificences d'une Ninive à la Martyn, l'on trouvera une expression particulièrement brutale et hardie de ce pessimisme spécial dans les effrayantes imageries de Franz Stück. Le meurtre, le péché, la guerre, tels sont les grands prétextes de son talent. Et plus que ces prétextes mêmes, sérieusement choisis, la téchnique importe, parce qu'elle est parfaitement d'accord avec eux, — une matière lourde et rocailleuse, une palette où dominent les jaunes et les noirs, la décoloration particulière que font subir aux tons l'orage ou le clair de lune.

Dans la désolation de tout, cette humeur tragique fait entendre encore un hommage à la force, non pour ce qu'elle peut avoir en elle d'autorité lucide, intelligente, sereine, mais pour ses déploiements barbares, pour ses dévastations. Qu'est-ce que l'image de la guerre pour un Français, pour tous ces peintres alertes du second Empire, par exemple, oubliés aujourd'hui? L'éclatant épisode d'une partie de campagne, une glorification de l'élan, de la santé, du grand soleil. Même chez les plus véridiques et les plus poignants, chez Gros, ancêtre épique, chez Guillaume Régamey, chez l'émouvant anecdotier de l'année terrible, Alphonse de Neuville, subsiste une sorte de tendresse humaine, une obscure commisération. Le mysticisme russe, avec Verestchaguine, ne nous épargne rien. Mais devant l'immense plaine jonchée d'ossements, le pope funèbre et miséricordieux dit les prières des morts.

Le symbole de la guerre pour Franz Stück est inexorable, matériel et triomphal. Sur un lit de cadavres nus, s'avance, seul vivant, l'épargné du hasard, monté à cru sur un vaste cheval, pareil à un rocher. Haute et maigre, sa stature est celle d'un baladin. Le poing sur la hanche, les tempes ceintes d'un laurier, non pas monstrueux, mais vulgaire, il n'est même pas une belle brute. Lui aussi, il est promis à la mort, comme toutes les chairs répandues qui jonchent son chemin. La force, elle ne réside ni sur son front, ni dans sa poitrine. Dans cette œuvre inhumaine, elle est attestée seulement par l'entassement des morts. Ainsi le sens de cette parade philosophique est peut-être plus profond que l'intention de l'auteur. Il n'y a pas ici le combat, la lutte pour une croyance, deux partis, des vainqueurs et des vaincus, — mais le carnage, et un pâle survivant. Dans une Allemagne vidée de ces fictions supérieures qui entraînent les peuples, ainsi devait être représentée la guerre, et non par les ardeurs terribles d'une Bellone latine, non par quelque symbole de l'appel aux armes ou de la patrie en danger.

A cette sombre inertie, aux impulsions de l'inconscient, à la fatalité de la lutte, de la douleur, du péché, de la mort, une ivresse rédemptrice peut-elle substituer le règne de la grâce, un libre épanouissement de l'homme dans l'univers réconcilié? Hans Thoma et Louis de Hoffmann l'ont cru. Leur naturalisme édénique oppose l'âge d'or à l'âge de fer, un âge d'or peuplé de sportsmen germaniques, de filles rondes et bien nourries. Louis de Hoffmann tente de déguiser l'architecture de la race sous des emprunts aux quattrocentistes florentins, aux préraphaélites anglais. Hans Thoma reste de son pays et s'avoue avec franchise. L'antique génie allemand, la vieille leçon sentimentale et domestique des maîtres d'autrefois ont en lui un continuateur et un élève authentique. Son œuvre est une sorte d'hymne à l'abondance des biens de la terre, à la santé de l'homme des champs, à la fécondité des mères heureuses. Les arbres des vergers ploient sous le fardeau des fruits. Des enfants nus, aux bonnes joues, s'ébattent parmi des fleurs, grasses et pleines comme des légumes. A cet athlète candide ne demandons aucun exemple de grâce ou de noblesse. Ses héros se dépouillent volontiers : cette cure gymnique, cette hygiène paradisiaque ne les conduisent pas à la beauté.

Et pourtant, quels efforts la Germanie moderne n'a-t-elle pas faits pour accéder à la grandeur et à la pureté des formes ! J'ai parlé de cette séduction méditerranéenne qui, depuis la Renaissance, et peut-être avant elle, traverse le repos de la conscience allemande, comme le lointain soleil d'un songe. Jamais elle ne s'est exercée avec autant de prestige que dans la seconde moitié du dix-neuvième siècle, sinon à la fin du dix-huitième. En vain Richard Wagner fait-il reposer sur des assises purement germaniques et surgir des décombres de la civilisation septentrionale la vaste et imposante machine de « l'art de l'avenir ». En vain la culture allemande multiplie les leçons et les exemples tirés de l'histoire nationale, de la géographie humaine et de l'anthropologie. La vieille obsession mystérieuse conserve son empire. Elle rencontre un prophète dont la voix inspirée émeut l'Europe entière.

Entre l'Italie et l'Allemagne, non loin des grandes passes des Alpes, chemin des peuples, au bord de ces lacs d'Engadine qui reflètent parfois un ciel pur comme le ciel lombard, Frédéric Nietzsche tire des antiques inquiétudes de la Germanie une leçon nouvelle pour les hommes. Il se dresse au croisement de ces voies éternelles par où, successivement, Dürer, Gœthe, Heine, les Nazaréens, tous les anxieux de la lumière, tous les altérés de paganisme, descendirent jadis vers le Sud. De ces hauteurs, il excommunie Wagner, il dénonce tout ce qu'il y a d'artificiel, de peiné, de peu sincère dans l'esthétique allemande contemporaine. Surtout il empoigne avec rudesse les *Bildungsphilister*, plus dangereux que les philistins amorphes du vieux temps. Aux cuistres de la science appliquée comme aux pédagogues de la plastique il oppose les élites heureuses qui enfantent spontanément des chefs-d'œuvre, le génie facile de ces riverains du soleil, leur fatalisme actif et gai, les beaux défauts et les vertus plus belles de cette humanité choisie, éloquente, capricieuse, sobre, spirituelle, voluptueuse sans perversité, méchante avec grâce et discernement. Ni peintre ni sculpteur, mais poète, et poète épique, et sans doute de la dernière grande épopée aryenne, il est l'auteur (limité à des mots, à des idées) des plus puissantes *suggestions* plastiques de ce temps. De l'*Origine de la Tragédie* au *Gai Sçavoir*, il est tout plein de la palpitation des dieux.

Avant lui, avant Burckhardt, Bœcklin était descendu vers la lumière. Par sa formation, par son génie, par son influence, le grand peintre suisse appartient à l'histoire de la peinture allemande. Il n'a pas été touché par la frénésie impérialiste, il est resté un homme libre. Je ne l'arrache pas à sa patrie, qu'il honore, mais j'ai le droit de l'étudier en le rattachant à la péripétie d'une inquiétude idéaliste sur laquelle il a jeté un magnifique rayon. L'histoire de sa vie et de son œuvre est celle de la plus haute, de la plus pathétique des tentatives faites par le génie germanique pour s'assimiler les dons méditerranéens. Parmi les siens, il est le plus grand de ceux qui méditèrent le passé classique et qui voulurent le faire revivre, pour atteindre à cette solennité d'inspiration

que quelques hauts esprits d'Occident, continuateurs
directs de la Renaissance, par delà l'académisme, comme
Poussin, comme Claude, surent retrouver dans l'étude
et dans l'amour de l'Italie, des habitudes et des aspects
de la vie méridionale, des nudités belles et raisonnables,
des forêts, des ruines, des ciels et des eaux. Je dis tentative, car le compromis assez noble que ce grand effort
laisse après lui n'est exempt ni de malaise ni de chaos.
Je dis pathétique, car jamais artiste ne porta plus sérieusement en lui l'appétit de comprendre et d'aimer, le don
de créer des formes vivantes, et l'incapacité absolue de
les doter de cette sérénité supérieure que nous appelons
le style. Suisse, mais de cette ville de Bâle qui conserve
comme un dépôt des siècles quelques-unes des fortes
vertus oubliées de l'ancienne bourgeoisie allemande, il
a d'abord étudié à Düsseldorf, puis il a essayé de
dépayser son germanisme à Bruxelles, à Anvers, à Paris,
surtout dans un premier séjour en Italie, à Rome,
où il se fixa sept années. Il fut professeur à Weimar,
vécut à Munich et s'établit à Florence. Ainsi le spectacle italien, la leçon de la terre et des cieux ne lui
furent pas rapides, accidentels et provisoires. Il eut
le loisir de réfléchir et de s'imprégner. Je ne puis pas
ne pas penser à l'Euphorion de Gœthe, au fils de Faust
et d'Hélène, symbole des vieux rêves du romantisme
allemand rajeunis, épurés par un nouveau classicisme.
On se rappelle cet obscur épisode du second *Faust*.
L'enfant s'élève glorieusement dans les airs, puis retombe,
consumé par sa propre flamme, précipité sur le sol par
son lourd poids humain dont il ne peut triompher. Ainsi
Bœcklin, ainsi l'art allemand s'élèvent vers les sérénités
éternelles, mais ils traînent après eux toutes les pesan-

teurs de la Germanie qui les ramènent rudement à terre.

Les grands paysages, motifs de Claude, où respire à l'aise la majesté des siècles, les lignes sévères, hommage à l'intelligence, les printemps de Toscane, argentés de poussière et d'oliviers, les magnifiques automnes romains, tout rayonnants de pureté froide, Bœcklin les a connus et aimés, au cours des longues années de son pèlerinage italien. Il a respecté les puissances de l'ordre, deviné quelles suggestions mystérieuses pouvaient naître des arbres, du sol et des rochers, associés comme les éléments d'un édifice, établis comme les assises et comme les piliers d'un temple. La nature n'est à ses yeux ni diffuse ni vibrante ni légère, mais homogène, mais stable : elle se tient, elle pèse. Grande vertu chez un paysagiste, et que nous louons chez nos maîtres du dix-septième siècle, comme dans les dessins du lyonnais Vernay, comme dans les peintures du provençal Guigou. Mais l'atmosphère manque, l'air, cette réalité impondérable, cette présence qui se révèle par quelques palpitations seulement. Devant ces noblesses laborieuses semblent s'être écroulées mollement tous les cataractes de brumes du Septentrion. Quelle tristesse profonde dans cette pâle lumière que la lourdeur des ombres ne peut réveiller ! Ces belles ordonnances sont peintes avec violence et pauvreté. De là une sorte de malaise optique, une discordance aggravée par toute sorte de souvenirs étranges, par des emprunts à un romantisme touchant. Sans doute ces arbres sont des cyprès, des peupliers d'Italie et des pins : leur généalogie remonte aux ancêtres de toute dignité dans l'art de peindre. Mais leur « intellectualité », si l'on peut dire, nous émeut moins qu'un sentiment sincère aidé de quelques beaux dons. Les petits saules de Corot, les chênes paysans, les gros châtaigniers de Théodore Rousseau expriment mieux la grâce ou la majesté des choses de la terre. Ils ont plus de style. Tant il est vrai que cette vertu est faite d'aisance, de naturel et de candeur, et non des efforts les mieux concertés.

C'est dans ces paysages, conçus et bâtis avec plus de solennité que de poésie, que se déroulent les fastes de la vie des dieux, leurs combats, leurs amours et leurs jeux. Un vaste déploiement de formes envahit l'univers et semble lui communiquer quelque chose de leurs tristesses, de leurs ardeurs et de leurs voluptés. Large rêverie naturaliste, pleine d'une foi sincère, traversée par cette émotion que nous avons appris à aimer et à respecter chez les poètes de la vieille Allemagne. Mais il subsiste, ce malaise que j'essayais de qualifier tout à l'heure, il s'impose à nous avec plus d'empire depuis l'apparition des formes vivantes. Ici la beauté des créatures est grevée, non seulement d'un sens spécial, d'une signification plus ou moins ésotérique, mais d'une pesanteur qui les accompagne dans toutes les expressions d'eux-mêmes, qu'ils jouent sur la crête des vagues ou qu'ils bondissent dans les forêts.

Qu'est-ce donc que le dessin d'un corps dévêtu sous la lumière? A coup sûr, non pas l'intégration de petites expériences sans cohésion, non pas la démonstration d'un théorème enseigné à l'école, mais une interprétation personnelle et un choix. On ne songe pas à reprocher à Bœcklin des incorrections et des faiblesses. Le dessin de Raphaël, celui de Poussin, celui de Prud'hon, celui de Puvis de Chavannes ne sont pas excellents en tant qu'ils se conforment le plus possible à un idéal de perfection technique. Leur supériorité tient à ce que chacun d'eux est à la fois une noblesse et une liberté, à ce qu'il ajoute une note de plus à la poésie des formes et nous permet d'élargir notre sentiment de la beauté. Sûrement Bœcklin n'est exempt ni de force ni d'âpreté. L'on peut même dire qu'il a aimé la femme et qu'il fut sensible à sa vertu plastique. Il a longuement étudié, il a su voir et comparer. Une épouse romaine fit passer dans l'intimité de sa vie l'harmonie quotidienne de son visage et de ses gestes. Mais le païen du Nord reste enchaîné à la Germanie. C'est de ses frères et de ses sœurs qu'il peuple l'Olympe et les Champs-Élysées. Apollon exilé s'est à jamais alourdi chez Admète[1]. Ce don terrible de la familiarité que j'invoquais à propos des primitifs (il leur communique quelque chose d'humain et d'émouvant qui n'est pas sans grandeur) nous déconcerte, lorsqu'il intervient dans nos méditations sur les divinités méditerranéennes. L'anthropomorphisme grec a su respecter dans l'image des dieux et des héros la haute dignité, l'aisance et, si je puis employer encore ce mot, le style que chaque Hellène portait en lui. Bœcklin arrache ses Tritons à quelque établi de village et les précipite, suants encore de la besogne interrompue, dans une onde savonneuse où ils agitent leurs gros pieds.

Il aime la mer parce qu'elle charrie des monstres dont les caprices sont encore tout chargés d'animalité. Leur face bestiale, hilare ou pensive, renifle avec une sorte de sauvagerie fraternelle les combats des forces élémentaires, les parfums de l'orage, la salure de l'embrun. Ils

1. Cf. les curieux rapprochements de H.-A. Schmid, dans son étude sur *Bœcklin et les maîtres anciens, Die Kunst*, janvier et avril 1918.

bondissent à travers les lames, non pour départager leurs
fureurs, mais pour en accroître le choc. Cette mer violente et barbare, sillonnée par une populace exultante,
n'a jamais porté l'ingénieux Ulysse et la nef des Argo-
nautes. Les dauphins qui s'y jouent avec rudesse n'auraient point sauvé Arion. C'est l'antique domaine des
pirates. Les Sirènes y sont les sœurs ou les amantes
des blonds coureurs des flots, ou plutôt des Nixes enfantées pour des cruautés plus perfides qu'un chant trom-
peur. Debout dans une fente de basalte, l'une d'elles fait
retentir une harpe d'or. Ses vastes yeux inhumains contemplent la tempête qui semble obéir à sa voix. D'autres
se laissent rouler par le flot, dont elles épousent toutes
les caresses. Mais ces filles de l'onde restent puissamment
terrestres. Elles tiennent encore au sol incertain des
forêts et des marécages. Leurs artères sont gorgées
d'une sève lourde. Elles ont grandi dans l'air épaissi de
Thulé. Plus mâles que féminines, elles ne sont pourtant
pas revêtues de cette force auguste qui est faite de
l'équilibre des fonctions. Elles ne se jouent pas, elles se
déchaînent. Leur repos est une torpeur, leur chant une
incantation, leur caprice une frénésie.

Il y a dans l'art de Bœcklin des songes plus calmes.
Restitué à lui-même, c'est-à-dire aux nostalgies de la
conscience germanique, au regret du passé, à la méditation de la mort, il a rencontré quelques belles formules
qui honorent son pays et le siècle. Elles n'ajoutent
rien d'essentiel au génie humain. Elles restent limitées
et locales. Je me refuse à établir la moindre relation
entre le chant de Zarathoustra, qui s'élève « pour tous et
pour personne », et l'*Ile des Morts*, par exemple, cet
écueil baltique, mal italianisé par des cyprès.

Des dons d'expression forte et concentrée, l'accent de la gravité, une sorte de bestialité héroïque dont la véhémence est aggravée par une palette audacieuse, maladive et sans charme, aucune de ces puissances d'émotion qui réveillent en nous les harmonies profondes — tel est peut-être Bœcklin, s'il faut l'inscrire dans une définition. Auprès des demi-habiles, il passera sans doute longtemps encore pour un des maîtres de ce temps, parce qu'il flatte en eux la vieille confusion, si commode, qui assimile l'élévation de la pensée et la noblesse plastique. Je les renvoie à Gustave Moreau. Celui-là n'a pas été obsédé par les prestiges du Sud, mais par les mirages du vieil Orient. Il en a fait refluer l'exotisme jusque dans son interprétation des mythes de la Grèce antique. En tout cas, il fut, comme Bœcklin, soucieux de donner à son art une haute signification, curieux de symboles, de mystères et de légendes. Qu'apprécions-nous chez ce grand artiste ? Est-ce que ce sont les prismes, les sphères de cristal et tous les accessoires par lesquels il prétendit concrétiser l'énigme du monde ? Nous reconnaissons en lui un peintre, — et c'est assez. Je veux dire un inventeur de formes et d'harmonies nouvelles, le père d'une humanité jeune et brillante, qui n'a pas besoin de ses beaux bijoux ni de la somptueuse juiverie d'étoffes et de parures qui la décore pour nous suggérer tout l'infini dont est *capable* la poésie de l'être humain. Peintre, excellemment et profondément peintre, par l'exquis de son choix, par la rareté des « valeurs tactiles », par la qualité d'une matière immortelle, voilà ce qu'il fut d'abord, et c'est son premier mérite. Après cela, il peut et nous pouvons nous aussi, à notre gré, surcharger son art de toutes les significations possibles. Ces beaux cous, ces jambes élégantes, ces torses charmants, issus d'une vieille rêverie légendaire qui palpite encore en eux, ces sultanes aux bras minces, aux flancs étroits, respirent plus de grâce, de noblesse et de volupté que tous les rustres laborieusement divinisés par Bœcklin.

D'autres efforts ont été tentés dans le même sens par l'art allemand de la seconde moitié du dix-neuvième siècle. Bœcklin ne fut pas le seul hanté. Hans von Marees, par delà les académies italiennes et l'école de Bologne, par delà Raphaël lui-même, qu'il rend responsable des compositions en pyramide, essaya de retrouver des préceptes de style, d'instaurer une pédagogie de la sérénité. Il cherche, il tâtonne. Ses dessins sont des batailles. Il découvre une loi : sur une ligne d'horizon basse et droite, détacher la stature perpendiculaire des corps, non pas associés en arabesques, mais juxtaposés. Il s'efforce de peindre simple et de conserver l'esprit des esquisses. Mais il y revient et les fatigue. Lui aussi, il reste à l'entrée du jardin des Hespérides. Que dire du paganisme noir de Frantz Stück, de ses dryades et de ses satyres, dont l'animalité sans grâce s'ébat lourdement dans la nuit? Et quelle erreur significative que le vaste panneau peint par Max Klinger pour l'*aula* de l'Université de Leipzig ! Homère commente ses poèmes devant un conclave de philologues dévêtus. Nulle part la peine et l'application ne s'imposent avec plus d'évidence que dans cette studieuse peinture. Les corps ne sont pas fondus d'un seul jet, mais faits de morceaux rapportés, grossement emboutis les uns dans les autres. Nous sommes loin de la *Pietà* du Musée de Berlin, brutale, directe, populaire, — mais douloureuse, humaine d'accent, et bien allemande.

Cependant cette rêverie méditerranéenne affectait aussi d'autres peuples. Chaque fin d'un siècle voit l'humanité d'Occident revenir au passé gréco-romain. Cette grande nostalgie païenne, cette pulsation séculaire de la Renaissance n'émeut pas seulement les Germains. Mais, tandis qu'elle les met hors d'eux-mêmes, elle nous restitue à quelque chose d'ancien et de vivant qui est en nous. Elle ne se présente pas à nous comme une tentation, mais comme une réminiscence et comme un réveil. Alors naissent des images de l'homme pareilles aux dieux d'autrefois, des paysages où le cœur et la raison trouvent leur contentement. Une lumière égale et pure rayonne : c'est celle d'un beau songe. Puvis de Chavannes touche à la familiarité de la vie : il la revêt d'une dignité incomparable. Les pauvres et les simples traversent son œuvre : ils font respecter simplesse et pauvreté. Sous les arbres de Provence et d'Ile de France, sur le rocher des côtes méditerranéennes, de jeunes femmes se dressent dans la nudité, et il est naturel qu'elles soient nues, puisqu'elles sont belles. Salut à l'antique génie des Gaules, présent sous ces frondaisons royales, inspirateur de cette grâce et de cette sagesse ! Il ouvre nos champs et nos bois aux hôtes illustres de nos mémoires. Ils revivent, les voici, foulant avec aisance les gazons de ce domaine ordonné pour eux.

Je quitte Bœcklin, ce déréglé, ses disciples, esclaves du chaos et de la lourdeur, et ses rayonnantes antithèses, Puvis de Chavannes, à qui je joins (à quelque distance après lui) les préraphaélites anglais, inventeurs, quoi qu'on dise, de formes nobles et sereines. L'Allemagne a fait d'autres tentatives pour se libérer. Celles-là touchent à des problèmes plus récents, à la grande

FRITZ VON UHDE
Le Benedicite.
(Musée du Luxembourg.)

ALBERT WEISGERBER
Amazones.

renaissance esthétique et technique de l'école française à la fin du dix-neuvième siècle. Nos peintres en ont propagé l'exemple et l'enseignement à travers l'Europe. Fritz von Uhde, dont nos expositions nous ont appris à saluer le nom comme celui d'un grand artiste, sensible, profond, doué de cette qualité si rare, une vraie vision de peintre, a commencé (comme Liebermann) par les noirceurs et par les lourdeurs de son premier maître, le Hongrois Munkacsy, mais il s'est émancipé auprès des plein-airistes français. L'influence de Bastien Lepage l'a restitué à la transparence et à la lumière. Bannissant les énigmes et les dessous d'idées, se tenant à quelques sentiments directs, profonds, quotidiens, humains, il revêt la personne et la vie du Christ d'une grandeur populaire et simple, il nettoie la peinture religieuse de ses fumées académiques, il la rend plus proche de nos cœurs. L'Évangile pénètre dans les salles basses des maçons et des mineurs : il y apporte la leçon sincère de nos maîtres, il y fait resplendir ce soleil authentique qu'ils ont découvert.

Mais Bastien Lepage ne fut qu'un intermédiaire supérieur, un habile artiste de transition. A côté de lui, plus obscurs alors et destinés à une gloire plus stable, nos impressionnistes se laissaient éperdument éblouir par la magie quotidienne du monde. Ce culte du soleil, de la mobilité des choses, des minutes de la lumière devait nous révéler, par un enchaînement de procédés d'abord déconcertants, un aspect inconnu et vrai de la nature et de nous-mêmes. Pour saisir, pour capter la fugacité des phénomènes, on les étudie un à un, sous leur jour, à leur heure, on donne à l'exécution un accent subtil et vif. Pour laisser à la lumière toute sa puissance de vibration et tout son éclat, on la décompose en ses éléments. L'univers se meut. Les arbres bougent. Le ciel fuit.

Les maîtres charmants et larges qui nous ont restitué ces vérités ont rencontré en Allemagne une vogue inouïe et de nombreux imitateurs. Ils y ont été consacrés alors que la France les discutait encore. Les Musées les accueillirent très vite et accueillent sans choix leurs disciples. Je ne puis analyser toutes les raisons de cette ferveur. Mais n'était-il pas naturel qu'une nation qui n'était tributaire d'aucune grande tradition picturale et qui, depuis la Renaissance, n'avait guère vu se produire que des tentatives sans cohésion fût plus libre d'accepter des leçons si nouvelles? Le modernisme du jeune empire y trouvait son compte. Cette annexion précipitée des techniques françaises lui donnait une occasion de plus de révéler son avidité, ses dons d'assimilation brutale et maladroite, une fureur (singulière et touchante) d'être « au courant » et d'être en tête. Il s'en empara donc, comme des procédés de nos chimistes. Les peintres les copièrent, comme ils avaient longtemps copié la patine des Musées, c'est-à-dire la caducité de l'art. Enfin les docteurs en philosophie virent dans l'impressionnisme un large prétexte à bâtir des esthétiques. Nous savions tout ce qu'il devait à la palette de Delacroix, à sa manière d'établir le ton par des stries vibrantes, par des touches juxtaposées, aux claires harmonies de Corot. Ils le rattachèrent à la théorie de Helmholtz sur les couleurs. C'était l'art objectif, qui néglige les états de conscience, pour atteindre la vérité sans intermédiaire, l'art de l'observation impersonnelle, le processus analytique du laboratoire, opposé aux synthèses imaginatives du romantisme.

Cette dépense d'idées n'aboutit à aucune interprétation personnelle. Si je mets à part Liebermann, peintre
des plages du Nord et des brasseries bavaroises en plein
air, où des taches de soleil pleuvent joyeusement sur
des groupes de buveurs attablés sous les beaux arbres,
Liebermann, dont la formation se rattache d'ailleurs
plus justement à l'école de Bastien Lepage, je ne trouve
que de froids imitateurs, des esthètes excités. Les noms
de Paul Baum et de Borchardt me suffisent pour établir
la dépendance de toute cette école à l'égard des impressionnistes français. Les mêmes raisons s'appliquent au
« traitement » de Cézanne, de Gauguin et de tous nos
néo-stylistes par les peintres et par les critiques allemands.

La jeune Allemagne, et la jeune Autriche avec elle, a
subi avec force le prestige des dons de Cézanne, son
naturalisme solide et lumineux, sa franchise et sa générosité de peintre, l'art de poser la touche d'aplomb sans
la frotter et d'exprimer carrément les volumes. Ce sont
probablement les Viennois qui furent les initiateurs de
ce mouvement, de même qu'ils furent, avec Stefan
Zweig et ses amis, les initiateurs du néo-symbolisme à
la française dans la poésie lyrique de langue allemande.
C'est à Vienne que se sont révélés Berthold Löffler, Ferdinand Andri, Paris Gütersloh, enfin Anton Festauer,
dont la *Femme au Sopha* paraît une belle œuvre. Mais
c'est à Munich et à Paris que s'est formé le plus remarquable des disciples de Cézanne, l'Allemand Albert
Weisgerber : ses portraits, ses paysages, la série de ses
Saint Sébastien attestent un large sentiment plastique
et les plus rares qualités du peintre. C'est par cette puissance de matière et par cette simplicité d'accent que

l'école allemande est sans doute appelée à s'exprimer avec le plus d'autorité et de la façon la plus sincère [1].

Mais, près de ces hommes de talent, que de plats copistes, que d'imitateurs arriérés ! Longtemps encore la plupart d'entre eux continueront à étayer leur art par de l'intellectualité lourde. Païens, objectifs, humains, je doute qu'ils le soient jamais. On pourrait souhaiter qu'ils fussent tout au moins *allemands* avec simplicité et d'un cœur sincère. Mais où est l'Allemagne en peinture ? Pour ma part, je trouve le génie germanique, l'âme du Nord mieux exprimés et en traits plus personnels chez Bœcklin et chez Hodler, ces deux Helvètes, que chez tous ces francisés maladroits, qui balbutient un patois d'emprunt. Ces disciples si pénétrables aux influences, ces peintres qui ont tout appris de nous et qui ne nous ont rien enseigné, sont pourtant les piliers de la haute culture allemande de ce temps... Le trait saillant de notre pays, c'est son inépuisable génialité, je ne veux pas dire seulement sa fertilité en idées, mais son aptitude indéfinie à renouveler les expressions et les techniques. De Delacroix à Cézanne, en passant par Corot et par Claude Monet, que de façons inédites de traduire l'univers ! Les peintres allemands modernes ont en général une sensibilité pauvre, convulsive, excentrique, ils ne se sont pas fait une langue à eux, ils balbutient celle de nos maîtres, qu'ils ne comprennent pas toujours. On peut faire la même expérience, aboutir aux mêmes conclusions, en étudiant l'influence de Rodin en Allemagne. Elle a fait choix du chaos. Elle a retenu les intentions, les titres littéraires, les obscures formules. Elle ignore le don hu-

---

1. Sur tout ce groupe, cf. particulièrement : *Deutsche Kunst und Dekoration*, avril 1916.

main et génial, elle échoue une fois de plus devant le problème plastique.

III

En sculpture, il n'est pas possible de se sauver par l'éclat du ton, par la profondeur de l'effet, par la philosophie du sujet. Il s'agit de volumes à trois dimensions autour desquels on tourne. Il importe d'abord que la forme, visible de partout, soit partout en équilibre, qu'elle se tienne, qu'elle nous donne à la fois le sentiment de la vraisemblance, de la noblesse et de la grandeur. Tel est, en effet, le mérite de Rodin, après Rude, après Barye, après Carpeaux. Il nous montre des hommes, nos frères, et nos frères modernes, chargés des mêmes lourdeurs et des mêmes tristesses que nous. Mais, englués dans la matière et dans la pensée, ils s'y débattent, ils en triomphent. Peut-être confèrent-ils à l'instinct plus de noblesse qu'à l'intelligence : dans l'espace, elle n'est rien. Ils sont beaux, et cette conclusion me suffit. En face de ce jet tout-puissant, de cette flamme, de cette ardeur qui emportent les grands statuaires français du dix-neuvième siècle, considérons l'Allemagne, aux prises avec ses interdictions. Quels sont ses modèles ? Toujours ces mal bâtis dont toute l'école nous présente l'image, depuis Dürer et Cranach jusqu'à Stück et jusqu'à Klinger. Ils sont sains et vigoureux, mais peu nobles. Sous la chair et sous les muscles, le squelette est solide. Les membres sont fortement jointoyés. On les dirait construits d'une matière autre qu'humaine. C'est avec ces hommes et ces femmes que l'Allemagne satisfait cette étrange obsession du nu qui étonne de la part d'un peuple si peu doué pour en comprendre le charme.

Elle les a d'abord corrigés par un certain académisme. Je voudrais que l'on ne se méprît pas sur ce mot. Selon les peuples et selon les temps, il comporte des sens divers. L'académisme de Canova n'est pas le même que celui de nos sculpteurs du premier Empire, chez qui subsiste parfois, malgré l'accent romain et l'apparat, quelque chose de la fièvre et de la sensualité de leurs prédécesseurs immédiats. De même, chez les peuples du Nord, chez les Scandinaves, il affecte une forme particulière. L'exemple de Thorwaldsen est là pour nous prouver que toutes les civilisations septentrionales n'ont pas été incapables de recueillir une étincelle du foyer sacré. C'est que ces Danois intelligents, fins et nerveux, au déclin de leur rôle historique, tout à la culture de l'individu, formaient déjà un admirable peuple de pédagogues du corps et de gymnastes. Leurs beaux concours athlétiques, la proximité de la mer, ou plutôt sa présence même au cœur du pays, ces flots contre lesquels on lutte, où l'on se joue, les bains du matin et les bains du soir, tout contribue à éveiller en eux ce rare sens gymnique, que nous retrouvons aujourd'hui chez leur voisin, le noble graveur Anders Zorn, peintre et sculpteur aussi. Nous aimons ses belles nageuses, dorées d'un pâle rayon qui semble filtré par des banquises. Il vient du soleil, pourtant, et, balancé sur l'onde, il prend plus d'éclat et plus d'ampleur.

Rien de pareil chez les hommes des grandes landes, chez Schadow, le premier commémorateur des guerres et des victoires, auteur du quadrige qui surmonte la porte de Brandebourg, à Berlin ; chez Dannecker, dont l'*Ariane*, de la collection Bethmann, à Francfort, grosse femme puissamment belle, assise avec nonchalance sur un tigre ennuyé, a été vulgarisée par d'innombrables plâtres. Tout cet académisme est pesant, massif, enchaîné à la terre, à laquelle ses modèles semblent tenir encore par la matière dont ils sont pétris. Nos contemporains ont essayé de le rajeunir. Les uns, comme Reinhold Begas, par des emprunts à l'inspiration italienne : Begas, un des artistes les mieux doués et les plus vivants de l'école, doit d'ailleurs peut-être plus à Bernin et au classicisme français qu'à la veine libérale, spontanée, humaine des grands Florentins. Les autres se sauvent par l'archéologie, par l'étude de l'art grec récemment connu, — ateliers antérieurs à Phidias, ou décadents de l'âge hellénistique. On appréciera l'intérêt de cette recherche en comparant les deux *Amazones* de Tuaillon et de Stück, qui honorent l'une et l'autre la sculpture allemande contemporaine, — la première, paisible et fine, harmonieuse, mais sans élan et sans caractère ; la seconde, irritée, frémissante et pleine de vie, modelée avec une nervosité moderne qui s'allie heureusement à l'archaïsme du style. Je note cette exception, plus rare et plus extraordinaire encore d'être due au peintre de tant de bestialités mythologiques, si lourdes d'esprit et d'exécution.

Mais la plupart du temps l'art d'empire s'est choisi d'autres prétextes et d'autres sources d'inspiration. Il a puisé dans les annales du passé germanique, il est revenu à la Renaissance allemande, il a essayé de ressusciter la disgrâce pleine de charme, de naïveté, d'accent des contemporains de Visscher. Statuaire de poésie et de vérité, celle de ces vieux maîtres qui, taillant la pierre et le bois à l'image des gens de leur pays, apparaissent dotés d'un germanisme original et sincère, non pas alourdi d'esthétique transcendante ! Nous louerons, si l'on veut, la fontaine du *Voleur d'oies*, de Robert Dietz. Elle inaugure ce retour aux exemples nationaux (1880), mais le plus clair de son mérite, c'est, je crois bien, d'être une date. Elle est anecdotique et d'un romantisme suranné. Il semble qu'elle s'évade d'un livre à vignettes. C'est à ce courant d'imitation qu'appartiennent la plupart des statues décoratives des grands édifices publics.

Il y a tout de même quelques chercheurs plus inquiets, mais là comme en peinture la suggestion vient de chez nous. Je pourrais être suspect de vouloir « annexer » à tout prix ce qu'il y a de plus remarquable dans l'art allemand, si je disais que tels statuaires — Ernst Wenck par exemple — ont regardé de près non seulement Rodin, mais Bartholomé, et pourtant c'est un fait. Et quand le critique Adolf Schinnerer[1] analyse l'œuvre du curieux, nerveux et très sensible Wilhelm Gerstell, il ne peut se tenir de citer le nom de notre Maillol.

C'est au passé le plus sombre et le plus austère que l'art d'empire fit appel pour dresser devant les peuples l'image en pied des fondateurs de la puissance allemande et des héros de la *Kultur*. Vêtus d'acier, rudes et roides comme des burgraves, les chefs de guerre et les politiques, construits en pierres appareillées, debout sur les places des cités, qu'ils dominent de cinquante coudées, avertissent le passant et l'histoire. C'est là, sans doute, c'est dans ces idoles équarries seulement, taillées à grands coups, que l'on peut le mieux

---

1. *Die Kunst*, avril 1918.

surprendre les traits caractéristiques du délire germain
de ces dernières années, ce qu'il y a de ridiculement et
de terriblement inhumain dans cette poussée de barbarie
jaillie en pleine civilisation, au cœur même de l'Occident.
Je n'aime pas le *Beethoven* de Klinger, sorte de bibelot
colossal, où le marbre, l'ivoire, le bronze, l'or et le pla-
tine se disputent le soin de traduire avec pauvreté des
intentions cachées. Ce carrefour d'idées philosophiques,
cette allégorie sans grâce me fatigue. J'y vois plus de
confusion que de raffinement. Je vous invite à le considérer comme un chef-d'œuvre de raison et d'harmonie
plastique à côté de ces fétiches pédants, gigantesques et
niais par lesquels l'Allemagne moderne atteste la décadence de ses vertus intellectuelles.

Je le sais, nos contemporains de tout pays ont beaucoup à se reprocher en ce sens. Que de grands hommes !
Que de statues, jusque dans les villages ! Nous ne sommes
pas exempts de ce travers, mais nous le discernons. Il y
a quelque chose de cordial et de sceptique, au fond, dans
nos libéralités de pierre envers des mémoires sans éclat.
Sur la place de la Mairie, à l'ombre des platanes, la
statue de tel parlementaire oublié ne se présente, sans
doute, ni comme un hommage aux Muses ni comme
une exhortation pour les citoyens. Les statuaires et leurs
modèles ont parfois manqué de génie. Mais le génie n'a
pas besoin de statues, et les grands artistes sont rares.
Tous ces portraits de braves gens un peu simples nous
engagent à respecter les vertus moyennes. Ne sont-elles
pas nécessaires à l'équilibre de la vie sociale ?

Quelques spirituelles pages de Jules Huret, qui sait
voir, nous les feraient aimer tout à fait. Il compare la
promenade du nouvel arrivé à Paris, Londres et Berlin.

« Voyez, dit-il, ce que le Berlinois vous offre, du château impérial à la Siegesallee : place du Dôme, statue équestre du roi Frédéric-Guillaume III ; en face du Château, statue de Guillaume Ier ; sur le pont du Château, huit sujets guerriers ; au commencement des Linden, la statue de Frédéric-le-Grand... ; les statues des généraux Scharnhorst, de Bülow et de trois autres ; enfin, plus loin, à l'extrémité des Linden, la Siegesallee et ses trente-deux Hohenzollern, cuirassés, bardés de fer et farouches, et sa colonne de la Victoire aux bas-reliefs guerriers. » Ainsi la glorification de la force et de la guerre ne se limite pas à quelques images symboliques rêvées par des maîtres et confinées dans le silence des musées. Comme la presse, la statuomanie lui est une arme. Elle s'en empare, elle se divulgue avec emphase, elle s'adresse à tous. Elle donne sa vraie signification au décor des villes, au style des grands édifices, comme aux habitudes et aux ustensiles de la vie familière.

IV

Traduisant des besoins, l'architecture répond non seulement aux volontés réfléchies de l'élite, mais aux aspirations des masses. Elle est le vrai miroir de leur âme, elle en immortalise dans la pierre et devant les siècles les traits les plus rudes et les plus délicats. Toujours en Allemagne elle fut grevée de la superstition de l'ampleur. Les immenses bâtisses romanes du Rhin, auxquelles Vignory, Vézelay donnent une leçon si modeste et si sûre, l'extraordinaire falaise de Cologne, ce monstre des cathédrales, attestent la toute-puissance de

cette obsession sur l'âme allemande. Plus tard, à la fin
du quinzième siècle, l'exubérance de la vitalité, le goût
d'un luxe compliqué, peu clair, qui tourne tout de suite
au dérèglement et à la profusion, s'affirment par la surcharge du décor, par cet infini de flammèches, de folioles,
de lancettes, de rinceaux gondolés, par ces fourmille-
ments, par ces oscillations, qui font courir un monde de
lueurs étranges sur les surfaces de pierre, qui les font
ondoyer, vibrer, flamboyer, comme l'incendie de quelque
sylve enchantée. Lents à bénéficier des inventions des
autres, il reste aux Allemands la ressource de les outrer, de
les enfler, d'en aggraver les erreurs. Quand la renaissance
archéologique eut mis le grec et le romain à la mode,
proscrit le mouvement et la couleur, préconisé les
masses simples, ils se construisirent une Athènes en
simili, désolante illustration de l'esthétique la plus fausse
et la moins adaptée ; à Ratisbonne le Walhalla, à Munich
les Propylées chargent d'une redoutable responsabilité
le nom de von Klenze, leur auteur.

Et d'autre part, dès le milieu du dix-neuvième siècle,
on devine dans l'architecture allemande un penchant au
provisoire déguisé, à l'illusion de théâtre, à l'emploi des
matières peu nobles, aux artifices de maçon. Les jolis châteaux de Bavière, hissés au centre de panoramas romantiques, sont des carcasses de bois et de plâtre. Ils ne
documentent pas seulement sur la psychologie de
Louis II, sur ses audacieuses chimères d'imaginatif : ils
révèlent quelque chose du génie allemand moderne, cette
note théâtrale et truquée qu'il faut bien admettre, si l'on
veut comprendre les gigantesques machines dont nous
allons nous occuper. Depuis la guerre de 1870, cet
excès et cette hâte sont partout.

Je passe sur toute une série d'édifices de transition, — les uns inspirés de la Renaissance allemande, comme les immenses Rathaus de Munich et de Hambourg, comme le palais en pierre bleue du Norddeutscher Lloyd à Brême, que domine une tour de soixante-quinze mètres, — les autres encore tributaires des styles classiques, comme le palais du Reichstag, bâti par Vallot. Ils sont pesants, multiples, énormes. Ils ont la masse et la densité. Ils ont en même temps le luxe confus et la surcharge. Mais l'art d'empire se devait d'instaurer une formule architecturale et décorative qui fût le symbole des fortes assises de la puissance allemande. Reconnaissons qu'il sut l'imposer à toute l'Europe centrale. Les origines historiques de l'architecture « colossale » doivent être cherchées loin du Rhin, — mais il est vrai de dire que l'empire lui a conféré un germanisme et un modernisme à part.

Peut-être n'est-il pas inutile de le remarquer d'abord, cet appétit d'énormité, cette fièvre de grandeur surhumaine ont tourmenté surtout les civilisations à leur déclin. Quand le génie grec a donné sa fleur et son fruit, quand, au contact de l'Asie, il a perdu le sens de l'équilibre et de la mesure et que des empires difformes, fondés par des parvenus militaires, ont remplacé les républiques, quand des richesses brutalement acquises et follement dépensées ont aboli toute notion d'ordre dans l'existence des peuples comme dans la vie domestique, alors Pergame, Rhodes, Alexandrie dressent des colosses qui noient les hommes dans leur ombre, images de la décadence du goût et de la corruption de l'intelligence. Ils portent encore en eux quelque chose de l'antique noblesse de la race : ce sont des dégénérés supérieurs. Pouvait-il en être autrement de la part de ces Méditerranéens, les exemples et les ancêtres de toute supériorité humaine? De même l'enfant terrible de la Renaissance italienne, Cellini, dans le dédale de son existence aventureuse, dans la décomposition politique et morale de son pays, va de l'infiniment petit à la grandeur démesurée. Exilé volontaire aux parcs de François Ier, il imagine, pour les décorer, des statues de dieux géants, un Mars conçu pour étonner les peuples. Enfin, lorsque le classicisme mourant essaie de retrouver dans les décombres de Rome une autorité nouvelle, lorsque ses disciples s'efforcent de ressusciter pour les régimes de gloire et de liberté la magnificence de la république et de l'empire, ils ne peuvent se contenir dans des proportions normales. Les élèves de l'Académie de France envoient à Paris des projets de cirques et d'amphithéâtres capables d'accueillir la population de toute une cité.

L'inspirateur de ces tentatives architecturales, c'est le grand rêveur du dix-huitième siècle, le dernier artiste de la Renaissance, Vénitien comme Tiepolo, peintre, graveur, poète comme lui, Piranèse. Romain par le choix et par l'adoption, obsédé jusqu'à la fièvre par les harangues de Tite-Live et par les ruines du Forum, qu'il élevait à la hauteur de ses songes, il n'a pas bâti ou presque pas. Aquafortiste, il a confié à la pointe et à l'acide le soin de traduire et de communiquer ses visions. Toujours italien, toujours latin par l'harmonie, malgré ses prodigieuses dépenses de ténèbres, il a des hallucinations épiques, mais la Rome des Antonins (comme le Paris de Napoléon) reste un hommage à la discipline et à la raison. Ces transfigurations éblouissantes ne la dénaturent pas.

Aux mains des architectes et des décorateurs allemands, qui ont feuilleté les *Antichità*, elle devient

Ninive. Le style colossal en Germanie ne se contente pas d'agrandir les proportions : il boursoufle les surfaces, il noie le décor, il s'impose par la pesanteur et par la sévérité des masses. Le caprice piranésien disparaît. Les grandes épures sont vidées de leur contenu italien. Seule demeure la tritesse de la matière entassée, d'où la raison est absente. Le fer, la charpente, le ciment armé remplacent la pierre, — le ciment, cette boue durcie, incapable de patine, peut-être solide, hélas, et qui fait de la bâtisse une sorte de monolithe dont le temps aggrave la laideur sans lui conférer la poésie de la décrépitude. Je le sais, ce sont là des matières et des techniques qui sont d'accord avec les besoins d'une civilisation industrielle. Ce style convient aux mornes phalanstères du travail. L'humanité concentrée dans les villes, enrégimentée pour des besognes à heure fixe, est peut-être destinée à vivre quelque temps encore (mais rien de plus) dans des ateliers, dans des dortoirs de ciment et de fer. A cet égard, l'Allemagne offre le tableau le plus expressif et le plus complet du décor de vie dans lequel se meut une société capitaliste. Nos bourgeoisies cultivées, encore si étroitement dépendantes du passé, n'ont rien inventé de tel. Elles sont encore de l'ancien régime.

Entrons dans la ville allemande, hier village, aujourd'hui laboratoire, usine et caserne pour des centaines de milliers d'hommes. Par une anticipation extraordinaire, Gœthe en a vu et décrit l'aspect dans le second *Faust*, lorsque Phorkyas, la vieille intendante, nous montre le château de pierre et de fer, aux grandes lignes tristes, devant lequel se déroule la seconde légende d'Hélène. Voici la gare, naguère halle de bois, alors que Hittorf

construisait ce chef-d'œuvre, la gare du Nord, à Paris.
C'est une cathédrale, une forteresse et un entrepôt. Elle
développe une immense façade, crevée de fenestrages
multiples, chargée d'allégories, hérisée de créneaux et
de dentures. Voici les ponts, commandés par des donjons et par des redans, chevauchés de statues équestres ;
les nefs romanes des bains publics, les brasseries et
les restaurants de luxe, bas, trapus, pareils à des
synagogues ; les grands magasins, solidement plantés,
largement ouverts, logiquement conçus pour l'échange.
C'est peut-ère des bâtisses édifiées par Messel pour la
firme Wertheim, à Berlin, que date l'expansion de l'architecture franchement moderne en Allemagne. Pourquoi n'en louerions-nous pas la parfaite adaptation aux
besoins du négoce, la simplicité forte, la discipline
architecturale ? Convenons qu'en Allemagne, ces monuments de l'art utile sont supérieurs et bien conçus.
L'école contemporaine les a expurgés de toute décora-
tion parasite. Ils sont d'aplomb et ils se tiennent. Les
grandes façades, rayées d'arêtes verticales, sont percées
de fenêtres étroites et hautes, excellentes pour la diffusion de la lumière solaire. Les magasins Tietz, à Düssel-
dort, édifiés par J. M. Olbrich[1], de Darmstadt, sont
particulièrement heureux à cet égard. Ce style *longitu-
dinal* est très caractéristique de l'art de bâtir dans l'Allemagne moderne. Il est très discutable, lorsqu'il prend
la forme d'un système de saillies épaisses et de minces
retraits destinés uniquement à « meubler » une façade
pauvre. Tel est le cas, dans le projet de musée dû à
Rudolf Bitzan[2]. Cela fait penser à la structure des forte-

1. Cf. *Moderne Bauformen*, janvier 1910, pp. 28, 29.
2. *Ibid.*, pp. 30, sqq.

resses construites dans l'Egypte prédynastique par les
barons thinites.

D'autres déconcertantes occasions de réfléchir et de
comparer nous arrêtent au passage, dans notre promenade au cœur de la ville allemande. La façade du théâtre
de Bremerhaven est pareille à l'abside d'un four créma-
toire. Le cinéma préhellénique de la place Nollendorfer,
à Berlin, serait plaisant, en carton estampé, au carrefour de quelque exhibition foraine. L'on a essayé de
donner de la couleur et du relief, en leur conservant leur
unité, aux façades des immeubles de rapport. Des pignons
aigus les surmontent ; elles sont percées d'ouvertures
plus larges que hautes, qui balancent la verticalité de
l'édifice, capotées d'énormes paupières de bois, de pierre
ou de toile. Enfin, dans les cimetières, Schumacher bâtit
des tombes carrées, pesantes et sans ornement, d'où les
morts ne s'évaderont point.

Dans cette évolution de la vie sociale, le foyer domestique apparaît, lui aussi, transformé. Le décor qui le
revêt, les ustensiles qui servent à l'existence quotidienne ont pris une signification ambitieuse. L'on a
voulu se dépouiller d'un seul coup, et violemment, des
habitudes du passé, cesser de se rattacher à l'Occident
et de faire partie de sa clientèle. Jusqu'en 1890 environ,
les arts du logis dépendent encore de nos architectes,
de nos céramistes, de nos bronziers et de nos ébénistes ;
les copies du style Louis XV et du style Louis XVI sura-
bondent dans les intérieurs. Puis des foyers d'invention
originale se créent à Crefeld, à Carlsruhe, à Dresde,
surtout à Munich et à Darmstadt, sous l'influence des
critiques et des périodiques d'art. Ces derniers sont bien
faits, solides, copieux et magnifiquement illustrés. Les

J. M. OLBRICH.
Les magasins Tietz, à Düsseldorf.

RUDOLF BITZAN.
Projet d'un Musée.

revues dirigées par Alexander Koch, *Deutsche Kunst und Dekoration* et *Innen Dekoration*, dont les meilleurs documents ont été extraits et réunis dans une série de grands albums, *Handbuch neuzeitlicher Wohnungskultur*, propagent dans toute l'Allemagne les exemples et les modèles des initiateurs. Ne nous y trompons pas toutefois : quelque original, quelque surprenant qu'il puisse paraître, ce mouvement n'est qu'un épisode de la renaissance des arts décoratifs en Europe à la fin du dix-neuvième siècle, due à des facteurs qui n'ont rien d'allemand en particulier : une répartition nouvelle de la richesse privée, la diffusion des *besoins* d'art, une utilisation des procédés mécaniques (ou une réaction contre eux), le naturalisme démocratique, la connaissance des thèmes et des procédés de l'Extrême-Orient. Il est postérieur aux inoubliables recherches de nos céramistes. Il se produit après les efforts de Ruskin, de Walter Crane, de William Morris et des bons ouvriers de Kelmscott. Mais — et c'est peut-être ici que la différence entre les génies nationaux apparaît le mieux — il est dominé par une notion tout allemande des techniques industrielles.

Au fond, l'esthétique ruskinienne est réactionnaire. Elle repose sur le respect de la nature, à laquelle elle emprunte minutieusement tous ses modèles ; sur le respect de la matière, telle que la nature nous la fournit et qu'il n'est pas permis de déguiser ou d'altérer ; enfin, sur le respect de la main humaine, contre laquelle nulle machine ne vaut, la main qui a enfanté tant de vieux miracles et qui est prête à les renouveler. Ruskin fait constamment appel au passé. Il est l'ennemi personnel de la machine, instrument du servage humain et mère de toutes les laideurs. Il veut que le tisserand emploie les vieux métiers, que le fermier pétrisse son pain, que les charrois remplacent les chemins de fer. Comme individualiste, comme esthéticien, comme artiste, il bannit de sa cité la mécanique, qui enrégimente et qui enlaidit. La philosophie de l'art décoratif, dans l'Allemagne contemporaine, est purement moderniste. Elle tend à réaliser une expression d'aujourd'hui. Elle accepte comme une condition inéluctable les formes récentes de l'activité. Bien loin qu'elle *tolère* la machine, elle s'en glorifie comme d'une ressource de plus. La nature, pour elle, n'est qu'un postulat. Elle n'a pas besoin d'y puiser des modèles, si la puissance de l'homme est capable de renouveler la face de l'univers. Elle imagine des formes. C'est là sans doute une des raisons de la persistance du goût germanique pour les thèmes romans, ces formules d'intellectualité pure. Quant aux matières, il est possible d'en fabriquer d'inédites. Le fer, le bois, la pierre sont des points de départ. Enfin les mains sont les servantes de la mécanique, qui besogne avec plus de précision et de rapidité. Il y a une sorte de poésie dans une droite absolument droite, dans une exécution sans bavures, — et l'outil débile d'autrefois, manié par des doigts tremblants, ne saurait y atteindre. Il est bon et utile que le travail soit divisé, et c'est ainsi que l'on obtient la perfection automatique du détail.

Un des traits qui caractérisent le mieux l'application de cette esthétique à la vie moderne, c'est l'usage méthodique du simili. A côté des prodigieuses inventions des laboratoires d'art décoratif de la Germanie, le ciment, le carton-pierre, le lithoxyle sont vénérables comme le porphyre. Nous sommes au pays des « compositions », des pseudo-œuvres d'art, des « bronzes » en déchets de papier, des murailles en liège bouilli. La « technique » favorise évidemment une production et une diffusion énorme en ce sens. De même les maçons germains partent au loin, colportant des procédés qui étonnent et qui ravissent les peuples vieillis. On les voit mettre à bas les ruelles des petites villes d'Espagne, éventrer Lausanne, faire régner partout le cube de ciment et le décor de stuc. Telle demeure de Munich, dont la façade est largement étoilée d'une sorte de chimère indiscernable, fut ainsi la mère et la génératrice de laideurs innombrables dans les deux mondes. Cet art est fait pour réjouir à tous les points de vue un contremaître de Siemens. Il est hautement moderne. Il est indiscutablement germain.

Je sais bien que Berndl est homme de talent, qu'il a un beau sentiment linéaire, et j'ai vu de lui quelques demeures rustiques ordonnées avec nouveauté, avec harmonie. Concentrant tout le décor sur un point de la façade, il lui donne plus de valeur et plus d'accent. C'est une adresse que nous avons appris à connaître et à louer chez les décorateurs à la fin du quinzième siècle, chez les Italiens errants qui remontaient la vallée du Rhône et passaient dans le pays de Loire, écussonnant nos bonnes murailles de quelque médaillon à l'antique. Apprécions-la où nous la rencontrons, même dans la banlieue de Berlin. Tout le mouvement est réservé pour le toit qui ondule et qui se renfle comme celui d'un cottage anglais. Autour de la demeure, un jardin ras, bien dessiné, épaissement fourni de bordures et qui ressemble (c'est un mérite) à son plan sur le papier. Les têtes rondes des buis taillés dépassent des chemins sablés. Partout un parti pris d'ordre et de fermeté. À l'intérieur, de grands panneaux nus, bien encadrés d'un relief mince, un sentiment juste de la matière, un bois riche, dont le luisant n'est pas sans froideur. C'est une belle demeure allemande, d'un confort sévère, d'un luxe dense.

On doit aussi des éloges à l'inspiration d'Emmanuel von Seidl, touché, si je ne me trompe, d'une note anglicisante. Mais Theo Veil prend la maigreur pour l'élégance et pose sur des pieds trop minces des masses monumentales d'une carrure énorme. Dans le lit de Riemerschmidt, carré comme une tombe, on craint de s'endormir pour ne s'éveiller jamais, et la chambre à coucher de Bertsch, tout embarrassée d'étoffes lourdes, de volants, de franges et de capitons, nous fait penser que cet art décoratif allemand, si catégoriquement moderniste, n'est pas sans parenté avec le style du second Empire, et même avec le style Louis-Philippe. Ces miroirs ovales, rajeunis par des fleurs peintes, sont détachés de quelque coiffeuse à col de cygne. Nous avons vu ces guéridons à tablette épaisse, au gros pied, chez nos notaires de province. Ce qu'il y a de solennel et de cossu dans l'art décoratif de la monarchie de juillet devait séduire un jour ou l'autre ces bourgeois parvenus. J'ai pris quelques exemples dans l'œuvre de chercheurs consciencieux. Mais ailleurs, quel cynisme! Il y a de tout, du pédantisme, de l'insolence, et toujours les plus cruels barbarismes. A la muraille de tel cabinet de travail mycénien resplendit mélancoliquement l'échec de Bœcklin, attesté par une éclatante photochromie. Pauvres dieux chassés, victimes d'une interdiction éternelle, quel châtiment pour vous que le séjour dans ces lieux arides, où le travail humain n'est pas respecté, d'où les songes des dieux sont bannis, et qui respirent puissamment l'ostentation de l'argent et de la force! Génies des fanges lacustres, des fonds boisés, vieux pilleurs d'épaves, Sirènes et Tritons, vous n'êtes plus l'inquiétude et le réconfort de la pensée allemande.

Les dieux d'à présent sont là-bas, sur les places, au centre des cités, qu'ils écrasent de leur ombre. Près de Leipzig, la Ligue des Patriotes leur a élevé un autel surhumain. L'art d'empire est là tout entier, conforme aux aspirations chaotiques de la nouvelle Allemagne. Il se résume dans cette apothéose de la matière et de l'inertie, du pédantisme idéologique allié à la servitude de l'intelligence. Une fois de plus il commémore le triomphe des instincts, une fois de plus il tente de soumettre les hommes aux fatalités de l'inconscient, de la douleur et de la mort. L'examen de ce colossal fétiche de pierre peut nous servir de conclusion. Toutes les civilisations barbares, tous les peuples de la guerre et de la nuit semblent y avoir porté leur tribut. Les génies ailés de Ninive éploient leurs rudes pennes de pierre. Sur les piliers qui soutiennent la coupole s'ébauchent des faces dures et tristes, pareilles à ces idoles qui, sur les rivages de l'île de Pâques, témoins indiscernables de races oubliées, contemplent le sombre désert des flots. Des burgraves, dont on ne voit que l'armure et la grande épée, s'adossent à ces énormités. Les formes ne se détachent pas du bloc, sur lequel elles font seulement courir un vague remous. Non, je l'affirme, ce n'est pas là l'indice d'une obscure humanité, qui va se dégager de sa gangue, s'élever à une vie supérieure. Ce n'est pas l'éveil radieux de l'art d'Égypte qui anime d'un frisson léger la syénite ou le porphyre. Toutes ces figures captives s'éloignent de nous, s'évanouissent, rentrent insensiblement dans la matière, qu'elles ont trop adorée.

ESSAI SUR LE GÉNIE JAPONAIS

Il y a cinquante ans, nous avons vu le Japon, secouant les rêves anciens de l'Asie, entrer avec décision dans les voies de l'Occident. Cette prodigieuse révolution d'un peuple qui semble à première vue se plonger obstinément dans l'oubli de soi et qui tente de se reconstruire une civilisation laisse-t-elle subsister quelque chose de la conscience du passé ou de ses forces obscures ? Le coup de jour violent que cet effort jette sur toute une nation nous permet-il de la mieux connaître ? Est-il possible, je ne dis pas de la définir, mais de l'ignorer moins, de saisir quelques-unes de ses formules de pensée et d'action ? Enfin quelles richesses nouvelles de vie morale l'humanité est-elle en droit d'attendre de sa collaboration avec nous ?

Nous avons entendu retentir l'écho des canons qui ont fait tomber Tsing-Tao. Nous n'ignorons pas qu'au loin, dans des usines dressées il y a peu d'années sur les côtes du Pacifique, d'agiles artisans besognent pour notre cause. Nous avons reçu, nous avons écouté quelques-uns des chefs de ce peuple, venus pour conférer avec les nôtres sur les moyens d'assurer notre victoire et de la rendre complète. Nous savons enfin de quel poids pèse le Japon dans la décision de la guerre. Déjà l'histoire d'hier nous avait enseigné la constance de cette grande nation et ses vertus militaires et, de longue date, nos musées nous enseignaient à admirer ses incomparables chefs-d'œuvre. Il nous faut aller plus loin et connaître davantage. La communauté des armes, la rude fraternité du combat engagent les âmes. Si, de cette terrible guerre, nous devons attendre d'autres bienfaits que l'écrasement des forces injustes, c'est assurément d'accroître notre humanité de quelque noblesse de plus, — et qu'y a-t-il de plus noble que de comprendre et d'aimer ?

Jadis nous nous contentions des images rapides et fausses que rapportaient des voyageurs doués de plus de charme personnel que de juste sensibilité. La mélancolie ironique d'un marin, habile à faire naître, à chaque nouvelle escale, d'élégantes raisons de cultiver son désenchantement, ses aventures de passant, nouées et dénouées au hasard d'une croisière, ses songes monotones et beaux, peuplées de fuyantes apparences, s'interposèrent pendant des années entre le Japon et le public français. Un art d'exportation, dont les produits hâtifs, vendus quelques sous, trouvèrent tout de suite une clientèle, semblait justifier les dires du voyageur. On trouva plaisantes et futiles les geishas des crépons. L'évolution de ces Asiatiques lointains, leur passion pour les choses d'Europe furent interprétées comme des formes inédites et touchantes du snobisme. Les marchands, les attachés d'ambassade et les chargés de missions peignirent en traits vifs cette grimace de la civilisation occidentale, dont ils n'avaient pas compris la signification émouvante.

Les collectionneurs et les historiens de l'art nous apprirent à respecter au moins le magnifique passé de ce peuple. Philippe Sichel, Burty, Edmond de Goncourt, Fenellosa, Gonse, Émile Guimet ont fait beaucoup pour nos amitiés japonaises. Une intelligence lucide et sagace, riche d'une expérience de longues années passées au Japon, fit plus encore. Lafcadio Hearn, parfois encombré de spencerisme, mais libéré par une destinée vagabonde de tous les préjugés intellectuels et sentimentaux qui paralysent le don de voir chez un observateur fixe ou chez un voyageur d'occasion, Lafcadio Hearn, attentif, sensible, lyrique sans déraison, fin et sage sans sécheresse, nous ouvrit les portes d'un monde inconnu. Fustel de Coulanges en main, il reconstruisit la cité japonaise, comme l'admirable Eugène Simon, disciple de Le Play, avait, bien des années plus tôt, reconstruit la cité chinoise. Surtout il se rappela ses souvenirs, ses impressions de route, ses notes fugitives, faites des accents impondérables de la vie, il nous les livra dans leur authentique fraîcheur, et non, comme des fleurs séchées entre les feuillets d'un atlas. Ce que Mitford avait fait, dans ses *Tales of old Japan*, pour le folk-lore héroïque et pour la tradition religieuse, il le fit, — mais avec quelle ampleur en plus ! — pour l'activité politique, pour la culture nationale, pour la vie même, dans tout ce qu'elle a de divers, d'apparemment accidentel et de léger. Tour à tour journaliste, romancier et poète, il n'était pas astreint au terrible sérieux, à la fausseté dogmatique des formes fixes de l'art de penser. Né quelque part dans le vaste univers, et non pas asservi à l'optique d'une nationalité, il se trouva libre pour sentir, pour comparer et pour comprendre.

Oserai-je le dire? Il semble que Lafcadio Hearn, par une juste réaction contre les conceptions toutes faites et la commodité des vieilles erreurs accréditées, ne dédaigne pas d'user à notre égard d'une sorte d'intimidation charmante. Au seuil même des ouvrages où il dit tant de choses, et si justes, il tient à faire pénétrer en nous le sentiment qu'entre des races si éloignées l'une de l'autre, non par la distance seulement, mais par notre longue incuriosité d'une part, et surtout par les défiances d'une nation jalouse de sauver son intégrité matérielle et morale, il subsistera toujours un élément d'irréductibilité. Les analyses les plus savantes et la plus patiente observation pourront diminuer, rétrécir le champ de l'énigme japonaise, pour ainsi dire, — mais l'énigme japonaise se posera encore. Hearn rapporte ce propos d'un de ses amis de là-bas : « Dans quatre ou cinq ans d'ici, quand vous serez convaincu que vous ne pouvez comprendre en rien les Japonais, c'est alors que vous commencerez à les comprendre un peu. » Je ne suis d'ailleurs pas sûr que l'honneur japonais, qui implique une si éminente discrétion de soi et qui compte l'art de se taire au nombre des vertus essentielles, ne favorise pas une prudence de cet ordre et ne se complaise dans cette notion de sa propre exclusivité. De ceci, j'aurai bientôt l'occasion de reparler.

Mais au moment où, de l'autre côté de l'Océan, une voix si haute se fait entendre pour convoquer tous les civilisés à cette entente pleinement humaine qui doit sortir d'une guerre soutenue pour la défense du droit, on a le devoir de souhaiter que le secret des âmes paraisse à la lumière, on ne doit point partir de la notion d'une réciproque irréductibilité. Quelque imparfaite et même grossière que puisse être cette tentative d'une étude synthétique du génie japonais, elle est possible, elle est utile, elle fait partie des nécessités du temps. En observant ce grand peuple lointain dans la diversité de ses aspects moraux, dans les révolutions de son histoire, nous apprendrons à voir en lui, non une de ces mystérieuses et redoutables immobilités asiatiques qui, naguère, épouvantaient certains penseurs d'Occident, mais une force de plus pour l'avenir du monde, une incomparable puissance de vie, un long exemple de dignité.

II

Le secret de l'Orient, n'est-ce pas le caractère profond, essentiel et stable de la croyance, sous la forme religieuse ou sous la forme morale? Même chez un peuple actif, assimilateur et réfléchi, elle demeure entière. L'histoire du génie japonais est un long hommage aux dieux de l'Asie et à des formules éthiques qui furent ses éducatrices, en même temps qu'un incessant effort pour traiter d'une manière personnelle ces formules elles-mêmes. Quelque ferme et décisive qu'ait été sa résolution de se mettre à l'école de l'Occident et quelque développement qu'aient pu prendre ses facultés critiques, le Japon moderne, comme le Japon d'autrefois, est maintenu par une armature religieuse faite d'éléments divers associés depuis des siècles. Une certaine conception de l'univers, traduite par des rites d'un grand charme, y relie étroitement l'homme à la nature et l'individu à la communauté. La vie religieuse n'est pas ici l'expression d'une poésie personnelle ou l'affaire d'un parti, mais une tradition unanime, ancienne, solide et vivante comme le cœur même de l'Empire. Elle est l'âme du patriotisme, elle est l'inspiratrice des arts. En elle on discerne des degrés, des nuances et des écoles, elle est faite de plusieurs confessions : chacune d'elles s'est toujours appliquée à comprendre les vieilles choses chères au cœur d'un peuple qu'elle ne venait pas évangéliser à neuf, si l'on peut dire, mais auquel elle apportait quelques raisons de plus de doter la vie d'un sens élevé et d'en supporter les vicissitudes et les exigences avec la plus élégante fermeté. Ainsi shintoïsme, bouddhisme et confucianisme ont fini par former une sorte de faisceau très serré et, s'il est vrai qu'ils ne se soient pas confondus, chacun de ces aspects de la foi, bien loin de compromettre la puissante unité du génie japonais, a collaboré à lui donner sa personnalité et sa grandeur.

Il y a là, surtout en ce qui concerne le bouddhisme au Japon, toute une série de voiles qu'il nous faut soulever d'une main légère, un trésor spirituel dont notre vieille logique occidentale ne nous donne pas spontanément la clef. Il est relativement plus facile de comprendre le principe animiste qui est à l'origine de la religion Shinto et qui est l'essence même des formes les plus vénérables de la foi. L'homme est entouré par les dieux, et les dieux, ce sont tous les morts. Cette formule se retrouve au début du dix-neuvième siècle, dans les écrits du théologien Hirata. Comment le culte des ancêtres, principe fondamental des antiques cités méditerranéennes, s'est élargi au Japon jusqu'à embrasser trois formes successives et superposées : la religion domestique (ancêtres de la famille), la religion de la communauté (ancêtres du clan), la religion nationale (ancêtres impériaux), c'est une question sur laquelle il n'y a pas lieu d'insister et qui a été très clairement étudiée par Lafcadio Hearn, entre beaucoup d'autres. L'essentiel, c'est que l'homme chemine dans la vie, surveillé par un cortège de morts.

Il était inévitable, d'autre part, que les forces naturelles déchaînées dans un archipel volcanique assiégé par la mer, incessamment secoué par des convulsions terribles, fussent interprétées comme des forces divines. L'univers n'était pas seulement peuplé de la présence des morts, les esprits des puissances élémentaires y circulaient librement et y régnaient en maîtres.

On conçoit quel danger d'écrasement et d'annihilation morale peuvent courir des peuples si étroitement entourés par ces génies hostiles et par ces surveillants funèbres, à quelles pratiques de bas exorcisme, à quelles formules d'imploration confuse leur vie religieuse peut s'arrêter. Seules les élites humaines résistent aux terrifiantes suggestions de l'animisme. Loin d'être opprimé par elles, le génie japonais y a pris des forces pour se développer et pour s'élever. Les redoutables divinités du cataclysme ont reçu les honneurs qu'il fallait pour les apaiser, et l'imagination d'une race exceptionnellement habile à douer de vie la matière, les apparences et leur représentation même, mais gaie, mais familière et bienveillante, fit naître aussi tout un ordre de dieux qu'elle qualifia de sa propre bonhomie. Ces magnifiques inventeurs de monstres savent admirablement associer le terrible et le comique avec une nuance d'humour respectueux dont l'accent est difficile à bien saisir. De là une luxuriance de divinités qui ne sont pas toutes l'image de l'aveuglement et de la férocité. Dans ces terres chaudes d'Asie, elles fourmillent. Elles se mêlent à l'existence de chaque jour, non pour la terroriser, mais comme un rappel de la vie cachée des choses. Elles sont une poésie majes-

KIYONAGA

Terrasse sur la baie de Shinagawa, gravure sur bois en couleurs.
(De la série des *Douze Mois du Sud*.)

tueuse et familière, tantôt un compagnonnage auguste, tantôt une menace qu'on peut désarmer.

Quant aux morts, ils font rayonner sur les vivants plus de vérités bienfaisantes qu'ils ne les enchaînent par la peur de leur méchanceté. La croyance populaire aime à préciser leur influence sous une forme à la fois concrète et lyrique. Les esprits circulent parmi nous pour accomplir des missions mystérieuses, pour achever des tâches interrompues, pour attester la fidélité aux souvenirs par delà la tombe. La fiancée qui n'a pas connu les noces revient, métamorphosée en papillon, chercher à l'heure suprême le vieux fiancé que les ans n'ont pas consolé. Par la tradition de l'exemple, par le culte des ancêtres héroïques, les morts sont surtout les éducateurs de l'énergie ; ils montent une garde ininterrompue autour de l'empire des vivants ; ils sont la chaîne des générations, la leçon toujours présente, la grande généalogie des devoirs éternels.

Par là, la religion des morts est une source de grâce efficace, un trésor inépuisable de vertus actives. Elle n'est pas seulement un contrôle, elle est un entraînement. D'ailleurs, sous ses formes archaïques, le Shinto se présente comme une discipline pleine de rudesses, une religion d'effort et de pureté, qui pratique les ablutions ascétiques et les grandes lustrations solennelles. Sans doute, à cet égard, les ans ont assoupli la rigueur de ses commandements. Mais la communauté éprouve toujours le besoin d'être parfaitement en règle à l'égard de ses obligations, et, il y a peu de temps, subsistait encore dans certaines provinces la coutume de déléguer chaque année et pour une année un ascète temporaire, en général un vieillard connu pour ses vertus, chargé d'aller prier dans la solitude et de remplir scrupuleusement tous les devoirs que la piété relâchée des fidèles ne leur permettait pas à tous d'accomplir avec une égale ferveur. Coutume pleine de la plus fine et de la plus exacte sagesse, grave et spirituelle conciliation des devoirs du groupe et des faiblesses de chacun ! Un peuple qui conserve avec cette intégrité, avec ce tact exquis, ses institutions religieuses, sans asservir rudement sa vie, sa capacité d'évoluer, est assuré de se maintenir toujours sur le plan le plus élevé. Je m'arrête, car je pourrais être soupçonné d'interpréter à l'occidentale l'ascétisme par délégation.

C'est à cet ensemble de croyances et de traditions, presque toutes aussi anciennes que le Japon historique, et qui nous permettent de deviner déjà quelques-unes des vertus les plus solides et les plus délicates du génie japonais, que le bouddhisme s'est superposé avec douceur, et sans rien détruire de cette armature séculaire à l'intérieur de laquelle il sut insinuer des leçons nouvelles. Remarquons-le une fois encore : un pareil équilibre entre deux formes si différentes de la vie religieuse a quelque chose de rare et de singulier. Il faut sûrement en faire honneur pour une part à l'adresse politique des premiers missionnaires bouddhistes, mais ne doit-on pas admirer d'abord l'esprit de haute et tolérante compréhension d'un peuple qui témoigna toujours la plus active bienveillance aux confessions les plus diverses et d'un gouvernement qui ne fut amené à les persécuter que lorsqu'elles devinrent un danger pour l'intégrité de l'empire ? L'extermination des moines bouddhistes par Nobunaga, à la fin du seizième siècle, ne doit pas être interprétée autrement.

Deux formes bien opposées de la pensée asiatique avaient également préparé les âmes à accepter le bouddhisme en Extrême-Orient, la philosophie confucéenne par sa religion de la fraternité, par son bon sens tendre, par son souci de donner à la vie une harmonie pacifique, l'éthique individualiste de Lao-Tseu par l'amour de la nature et par le culte de la liberté. C'est en 552 que le bouddhisme est officiellement introduit au Japon. Moins d'un siècle après, le prince Wumayado, régent de l'impératrice Suiko, promulgue les dix-sept articles d'une constitution qui atteste la fusion complète des éléments Shinto, confucianiste et bouddhique : « Ce document, dit Okakura [1], proclame le devoir du dévouement à l'empereur, inculque l'éthique confucéenne et s'étend sur la grandeur de l'idéal indien qui doit les pénétrer tous, faisant ainsi l'abrégé de la vie nationale du Japon, pendant les treize siècles qui allaient suivre. »

Il est vrai que ces éléments si bien fondus tendirent tardivement à se désunir et qu'une longue période de discussions théologiques s'ouvrit à la fin du dix-septième siècle. Mais la renaissance de l'érudition chinoise et la propagande anti-bouddhiste ne touchèrent pas le fond de la croyance générale : on doit même les interpréter comme des faits d'ordre politique et comme une nuance caractéristique de l'administration Tokougawa. De même la lutte des yamatisants contre les abus du néo-confucianisme, à la veille de la Restauration, a un sens nationaliste et patriotique. Les efforts des néo-shintoïstes pour

---

1. Kakuzo Okakura (1863-1913), archéologue, historien et critique, directeur des collections japonaises du Musée de Boston, auteur de deux remarquables essais, *Les Idéaux de l'Orient*, *Le Réveil du Japon*, traduits de l'anglais par Jenny Serruys, Paris, Payot, 1917.

conserver Bouddha, en l'annexant au nombre des divinités Shinto, comme le bouddhisme avait fait jadis pour les vieilles divinités japonaises, témoignent d'un intelligent respect pour la vieille foi chère à tous, pour un passé peuplé de tant de grandeurs. Ce qui est sûr, c'est qu'avant cette ère de disputes, qui n'ébranlaient rien des forces essentielles, le Japon connut une longue période d'équilibre dans sa vie religieuse.

Au Japon, comme ailleurs, le bouddhisme fut le consolateur des simples. Par la doctrine de la transmigration, il ouvrit des vues à la fois vastes et claires sur l'avenir de l'homme, il enseigna aux humbles à supporter le poids de leur Karma et leur promit, dans l'enchaînement des vies successives, une juste rétribution de leurs efforts et de leur patience. Il est légitime de supposer qu'au sixième siècle de notre ère, le Shinto, considéré à la fois comme armature sociale et comme interprétation métaphysique de l'univers, avait encore quelque chose d'aride et de tendu. Le bouddhisme l'humanisa. Les rites anciens, chers au cœur des pauvres, furent conservés, accrus, embellis.

Surtout le bouddhisme dota l'élite d'une philosophie supérieure. En même temps qu'il amenait avec lui un cortège de lois, d'institutions, de formules hautement civilisatrices et d'arts, il dégageait la pensée profonde de tout l'Orient. La nature n'est pas un plan, distinct de notre activité. Elle n'est pas le décor insensible dans lequel nous nous agitons, héros de quelque drame obscur. Le monde et la nature sont étroitement nous-mêmes. Notre volonté, pure ou impure, crée non seulement le bien ou le mal en morale, mais toute réalité concrète. La configuration des paysages n'est pas l'expression,

mais le résultat de notre vie intérieure, de nos sentiments, de nos actes. Il n'y a pas sympathie, il n'y a pas
réaction, mais identité, mais fusion. Les nuances qui
caractérisent les différentes écoles ne font que colorer
diversement ces principes, — les sectes Hôso et Kegon
en enseignant l'identité de l'esprit et de la matière, la
secte Shingon en attestant l'omniprésence de Dieu, la
secte de Jôdo en mettant à la base de la vie morale l'ab-
sorption de l'individu dans l'infinie pitié. Sans doute, en
s'associant aux formes supérieures de l'hindouisme, le
bouddhisme faisait naître de chaque moment de la vie,
de nos minutes morales les plus légères une infinité de
dieux que la secte Shingon accueillit dans son panthéon
avec un enthousiaste libéralisme, — mais la philosophie
indienne, traitée par l'énergique génie de la race, ne lui
fit jamais courir le danger de l'énervement, par la pratique d'une dévotion fade, même aux heures de mysticisme exalté. Elle a certainement enrichi le trésor japonais des vertus actives : on en trouve une lumineuse
preuve dans le succès de la philosophie Zen qui prêcha
la maîtrise de soi et le culte de la volonté.

Mais le sentiment de la nature et l'art de contempler
sont plus redevables encore au bouddhisme. Dans cet
immense océan de vies secrètes, confuses, palpitantes,
il ne suffit pas de voir et d'être ému, il faut pénétrer, il
faut aimer. Pour les romantiques d'Occident, la nature
gravite pesamment autour des passions de l'homme. Ils
l'invoquent, ils la détestent, ils la chérissent, comme un
comédien frappe de la main le décor et les accessoires
d'un théâtre. Qu'ils lui prêtent une sympathie pour leurs
souffrances ou qu'ils l'accusent d'être insensible, elle
est toujours la spectatrice de leurs désordres. Ici la

nature n'est ni le prétexte d'une fiction sentimentale ni l'aliment du désespoir ou de la joie. Elle est, et nous sommes en elle. Partout en elle, sous tous ses aspects, vit et frémit l'âme du monde. Sous l'écorce des choses palpite une flamme cachée qui n'atteste pas la présence mystérieuse d'un dieu défini, l'antique génie de l'animisme Shinjô, mais une essence plus vaste et plus rayonnante. Loin de changer avec l'état de nos cœurs, la permanence conserve aux êtres et aux objets leur individualité concrète. Esprit et matière sont un, tout comme tout, a son intérêt, tout vit dans l'immense [illegible] d'ardente spiritualité de l'époque Ashikaga donne sa formule et son développement à cette philosophie de la nature. La contemplation des choses accroît le génie de [illegible]

contemplation, avec ce qu'il entraîne de souvenirs, le
rite latin qui découpe dans le ciel un espace choisi, l'acte
de l'homme qui épie et qui suppute, apparaît désormais
comme un contre-sens. La rêverie pénétrante et sereine
du solitaire et du poète ne délimite rien : elle s'étend à
toutes les formes de l'être ; elle n'est pas une mélancolie passive : l'âme multipliée sent battre en elle toutes
les pulsations de la vie. Dans la retraite du sage japonais, il n'y a rien d'une manie inhumaine, rien d'un ére-
mitisme stérile ou de la vénérable démence du yoghi.
Par un bon sens exquis, chaque fois que le génie de la
race a été tenté par ces ivresses redoutables, la philosophie contemplative ou, si l'on veut, la méditation de la
nature a été ramenée à son vrai sens, à ses proportions
justes.

Elle ne fut pas non plus une délectation ésotérique
Les simples, les bonnes gens y ont leur part. Si les riches
se font bâtir des galeries pour admirer la neige et le
clair de lune, les routes de la campagne sont pleines de
pauvres qui s'en vont en pèlerinage vers des arbres
célèbres et vers des points de vue choisis. Tous sont
aptes à traduire leur émotion naturaliste par ces minuscules poèmes appelés haï-kaï qui expriment de la manière la plus nerveuse, sous une forme sentimentale ou
humoristique, le brusque contact d'une âme avec l'aspect
fugace des choses. [illegible] à en profondeur la beauté
fugitive d'une fleur ou d'un ciel, et, ce qui est plus difficile à comprendre pour un homme d'Occident, évoquer
la puissance universelle de la nature tout
entier [illegible] dans un caillou, au bord des eaux
[illegible]. Nous pourrions être tentés de croire qu'ils ont
une prédilection pour les hasards pittoresques, pour le

accidents énigmatiques qui semblent le résultat de quelque obscure fantaisie, ou encore pour les *diminutifs* de la nature, qui ajoutent à sa poésie une sorte de monstruosité rare. Mais non. Toute apparence est suggestive de vie. La réalité concrète n'est pas une boue grossière, une épaisse et méprisable gangue où sommeille l'esprit captif, comme nous l'ont enseigné les formes les moins élevées du spiritualisme occidental, — elle est esprit. Ses moindres linéaments tressaillent de vie. Le bloc sculpté par les eaux, façonné par des siècles d'usure et d'intempéries, est aussi ample, aussi riche de sens qu'un beau pan de falaise. Un bouquet noblement composé parle au cœur et à la pensée comme un soir sur un vallon. Les jardins ne sont pas les promenoirs de la sensualité ou la projection des géométries de l'intelligence, mais la suggestion des paysages.

Suggestion, c'est à ce choix et à cette ardeur qu'aboutit, en dernière analyse, le génie bouddhique, quand, de la rêverie des solitaires et de la contemplation des poètes, il fit sortir une expression d'art; c'est à une suggestion pure qu'il astreignit l'élégance du pinceau. « Ne pas montrer, mais suggérer, dit Okakura, voilà le secret de l'infinité. » L'achèvement, le fini, le fait de tout dire sans rien omettre, c'est la limite et la mort. A des intelligences habituées à penser le tout, une synthèse expressive suffit. Une ligne ample, deux ou trois tons justes, quelques accents nous stimulent excellemment et nous rapprochent de la vie. Une pareille méthode permet de saisir et de dégager avec netteté ce qu'il y a d'individuel et de caractéristique, c'est-à-dire de vivant et de profond dans chaque aspect de la réalité. Elle n'immobilise pas le passage, le *moment* des choses, elle les suit du même rythme, elle touche ainsi à leur essence. Fixer, c'est faire mourir ; suggérer, c'est respecter l'élan, le départ, le changement. Dès lors l'intelligence participe à l'activité de l'univers. L'Occident étudie la nature à travers la logique et dans l'état de stabilité : c'est dans la mort qu'il cherche les secrets de l'organisme. Il analyse et il reproduit. Le génie japonais contemple et suggère.

Quelle différence d'autre part entre cette concision exaltante et la terrible loquacité, l'écrasante profusion de l'art hindou ! On sent quelles forces divergentes animent et séparent les deux races, qui spéculent pourtant sur la même pensée. Les grappes de dieux et d'apsâras, sculptées sur les parois des temples, sont pareilles à la floraison fiévreuse qui naît sur un sol mou, un lendemain d'orage. Ici le paysage moral est peuplé d'arbres élégants, durs et droits, les racines plongent au cœur de la terre. Ainsi traité pendant des siècles, l'idéal asiatique, sur un archipel de volcans, a fait un peuple de héros, de sages et d'artistes, un peuple spirituel et grave, délicat et fort, et qui, sans jamais sombrer dans la vanité des digressions abstraites, n'a cessé de respecter et de cultiver ce sens des profondeurs auquel il doit ses vertus les plus rares. Il faut voir ce qu'elles donnent et ce qu'elles valent dans la vie du siècle, comment elles contribuent à la grandeur de la cité, à l'harmonie morale de chacun.

II

Elles se manifestent d'abord sous un aspect qui, malgré ses dehors d'extrême courtoisie, a pu paraître hostile aux premiers hommes d'Occident qui entrèrent en contact avec le Japon. De tout temps, les Japonais ont eu un sentiment très fort de leur propre supériorité. Ils avaient quelques bonnes raisons historiques d'y croire, et ils les fortifiaient par la théologie.

Sans doute la race n'est pas pure. Ce sont là, comme tous les grands peuples actifs, d'admirables métis. Mais ce mélange était stabilisé dès une haute époque : toujours il conserva son caractère homogène et compact. Il n'a pas été impénétrable aux influences étrangères, et même, jusqu'à l'ère des Tokougawa, il n'est pas exact de dire qu'il se soit confiné. Des missions japonaises ont été envoyées au loin, des colonies se sont établies sur certaines positions stratégiques du commerce extrême-oriental, et c'est la politique d'Iyeyasu qui, au début du dix-septième siècle, mit volontairement un terme à cette expansion. Mais à tous les moments critiques de son histoire le Japon eut le privilège de sa position géographique et fut défendu par les flots. Tandis que l'Inde, la Chine et la Corée étaient largement balayées par l'invasion mongole, la situation insulaire de l'empire le mettait à l'abri. La tempête dispersa l'armada de Koublaï-Khan. Et d'autre part, si l'on excepte la tentative peu heureuse d'Hideyoshi sur la Corée à la fin du seizième siècle, le Japon historique ne fit rien pour sortir de l'Europe. Ainsi, demeuré ferme au milieu des remous de l'Orient, il put accepter la législation implacable par laquelle les Tokougawa le fermaient aux essais de pénétration occidentale. L'erreur de la tolérance envers les Franciscains et les Jésuites portugais fut payée cher et entraîna une répression exemplaire. Les prudents Hollandais n'ont rien perdu pour conserver leur privilège : ils durent se prê-

d'être parqués sur un îlot de quelques mètres, dans la
baie de Nagasaki. Le navigateur anglais Adams, débarqué
sur la côte japonaise, y fut traité avec humanité et reçut
même des honneurs d'Iyéyasu, qui aimait à s'entretenir
avec lui des choses lointaines du monde inconnu, mais il
n'obtint jamais la permission de retourner dans sa patrie.
Des lois sévères interdisaient la construction de bâti-
ments de fort tonnage et limitaient presque exclusivement au cabotage les voyages des jonques.

Ces interdictions ne sont qu'un épisode — un épisode
de deux siècles et demi — dans l'histoire du Japon, mais
le fait est que, sur son rocher, il fut toujours le réduit
inviolable de la pensée asiatique. Cette idée gonfle le
cœur des Japonais d'aujourd'hui. Ils sont les dépositaires
et les conservateurs de ce que l'Asie eut de plus pur.
C'est dans leurs temples et dans leurs collections que
[illegible]

nations asiatiques. A lire l'historien japonais, on sent que la Restauration n'est pas finie, qu'à côté de grands empires amorphes en voie de dissolution et de populations assoupies auxquelles l'Occident a imposé des cadres provisoires, l'orgueil d'une nation intacte se fortifie chaque jour par l'étude enfiévrée, par la méditation lyrique de son passé.

Ces hautes raisons sont résumées et confirmées par les dogmes de la théologie Shinto. Tous les Japonais descendent des dieux et sont des dieux, écrit Hirata au début du dix-neuvième siècle. Sans prendre à la lettre une formule de ce genre, on doit convenir qu'elle est caractéristique. On peut être convaincu qu'elle répond encore, sinon à une conviction ferme, du moins à une aspiration du Japon contemporain. Il n'est pas enseveli dans la stérile contemplation de sa supériorité, mais l'idée qu'il en a le soutient, l'exerce et l'entraîne. Elle n'apparaît pas dans ses rapports avec l'Occident, elle se montre avec évidence dans d'autres domaines, par exemple dans la manière dont, il y a peu de temps encore, en vertu de traditions séculaires, étaient traitées certaines parties de la population de l'archipel, mises délibérément en dehors de la communauté japonaise. Les yetta, ou chori, étaient considérés comme les descendants d' « anciens criminels », — mais nous trouvons peu de détails sur les origines de l'interdit qui pèse encore sur eux au point de vue social, bien que la constitution récente leur ait accordé les mêmes droits qu'aux autres habitants de l'Empire. D'inébranlables usages leur réservaient la profession de tanneurs, et toutes les industries du cuir dépendaient d'eux. Ils pouvaient devenir riches, orner leur esprit et leur cœur de toute sorte d'élégances morales, copier et même s'assimiler le raffinement de la vie japonaise, — mais ils restaient parqués en dehors d'elle. Quelques villes conservent leur quartier yetta, semblable en tout aux autres quartiers, mais interdit aux Japonais, fils des dieux. La race répudiée y est plus strictement claquemurée qu'Israël dans le ghetto d'une cité médiévale. Et au-dessous des yetta, il y a les hinin, les non-hommes, les vagabonds des grandes routes, les mendiants un peu sorciers, un peu voleurs, les images effrayantes de la caducité ou de la dégradation, les compagnons des métiers immondes, ayant leurs chefs et leurs lois. Dans la société Tokougawa, ils ne sont rien. On peut les tuer sans offenser les dieux et sans encourir les châtiments de la justice humaine. Dans le traitement réservé aux yetta et aux hinin, rien de comparable à l'esclavage, cette sombre cariatide de la cité antique. L'esclave est sans droits politiques, il est la propriété, la chose du chef de famille, mais il est associé à sa vie, il a sa place au foyer de tous, il participe à la communauté des mœurs, il peut espérer la manumission et le droit de s'asseoir parmi les hommes libres. Affranchi, il arrive qu'il gouverne l'empire, sous le bon plaisir du maître. La froide interdiction qui retranche à jamais les yetta de la société japonaise est plus exclusive et plus terrible. En se préservant du contact impur, les fils des dieux se maintiennent et se continuent dans leur intégrité.

Une conséquence curieuse de cet orgueil de race — conséquence qu'il faut d'ailleurs se garder de dénaturer —, c'est qu'aux yeux du plus grand des penseurs shintoïstes, l'excellence de la conscience japonaise rend inutile et ridicule toute prédication morale, toute propagande pour la vertu. On a parfois invoqué cette autorité, en s'appuyant aussi sur la facilité de la vie et des plaisirs pendant la période Yeddo, pour tenter de démontrer l'immoralisme foncier du génie japonais. Mais on doit se souvenir qu'au cours du dix-septième et du dix-huitième siècles, l'incroyable activité des Kangakou néo-confucianistes, qui ont fourni tant de fonctionnaires au gouvernement shogounal, écrasait les sermons et les arguties des précepteurs et les prescriptions [illegible] premier la vie intérieure, et de prohiber toute spontanéité. [illegible] les nécessités de l'impérialisme. Elle n'est pas non plus le résultat d'une basse cupidité. Elle a son principe dans la conscience morale, elle s'est fortifiée par l'histoire. Bien loin de paralyser, d'étouffer les spontanéités nobles, les instincts, elle leur donne un but, elle les asservit à la grandeur de la nation. Ce peuple de poètes et d'artistes librement inspirés, qui sait le caprice et l'élan dans la nature, sait se plier à une obéissance, à une hiérarchie, à une discipline, non comme à des formules nécessaires durement établies, mais comme aux lois d'un art moral qui se nourrit de beaux exemples, comme à la règle d'un de l'âme que libéraux.

sans avoir préparé l'ardente obéissance au Mikado, vivante incarnation de la grandeur de l'Empire.

Les multiples degrés de la hiérarchie japonaise ont été étudiés avec maîtrise par M. Maurice Courant dans son beau livre sur Okoubo. Du Tennô, descendant de la déesse du Soleil, au dernier des marchands, elle établit et définit une série d'étages. Les princes de la famille impériale, les seigneurs que d'antiques alliances ont rattachés à elle, les kougé, nobles de cour, forment un ordre à part, que la politique des Tokougawa frappa d'une sorte d'interdit pendant plus de deux siècles. A Kyôto, dans les palais silencieux, sous le vaste ombrage des pins, ils entourèrent la Majesté Sacrée, partageant ses tristesses et ses grandeurs, pauvres avec elle, aux mauvais jours, quand le gouvernement du Shôgoun réduisait les pensions ou en suspendait les paiements. Ils furent les grands-maîtres des cérémonies, les conservateurs des rites et des souvenirs. Leur noblesse historique, ce fut de se serrer autour du trône, de faire cortège à la divinité de l'empereur pendant des siècles, d'en conserver intact jusqu'à nous le respect religieux. Les années, les générations, les âges passèrent sur eux sans les changer et, quand la Restauration rétablit leur maître dans sa splendeur et dans son autorité, ce fut comme si l'image auguste du passé surgissait des lointains les plus reculés de l'histoire, tangible et distante à la fois, éblouissante et mystérieuse.

A côté du Mikado et de cette cour longtemps ensevelie, le Shôgoun et son gouvernement, le Bakoufou, après avoir stabilisé la nation au début du dix-septième siècle, furent les détenteurs du pouvoir politique. Ils dominaient et surveillaient par leurs agents les féodaux des provinces, auxquels ils imposaient de longs séjours dans leur capitale. Au-dessous d'eux s'étageait la magnifique hiérarchie des classes, — les samouraï, hommes d'armes et fonctionnaires, les fermiers, dont le travail fait vivre la nation, les artisans aux mains agiles, enfin, au dernier rang, les marchands, qui vendent ce que les autres ont fait pousser et ce que les autres ont fabriqué. Le trait qui donne à cet ordre majestueux son caractère et son accent, c'est le privilège samouraï. Nulle part, en aucun temps, une aristocratie ne jouit de droits pareils.

Libre aux hommes du négoce de faire fortune, de se distraire et de se cultiver. L'artisan peut devenir célèbre par son adresse et par l'excellence de ses travaux, mériter la considération, la déférence de tous, et même de ses supérieurs. L'homme de la terre a la permission d'être heureux, et il sait que son labeur est honoré. Tous ont le droit de pratiquer la vertu, de donner de la noblesse à leur esprit, de s'élever au-dessus des instincts, soit de s'adonner avec richesse à ce que le délire des sens peut inventer de plus rare et de mieux conçu chez un peuple ingénieux. Tous ont largement accès au bonheur et à l'idéalité. Mais, dans la cour des forteresses de bois, le samouraï a grandi, les pieds rougis par la neige. Les exercices les plus rudes ont brisé son corps, et, au moment même où il jouissait le plus, on lui commanda de tout quitter. Pendant des siècles de guerre, il s'élança, récitant des poèmes, au milieu des épouvantables mêlées à l'arme blanche. Et quand la grande paix des Tokougawa se fut abattue comme un couvercle de plomb sur l'Empire, devenu scribe dans un bureau provincial, juge de district, professeur de chinois ou médecin de quelque seigneurie lointaine, l'homme à deux sabres conserva le

privilège de s'en servir pour s'infliger la mort avec élégance, — la mort pour protester contre une insurmon-
table injustice, la mort pour se venger d'un insulteur et
pour le contraindre à se châtier lui-même, la mort pour
attester une vérité, la mort pour demeurer loyal envers
le seigneur, envers les égaux. Prisonniers mélancoliques
d'une tâche sans gloire, ils restaient les descendants des
ascètes militaires. Après avoir été si longtemps les gar-
diens et les servants de la féodalité japonaise, ils demeuraient les vassaux de l'honneur et de la courtoisie. Dans
l'ombre des chancelleries et des prétoires comme jadis
au carrefour des sentiers de guerre, ils étaient les chefs.
Tout pliait devant leur ascendant moral. Qu'un autre
les offense, ils ont le droit de l'égorger sur le champ.
Outragés par leurs supérieurs, ils les punissent en se sui-
cidant. D'un bout à l'autre de leur Règle, la mort se
reproduit comme un écho. Ce funèbre privilège, qui
s'étend aux femmes, entoure les samouraï d'une sorte de
terreur. Les charges et les honneurs sont pour eux. On ne
devient pas samouraï. Le samouraï peut et doit devenir
daïmio. Qu'est le Shogoun sinon le premier des samouraï?

Mais qu'on ne s'y trompe pas, leur force n'est pas
une sauvagerie débridée, un sombre appétit de la mort,
c'est une haute discipline morale, le culte de l'exacte
obéissance et de la loyauté. La preuve que cette cha...
forgée par la guerre n'avait pas exclusivement la guerre
pour objet et pour fins, c'est que la langue populaire sou-
...ait ne l'avait pas ébranlée. Quand, au déclin du di-
huitième siècle, les Quarante-Sept vont venger l'affront...

pour aller honorer leurs tombes. Par leur exemple, ils lui donnèrent deux siècles de plus d'ivresse aristocratique. Au soir de la civilisation féodale, en 1877, le dernier des samouraï et le plus grand, Saïgo Takamori, vaincu, après avoir longtemps lutté contre les modernistes, fut en passe d'être pris devant Kagoshima. Plusieurs jours, avec quelques partisans, il tint en échec les forces impériales et, quand l'instant fut venu, serein, couvert de gloire, irréprochable, il fit hara-kiri, et, comme le veut la Règle, son homme d'armes lui coupa la tête honorablement. Le chef du héros, enveloppé d'une soie précieuse, fut porté au commandant ennemi qui le reçut avec douleur et déférence et qui le fit ensevelir dans un temple. Tout le Japon retentit de cet écroulement. Aujourd'hui la statue colossale de Saïgo se dresse sur la terre japonaise et maintient son exemple.

Il arrive que les circonstances, la mort du daïmio, un contrat librement et loyalement rompu, délient le samouraï de ses liens de vassalité. Alors il est le rônin, l'homme de la vague, mais, de pied en cap, le rônin reste samouraï. C'était un rônin que l'illustre romancier Bakin, dont l'œuvre est le commentaire des surhumaines vertus d'autrefois. Groupés à Kyôto, les lettrés rônin firent une guerre sourde au Bakoufou et, au nom du vieil idéal japonais, luttèrent contre la propagande confucianiste, au temps où les professeurs Kangakouça, tributaires de l'éthique chinoise, menaçaient d'engourdir l'énergie de la nation. Détachés, obscurs, suspects à un gouvernement despotique et jaloux, les rônin demeuraient fidèles à l'esprit de la Règle, ils la faisaient vivre, ils lui assuraient l'avenir en montrant le Shôgoun comme un mauvais vassal, en ressuscitant l'autorité morale du

Mikado, au regard de tous, Par eux la féodalité, dans ce qu'elle eut d'abusif, disparut pour faire place au loyalisme de la nation envers son seigneur unique, par eux le Japon brillamment est devenu ce qu'il est.

Mais, pour que tout cette fut complète et durable, il fallait que le samouraï disparût à son tour. Voilà la gloire civile de 1871. La Restauration les atteint. Dépouillés de leur privilège, car ils ne purent conserver de l'opprobre d'une même injure. On leur prit leur sabres. On en fit la cargaison de navires qui furent envoyés chez les brillantes d'Orient où longtemps ces belles armes, Sanglantes... furent vendues à vil prix. On les renomma de leurs gardes, qu'elles devaient chérir et conservaient comme d'honorables souvenirs, non de plus reste que ces meubles d'autrefois, au délà des innombrables de munitions, où l'on voit à côté une médiocre abattu les meubles de la mousse, tandis que les braves soldats grands et les honnêtes... Pauvres maintenant les oubliés avec un air incomparable au... porteur, jusqu'à... les... de... dépouillés, les bourgs de... par l'impossible à partie... en... dans le... aussi les... d'un quartier... de son...

HOKOUSAÏ. — *Les Lys*, gravure sur bois en couleurs.

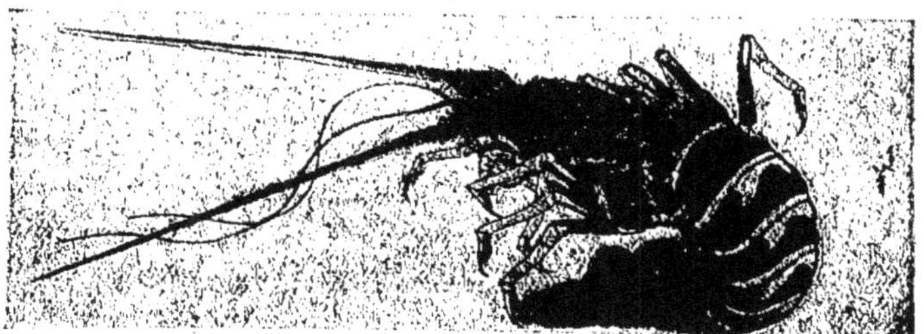

HOKOUSAÏ. — *Langouste*, gravure sur bois en couleurs.

HIROSHIGHÉ
Train de bois sur les rapides d'Arashiyama, gravure sur bois en couleurs.

de la loyauté, elle lui avait transmis toute sa noblesse.

Elle l'avait doté pour toujours de cette grâce morale que nous crûmes longtemps notre apanage et que nous sommes en train de laisser dépérir, la courtoisie. Voilà une fleur qui pousse encore parfois, avec ténacité, entre les pavés lointains de nos provinces solitaires. Elle est morte depuis longtemps dans la cohue de nos grandes villes, où la vie a cessé d'être un art, pour devenir l'acharnement et la médiocrité. Au Japon, sa forme ancienne et solennelle, c'est l'étiquette. De la manière de tenir un éventail ou d'accomplir les rites du thé jusqu'au cérémonial du suicide, elle conduit, elle anime, elle inspire toute l'existence. Superposer à la familiarité de la vie quotidienne toute une gamme de préceptes qui en fixent le ton et le rythme, qui en ordonnent l'harmonie, dégager la poésie des gestes les mieux appropriés à toute besogne, en propager l'exemple, en imposer l'étude, n'est-ce pas là l'expression la plus élevée de cette discipline qui a trempé comme l'acier d'une lame l'acier du cœur japonais? Dans un pays où le *savoir-mourir* fait partie du savoir-vivre, l'étiquette se présente-t-elle comme une glaciale puérilité, comme un raffinement d'esthètes? En Europe, elle est quelquefois la formule des civilisations vieillies : ainsi l'Espagne sous Charles II, pareille à un grand corps brûlé de fièvre, maintenu par un corset de fer, — ou comme l'ébauche de la vie sociale chez des peuples qui manquent d'esprit de finesse : ainsi l'Allemagne du dix-huitième siècle, où d'infimes princes dénués d'originalité, régnant sur des populations encore voisines de la bête, crurent s'élever en dignité en copiant avec froideur et minutie ce qu'il y eut de moins humain et de moins émouvant dans les grandeurs du siècle de

Louis XIV. J'ai hâte d'ajouter que nous avons connu en France des formes accomplies, aisées, charmantes, d'une étiquette baignée de spiritualité. On en retrouverait quelque chose, et peut-être le secret, en analysant les grandes manières et le cérémonial majestueux de la vie parlementaire sous l'ancien régime. Cette largeur n'était rien au ton uni, mais juste, des relations privées. Et pourtant qu'étaient ces présidents, ces conseillers, sinon des bourgeois cultivés, mais nés sur une bonne terre, sous un ciel léger, animés d'un excellent esprit de classe, sans cesse occupés du soin d'orner leur intelligence, sans cesse stimulés par de fines passions ?

Mais l'étiquette du vieux Japon a un accent plus grave, plus religieux, peut-être aussi un sens plus large. Elle est le miroir du passé, la dépositaire des grandeurs des âges, l'exemple et le symbole des vertus et des obligations éternelles. Elle ne se contente pas d'ordonner les formes solennelles de la vie sociale, de présider aux pompes, aux cortèges, aux cérémonies. Elle discipline toutes les heures, elle est installée au fond des âmes. Elle a formé l'esprit de la langue. Elle donne leur ton aux conversations privées et aux habitudes domestiques. Intime, variée, constante, elle dompte la violence des instincts et finit par les modeler. De là, elle fait œuvre d'apprentissage, puis de maîtrise. Elle n'est pas une suite vaine de rites aux significations oubliées, un enchaînement inexplicable de formules tyranniques. C'est elle, au contraire, un ordre, je veux dire un ensemble cohérent, répondant à une conception de la vie morale et une philosophie de l'univers. Appliquées à une autre fin, à travers toutes les leçons de respect, d'obéissance, de discrétion, de dignité, de maîtrise de soi, [illegible] intellectuelle [illegible]

des humains accomplis, et, quand les auteurs de la Restauration ont brisé les cadres, aboli les castes, imposé
l'égalité, ils savaient bien que le vaste remous social
largement déchaîné à la surface du Japon ne pouvait pas
descendre à ces profondeurs. Il n'ébranlait pas les assises
de l'antique discipline. La force de l'Empire demeurait
intacte.

IV

En se limitant à des traits comme ceux qui viennent
d'être indiqués, on a l'image d'une société compacte,
organique, élevée, mais singulièrement dure, le génie
japonais semble rigide et tendu. Mais ces formes autoritaires sont tempérées par des vertus plus humaines, ou
plutôt elles les laissent se développer avec aisance, sans
que l'orgueil de la race et la puissance de l'ordre social
perdent rien de leur majestueuse fermeté. Bien plus, la
vie religieuse, antique source de l'obéissance, de la hiérarchie et de l'étiquette, s'applique à développer ces qualités du cœur, ces dons innés, charmants et rares, sans
lesquels l'existence n'est qu'un rude et funèbre ascétisme.
Même dans le tumulte des guerres, elle propage l'enseignement de la bonté. La paix Tokougawa permit d'en
recueillir et d'en étendre les bienfaits. L'aridité de ces
longs jours où la compression politique pesa si lourdement sur la nation ne stérilisa ni les vertus privées ni l'intelligence ni les arts. Leur méfait ne fut pas de dessécher
mais plutôt de donner un ton de mollesse et de facilité à
certaines expressions de la vie morale et de les rendre,
si l'on peut dire, habituelles et même poncives. C'est
ainsi que les leçons de tendresse et de sympathie répan-

dues par les écoles bouddhiques finirent par déterminer une sentimentalité un peu courte, un peu monotone, difficile à supporter chez des poètes et chez des romanciers de second ordre. Pour entendre le son juste, il faut remonter plus haut. Du treizième au quinzième siècle, les samouraï de la période Kamakoura offrent le spectacle unique d'une civilisation ascétique et chevaleresque, où la courtoisie n'est qu'une forme de la charité.

On sortait d'une ère de raffinement voluptueux, de dévotion transcendante et de féminisme. Aux dames de lettres et aux aristocrates décadents succédaient les moines militaires qui, à la suite des longues luttes des Taïra et des Minamoto, avaient fait triompher ce dernier clan et créé le shôgounat pour son chef, Yoritomo. Quelle est la première règle que s'imposent ces farouches guerriers? « Connaître le *ah* des choses », c'est-à-dire leur tristesse, leur vie cachée, leur émotion latente, la qualité de douceur ou de douleur que chacune d'elles mêle à l'harmonie de l'univers. Connaître le *ah* des choses, c'est être sensible à leur poésie secrète, c'est entendre leur leçon d'unanimité. Il ne faut pas vivre pour soi, il faut vivre pour les autres, il faut vivre pour le tout. Qui comprend le *ah* des choses accède à l'esprit de sacrifice, à la charité, à la bonté.

La bonté, la sympathie, la valeur de l'entr'aide n'étaient-elles pas déjà les traits saillants de l'idéal confucéen? Aimer l'homme, lui faire sentir qu'il est à lui-même son propre but, non dans l'isolement égoïste d'un cœur sauvage, mais pour le plus grand bien de la communauté fraternelle, tel était l'enseignement donné par le philosophe du pays de Lou. A ce respect de l'homme, le bouddhisme superposa le respect de la vie. Partout présente, elle est partout vénérable, même dans ses tressaillements infimes, même dans les sillons légers qu'elle trace au cœur ou sur l'écorce des matières humbles. Elle est plaisante, elle est délicieuse, elle est infiniment digne d'être aimée chez les êtres. Les plantes, les bêtes ont elles-mêmes quelque chose de touchant et de bon. Celles qui entourent ou qui escortent notre existence familière empruntent à la chaleur humaine un peu de son rayonnement ; elles nous font en échange un don gracieux de poésie. En elles palpite une âme indiscernable, qui a son passé, qui est appelée à un avenir. Elle renaîtra, sous des formes multiples, dans les dix mille vies. Subtil échange de caresses morales entre l'homme et les compagnons muets de son activité. Il l'a compris, il l'a connu, le *ah* des choses, l'artiste immortel qui, comme Kôrin, a fixé sur les laques, sans l'immobiliser, le jet élégant des graminées fléchies par le vent ou le brusque arrêt des biches qui, le jarret tendu, la tête dressée, flairent au loin avec une inquiétude attentive quelque péril inconnu. Et mieux encore que le laqueur, sans doute, cet exquis gentleman peint en raccourci dans un haï-kaï publié par Paul-Louis Couchoud et qui se tient consterné, sa cuve de bois dans les mains, n'osant jeter l'eau chaude de son bain du soir dans l'herbe de son jardin, toute bruissante de chants d'insectes. Comment la vie de l'homme serait-elle aride, ainsi associée à toute la vie ? Parmi tant de présences, de sympathies, d'échos légers, comment le cœur pourrait-il rester insensible et dur ?

Et il est vrai que le génie japonais fut ouvert de tout temps à la tendresse humaine comme à la tristesse des choses. Terrible dans les combats, acharné dans ses vengeances, tolérant dans les arts des représentations crues, saignantes de massacres et de supplices, ce peuple sut aimer. Il adora la femme, il l'entoura d'un culte, — mais il ne le dit pas. Une fois épuisée la veine sentimentale et romanesque des grandes compositions de l'ère Fujiwara, à partir du treizième siècle environ, il la voua au silence et il tut son nom. Une magnifique pudeur dérobe à nos yeux l'amitié, comme l'amour. La règle morale qui interdisait entre proches parents les effusions les plus légitimes dans les circonstances émouvantes de la vie familiale et qui réservait « les larmes pour l'oreiller » ne pouvait que considérer comme une suprême inconvenance pour l'homme et pour la femme la publicité de leurs passions. On objectera que, sous les Tokougawa, l'amour fut moins discret, ou tout au moins la volupté ; que les jours d'ennui de la paix firent fleurir les manuels de luxure et rendirent prospères les établissements de plaisir ; on alléguera les mariages à terme consentis à des navigateurs... Mais ces mœurs océaniennes, mais ces délassements d'oisifs dans les grandes villes ne sont qu'un épisode peu significatif dans la vie japonaise et dans sa longue histoire. Les désordres d'un snobisme sensuel, d'ailleurs plus élégant que le nôtre, l'écume d'un contact humain dans la confusion des ports, ce sont là des faits d'ordre inférieur, qui se retrouvent partout et qui ne caractérisent rien. La poésie de la vertu, la noblesse des attachements forts n'en sont pas atteintes.

Une preuve charmante de ce qu'il y a d'humanité, de bienveillance, de spirituelle tendresse dans l'âme japonaise, c'est la vie qui est faite aux enfants, cette espèce de discrétion amusée, émue qui les entoure. Dans les rues des villes, sur les routes, on les laisse aller et les voici qui s'avancent, pleins de gravité, noblement vêtus pareils à des miniatures d'êtres humains, avec leur gros nœud de ceinture et leur chevelure comique. Nulle pédagogie soucieuse, nul ton de remontrance. Tous pareils, — et l'œil de la mère peut seul, au milieu d'eux, discerner son petit, — ils ont quelque chose de solennel et de gentil. Ils émerveillèrent Kipling qui, à une gaie petite bande de garçons, offrit le paradis d'une boutique de gâteaux. Ils reçurent son présent avec une cordiale dignité, en riant de tout leur cœur, sans se ruer au pillage. Courtois, attentifs et libres, ils ne crient pas. Il n'est pas besoin de les clouer sur place avec des histoires de fantômes, et les moralistes recommandent expressément de chasser les servantes qui se laisseraient aller à ces fantaisies maladives. On leur conte les enfances des héros légendaires, — Momotaro né d'une pêche recueillie par un bon vieux, ses aventures, ses singes et ses faisans ; on leur conte Yamauba et Kintoki dans la forêt. Tout cela s'insinue doucement et peuple d'images éclatantes et belles ces petites âmes déjà douées pour comprendre et pour inventer. Lors des fêtes de quartier, ils savent fabriquer, avec des matériaux de hasard, toute sorte de jouets extraordinaires, pareils aux bêtes et aux monstres. On a l'art de les amuser avec rien, un bout de ficelle, un jonc tordu et quelques papiers de couleur. On donne juste l'aliment qu'il faut à l'imagination active des petits, et les petits, à leur tour, s'emparent des choses pour suggérer aux grands mille pensées, mille émotions plaisantes ou tendres. Nous voici loin de nos pesants diminutifs de locomotives et de nos boîtes de chemin de fer « à accident ».

Surtout, ils grandissent en dehors de toute tyrannie et, libres, ils ne deviennent pas tyrans. Singuliers et jolis comme des objets d'art, nets, gais et graves, ils cheminent, semblables à de petits seigneurs. La commisération attendrie que fait naître leur air digne associé à leur touchante faiblesse, l'humour affectueux avec lequel on les pare, l'art de les amuser et de les laisser grandir avec innocence, sans les accabler de prévenances sottes ou de maladresses passionnées, ce sont là de rares vertus d'humanité, un discernement de cœur supérieur à la maîtrise des pédagogues. L'élevage des petits dans les pays anglo-saxons est plus distant et plus froid. Les explosions de tendresse, chez nos Latins, la chaleur des jupes maternelles, les cris, les larmes, les corrections, les épanchements ne diminuent pas les jeunes mâles, mais les abasourdissent, les laissent inquiets et nerveux. Bon petit animal, promis à une forme noble de la vie humaine, le bébé samouraï a déjà les pieds d'aplomb sur la terre. Dès qu'il peut comprendre, on lui enseigne les grandes actions et les grands exemples des morts, on l'entraîne, on le dresse, son cœur et sa peau deviennent plus fermes sans se durcir.

J'ai parlé d'humour. L'humour baigne la vie de ce peuple, imprègne son art, au moins sous ses formes directes et populaires. Il est une expression élevée de sa sensibilité, et non pas, comme ailleurs, une passade de férocité froide, un ton de dédain supérieur. Il ne condescend pas. Il n'est pas non plus une rencontre brillante et légère, l'étincelle d'un feu de paille. Il est constant et profond. Il découle de la conception de la vie et de la conception du monde. Une race qui nie l'inertie de la matière et qui la voit partout animée d'un génie galvanique, une race qui, pour en traduire avec fidélité les frémissements les plus ténus et les mieux cachés, se

limite à des raccourcis d'une audace et d'une puissance
exceptionnelles, est apte, non seulement à saisir le côté
comique des apparences, non seulement à dire beaucoup
en peu de mots, mais encore à trouver les précieuses
formules qui condensent le plus élégamment sa surprise,
sa joie, sa compréhension intime, et surtout sa sympathie. Voilà le terme qu'il faut : l'humour japonais n'est
pas une attitude, purement sociale, de la spiritualité
indulgente, il est une sympathie qui s'étend à tout.

Je demande que l'on considère avec réflexion quelques-
uns de ces beaux netsukés du dix-septième et du dix-
huitième siècle, qui, dans le creux de la main, font tenir
tant de passion, tant d'ardeur et tant d'esprit. Cessons de
les considérer comme l'œuvre du dieu de la myopie,
tâchons de comprendre leur vrai sens. Et d'abord n'ont-
ils pas le mérite de nous apprendre à ne pas dédaigner ce
qui est petit, est-ce qu'ils ne nous font pas des yeux plus
intelligents et plus savants, un cœur mieux préparé à
sentir et à aimer ? De loin, ils ont l'air de quelque joli
caillou, d'un fragment de racine curieusement compliquée.
Ils semblent avoir germé dans quelque cachette, par une
mystérieuse fantaisie de la nature. De près, ils sont la vie
même, une vie de malice et de bonté, enclose tout à coup
et miraculeusement dans des proportions infimes. Il est
admirable d'avoir compris que ces tout petits devaient être
d'abord expressifs et gais. Ils ne nous inspirent jamais le
malaise de l'art cellinien qui cisèle Dieu le Père, dans sa
gloire, sur un bouton de chape, la bataille des titans et
des dieux sur un pommeau d'épée, les génies de la terre
et des eaux autour d'une salière d'or. Bonhomie et sensibilité, voilà la note qui sied le mieux à ces charmants tours
d'adresse. N'avoir que le mérite de réduire à l'extrême,

c'est peu. Mais nous sommes ébahis de sentir toute la puissance de la vie comprimée dans l'exiguïté et dans la dureté de la matière; en elle, l'âme des choses nous sourit, elle nous enrichit de quelques précieux accents. Au fond de ces replis du bois ou de l'ivoire, exacts et généreux à la fois, animés de la flamme la plus ardente et la plus subtile, elle nous exhorte, elle nous envoie un salut plein de cordialité.

L'humour japonais agit parfois par déclanchements brusques. Il se plaît aux effets de contraste et de surprise : il n'est jamais agressif, mais il saisit. Tandis que l'ironie de l'Occident aime les méandres et se laisse aller à graviter avec une lenteur savante autour de la vérité, il est plus que laconique, il se replie pour mieux concentrer sa force et pour en user d'un seul coup. Ainsi les haï-kaï, merveilles égales aux netsukés, sont de miroitantes petites images de l'univers, leur rayon direct et puissant fait pénétrer sa fine lumière jusqu'au fond de nos cœurs. Et si l'on considère que l'humour est une forme, non un contenu, si nous nous demandons quelle est la nature des précieuses évidences qu'il révèle tout à coup, et comme par magie, à nos yeux, nous voyons que toutes, ou presque, sont des expressions de charme et de bonté : bien loin de sécréter un élégant venin, une bile froide ou concentrée, il nous apprend à aimer en nous faisant sourire, il nous émerveille et il nous conquiert, il nous associe à ce qu'il y a de bon et de beau dans le monde et dans la vie des hommes. On peut le considérer comme la fleur de ces vertus humaines qui, s'ajoutant à la force de la race, et sans l'énerver, la conduisent où il faut, la policent, la décorent et en font de la civilisation.

N

Orgueil national, discipline et sensibilité, ces principes caractéristiques ont leur origine dans la vie religieuse ; ils charpentent la vie sociale ; les énergies et les belles raretés dont ils ont armé le génie japonais s'épanouissent dans la vie de l'esprit. Le couronnement de ce magnifique édifice moral, c'est en effet une culture d'un ordre supérieur.

Elle s'étend sur des siècles, qu'elle anime et qu'elle peuple avec une surprenante variété. L'histoire littéraire et l'histoire artistique du Japon ne se limitent pas à quelques générations de poètes et de dessinateurs tardivement issues de la nuit féodale et promptes à la décadence. Les civilisations de l'Asie orientale, peu à peu dévoilées, reculent pour nous les bornes du passé et nous transportent aux confins du temps. On ne l'ignore pas pour la Chine, accablée d'une formidable longévité. Moins ancien, chargé de moins de siècles, le Japon, que nous avons la naïveté d'appeler un peuple jeune, parce qu'il nous a pris récemment quelques-unes de nos formules, a honoré avant nous l'intelligence. A l'époque où l'Europe occidentale, foulée par les barbares et plongée dans le crépuscule, sans institutions politiques, sans autre langage que de grossiers dialectes nés de la décomposition du latin, balbutie d'une voix mince, d'une haleine courte, la Vie de saint Léger et la Cantilène de sainte Eulalie, ces petites choses tremblantes, le Japon invente de majestueux romans, image d'une civilisation nuancée, fine depuis longtemps. Des adolescents y parlent d'amour avec un sérieux, une profondeur, une sensibilité qui n'ont pas été dépassées ; des mondaines développent et commentent ces futilités délicates qui, plus encore que les édifices et que les armes, attestent l'âge et la qualité d'une culture. Ce que j'ai lu de l'illustre Ghenzi fait paraître terne, morose et sans art le fatras didactique de nos romanciers « psychologues ». D'autres œuvres aussi vastes, aussi riches de sens japonais et de sens humain, poèmes, essais, entretiens philosophiques, théâtre, se succèdent au cours des âges. Un art merveilleux et divers, plus noble et plus profond encore, accompagne les lettres. Chaque période a son accent et sa physionomie. C'est le mérite éminent d'Okakura de les avoir dégagées pour nous de l'incertitude et de la confusion et de nous avoir fait sentir, par le synchronisme de la vie religieuse, de la pensée et des manifestations esthétiques, la beauté et la fermeté du rythme qui associe la prière à la méditation et le don de sentir à l'art d'inventer.

D'après lui, le grand principe de la pensée asiatique, c'est la curiosité de l'absolu et de l'universel, opposée à l'empirisme scientifique de l'Occident. On n'aura pas de peine à en reconnaître l'autorité dans la culture japonaise, si l'on prend garde toutefois que cette pensée n'y prend pas, d'une manière exclusive et constante, la *forme* métaphysique, qu'elle ne se renferme pas dans un ordre, qu'elle ne cherche pas au delà du monde le secret du monde. L'art japonais, interprétation, ou mieux intégration de certaines vérités sublimes, est éperdument phénoméniste. Certes l'enchaînement des théologies systématiques exerça une influence profonde sur les mœurs et sur la vie de l'esprit : à cet égard, en tenant compte de ce qu'il y a forcément d'un peu dur et de voulu dans un tableau synthétique et du souci de faire évoluer autour

de la stabilité japonaise toutes les oscillations de la pensée asiatique, Okakura dit vrai. Mais la culture japonaise
reste infiniment souple ; elle épouse la diversité des
temps, des lieux et des apparences ; il y a même en elle
de l'accidentel, de l'éparpillement ; bien plus, dans beaucoup de ses manifestations, un don de facilité, une négligence heureuse qui donne le change. M. Aston, dans sa
belle Histoire de la littérature japonaise, la juge plus élégante et plus pittoresque que profonde. A première vue,
et si nous nous limitions à la période Tokougawa, nous
serions tentés de le croire. Mais à toute époque le génie
des penseurs et des artistes du Japon produit des œuvres
où l'on discerne ces vertus éternelles qui font les grandes
civilisations et les monuments durables, ces qualités maî-
tresses, ces traits dominateurs, en apparence contradictoires, mais heureusement associés, qui, même dans des
notes populaires, dans de fugitifs accents, nous donnent
la sensation d'une « réussite » humaine accomplie.

De tous ces traits, le premier, je veux dire celui qui
s'impose d'abord à l'attention, avec une sorte d'évidence,
c'est le don de la vie. N'était-il pas naturel qu'un peuple
aux yeux duquel l'univers est dans l'atôme, pour lequel
l'esprit est partout, et qui se refuse à voir dans la matière
la pesante image de l'inertie et de la mort, se révélât
dans les arts comme un exceptionnel *animateur?* Il y a
quelques années tout au plus que nous savons faire la
différence entre la masse et la matière, que nous reconnaissons dans cette dernière toute sorte de puissances
agissantes et d'énergies concentrées. Depuis des siècles,
le génie japonais en connaît et en observe les tressaillements. Et quand il s'applique à l'étude des formes orga-
niques, son pinceau n'en trace pas de froides copies ou

de pâles simulacres, mais des raccourcis d'une intensité presque obsédante. Même aux époques de grand classicisme, sous les Fujiwara par exemple, alors qu'un merveilleux équilibre règle les rapports de l'esprit et de la matière dans les arts, une flamme cachée circule, une force toute-puissante qui se contient, infiniment plus riche et plus active qu'un sous-entendu idéologique. Plus tard elle éclate, elle se fait jour avec une sorte de fièvre. Je ne dirai pourtant pas qu'elle se déploie et qu'elle déborde. Rien de semblable en elle à l'opulence vénitienne, à la générosité flamande. Ce que nous appelons la vie, chez Rubens ou chez Tintoret n'est peut-être qu'un abus de mots : on entend sans doute désigner par là une brillante profusion de dons, une pathétique largeur, de la richesse, de l'exubérance. Mais, c'est de la vie que je parle, de la force secrète qui meut, qui anime et qui galvanise les êtres. Elle est sensible dans des repos, dans des nonchalances, dans des immobilités. Elle est présente, elle est inscrite avec autorité dans les nervures d'une graminée comme dans la musculature d'un athlète endormi. Elle ne dépend pas du moment ou de l'ambiance, elle n'est pas le contre-coup de la pensée humaine, mais, définie, locale, parfois comprimée, réduite à un rien perdu dans la lumière, à un remous de l'onde, à un frisson de la chair, elle est la vie tout entière. Chez les maîtres de l'Ukiyo-yé, l'école de la vie qui passe, chez les sculpteurs de netsukés, elle est charmante — et parfois terrible de vérité expressive. Leurs yeux inquisiteurs la poursuivent et la discernent partout, encore chaude et animée, elle palpite dans leurs albums, fourmillants et concis.

Accrochée au fruit du kaki, dont elle pompe le suc, li-

sauterelle ploie délicatement ses longs membres bien
articulés, pareils aux ais savants d'une machine de guerre ;
sur la plage, à marée basse, les bêtes de la mer rampent ou sommeillent, et tous les prolongements de leur
être, tentacules, cils, dards épineux, dessinés d'un trait
sobre, pur et ténu, semblent bouger, vibrer, se contracter, se détendre, palper, avec l'hésitation molle et adroite
d'un toucher aveugle. Les singes touffus sont des boules
de poils, où brille tout à coup la sagesse ironique d'un
visage rose et glabre de vieillard heureux. Tous les regards
expriment une pensée mystérieuse, inquiète et vive ; tous
les aspects, tous les hasards, jusqu'au bouquet de feuilles
hirsutes brassées par le vent, nous communiquent l'ardeur secrète de leur âme.

Quant aux humains, ils se démènent dans la bataille
et dans l'action. Les héros et les ouvriers, noueusement
construits, vont, on sent, mènent besogner pour le
bien ou pour le mal leurs corps trépidants. La femme se
pare avec des artifices nobles et savants pour la volupté
qui bientôt la renverse et la tord tout entière. Et tandis
que les belles réparent leur désordre et se contemplent
dans des miroirs de métal poli, le bras levé nu jusqu'à
l'aisselle, et le peignoir lâche laissant voir la maigreur
élégante de l'épaule, là-bas, à travers le cadre de la baie
largement ouverte dans les cloisons de papier, au-delà
les maisons du port, le soir descend, avec son ciel déjà
sombre fâché de cerfs-volants et de grandes voiles pacifiques.

La vie n'est pas une succession de saccades, elle a
ses accents larges et sa continuité ; sous ces rapports
familiers, elle conserve son ardeur, mais, dans la
demeure des hommes, elle devient facile, que attendra

Les poteries[1] touchées par des mains féminines s'imprègnent de leur délicate chaleur. L'aspect usé des choses leur confère une spiritualité qu'ignore le neuf. Des vieilleries délaissées traînent dans un coin de la chambre : elles sont chargées de regrets humbles. D'un trait, en coin de page, voici, avec le bol à saké, le plateau de laque, une ceinture fanée, tout un poème de vie domestique, juste et pénétrant parce qu'il n'est pas chargé de commentaires.

Il en est de même de ces essais légers, rédigés souvent par des femmes, au courant de la plume, qui portent jusqu'à nous les réflexions, les rêveries, les paysages préférés, les heures de choix, les tendres souvenirs des spirituelles et des indolentes. Conçus sans fatigue, venus d'un seul jet, concis et purs, ils ont une sincérité, un ton libre et vrai qui enchantent. Les retours des parties de campagne, alors que toute la troupe, entassée dans un chariot qui grince, rit à perdre haleine sans savoir pourquoi, et que l'on ne discerne plus ses voisins dans la nuit qui tombe, l'émotion des amants cachés, le chien qui aboie, l'enfant qui pleure, les paquets de vieilles lettres ou de poésies d'autrefois, relues par un soir de pluie, en automne, — toutes ces notations précieuses sont d'exactes et captivantes images de la vie humaine, réduites à quelques mots qui ne sont rien, mais dont les échos sont infinis. Oui, c'est un éminent don de vie, que de savoir

---

1. On ne peut songer à analyser ici, même brièvement, l'esthétique et la technique de la poterie japonaise. C'est un univers, qui doit être interprété en fonction du naturalisme bouddhique, dont il est une des expressions les plus adéquates et les plus nuancées. La planche XVI reproduit quelques types et donne une idée de la variété des formes et, dans une certaine mesure, de la diversité des matières. Les exemples choisis appartiennent à l'admirable collection Collin, acquise en 1917 par les musées de Lyon.

mettre un tel sens dans une matière si peu chargée et, d'une haleine, de lui donner des ailes et un chant.

Voilà ce que nous voyons et ce que nous entendons d'abord. Mais une autre vertu du génie japonais dans les arts et dans la culture s'impose à notre étude, — le don du style. Le style, ce n'est pas l'élégance toute pure, c'est quelque chose de plus, un sens supérieur de l'ordre, l'expression plastique de la noblesse intérieure, le rythme régulier d'une vie puissante et grave. Dans les arts du dessin, il se manifeste par une largeur pleine d'audace sereine et d'innocence; dans l'art d'écrire par une économie pleine de dignité, qui bannit le trop-plein des mots, les chatoiements aimables, les tours singuliers ou jolis; dans la parure, c'est, si l'on veut, une alliance de la modestie et de la hauteur qui va plus loin et plus haut que le rare et que l'exquis. Le style, c'est le sceau des races supérieures et des grandes œuvres. Nous aimons à le reconnaître dans les manifestations les plus anciennes du génie humain, comme si le temps, en laissant s'écrouler des tentatives périssables, viciées par un malaise natif ou rongées par leur propre corruption, ne permettait la durée qu'aux monuments d'un âge où l'homme n'était pas encore déchu. Et il est vrai que les civilisations vieillies, s'enrichissant tous les jours de notes nouvelles et complexes, de nuances rares, de raffinements qui les désagrègent, perdent peu à peu le don du style. On pourrait croire qu'il est la langue par laquelle s'expriment seulement les peuples enfants.

En Grèce, en France et au Japon, il escorte magnifiquement les siècles. Dans la coupe du visage d'une statue funéraire de l'Asie hellénistique comme dans le dos divin de la Héra de Samos, il y a quelque chose qui émeut

en nous une méditation solennelle. De la période Nara à
la période Yeddo, le don du style s'exerce en mainte
occasion avec une largeur et une autorité que n'altèrent
ni ne diminuent les vicissitudes de l'histoire. Sur cette
terre d'élection, les leçons des bronziers chinois du sep-
tième et du huitième siècle produisent des œuvres qui sont
comme l'exemple de la majesté des dieux. Les grands
portraits sacerdotaux, peints sur des panneaux de soie et
conservés dans les temples, offrent le spectacle d'une
humanité auguste, solide comme le temps, baignée du
rayon des vérités éternelles. De colossales forêts de pins
tracées sur les murailles des palais et comme nées d'un
seul coup, sont l'image de la force harmonieuse, de la
permanence et de la stabilité. Plus tard, au dix-septième
siècle, en dessinant pour les laqueurs des modèles de
compositions décoratives, Kôrin conserve aux plantes,
aux bêtes, aux éléments le prestige de la grande forme et
le charme de cette spiritualité délicate sans laquelle l'art,
pour les Japonais, serait dépourvu de sens et d'intérêt.

Mais descendons encore, allons jusqu'à cette époque
où il est de mise de négliger désormais pour se vouer
exclusivement aux recherches archaïsantes, feuilletons
une fois encore les recueils des admirables estampeurs
de la fin du dix-huitième siècle à qui nous avons déjà
demandé des enseignements. L'élite, il est vrai, les mettait au dernier rang. Ils étaient les peintres de l'*art
vulgaire*, opposés aux peintres des académies Kano, seuls
admis par les doctes. Cette époque si orgueilleuse de pensée
et d'art chinois. Mais, il y a mieux, ces amuseurs du
peuple étaient les vrais dépositaires de la tradition
amusante, les continuateurs authentiques d'un art de
largeur et de santé. La femme de Kiyonaga, la femme

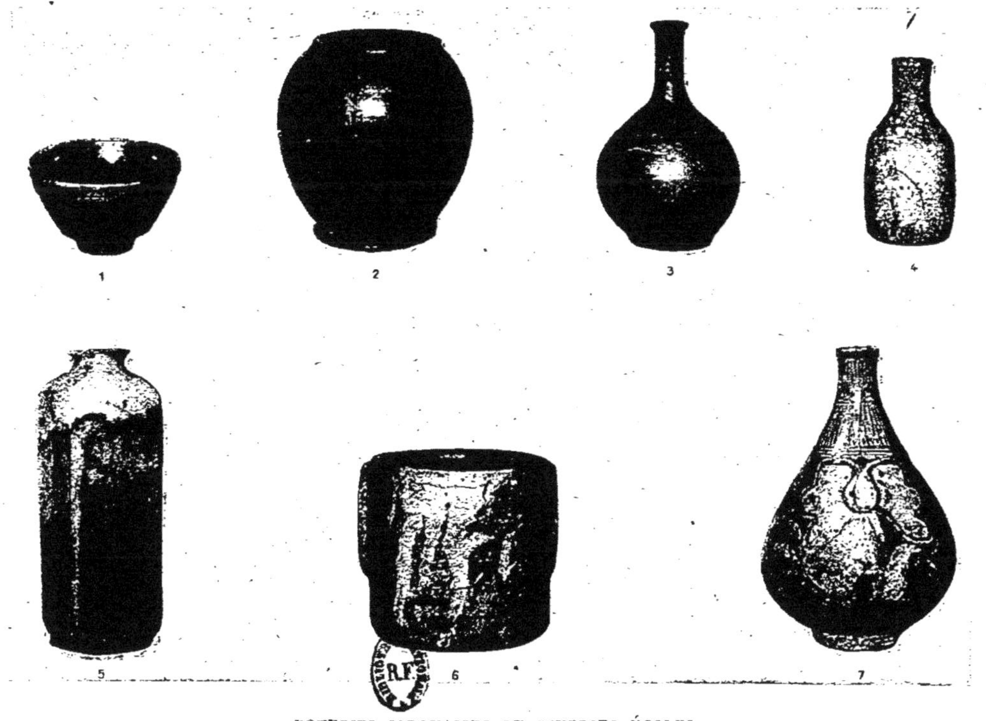

POTERIES JAPONAISES DE DIVERSES ÉCOLES

1. Corée (forme dite *Temmokou*). — 2. Séto. — 3. Karatzou. — 4. Shino. — 5. Hagi. — 6. Shigaraki. — 7. Corée.
(Musée de Lyon.)

d'Ouimaro — je pense non seulement à la série de grandes Têtes, à la Sortie Nocturne, à la flûte, aux Maternités, mais à ses ouvrières, à ses courtisanes, dignes dans le travail et dans la volupté — sont, par la force, la grâce et la noblesse, les sœurs de ces jeunes Athéniennes qu'au quatrième siècle avant Jésus-Christ les peintres de vases traçaient d'un pinceau léger sur l'argile blanche des lécythes. M. Pottier a eu bien raison de le dire et, le disant, il ne fut pas abusé par sa bonne mémoire d'humaniste. Et si l'on est fondé à faire de pareils rapprochements, ce n'est pas seulement que le royaume de Gandhâra, débris lointain de l'empire d'Alexandre en Asie, héritier d'un rayon de l'hellénisme, a pu propager à travers les siècles jusqu'aux rivages du Pacifique la [illegible] de quelques-uns des [illegible] [illegible] *décorer*, mais bien pour demeurer cachés et pour être contemplés de temps à autre, et comme à la dérobée, ce n'est pas beau décor qu'il faut dire, mais grand style.

On peut s'étonner qu'un peuple si curieux des accents passagers de la vie, si subtilement attentif à ses manifestations individuelles, épisodiques et véhémentes, si habile à la concentrer et à la décharger, si l'on peut dire, avec brusquerie, ait été en même temps capable de cette majestueuse ampleur et de cette sérénité, qu'au milieu de cette fièvre, de ce fourmillement, de cette agitation, il ait conservé cette qualité d'équilibre souverain, supérieur aux contingences et aux accidents. L'esthétique ne nous enseigne-t-elle pas qu'il y a antagonisme entre la vie et le style en art? Mais c'est précisément parce qu'ils ont été des amateurs passionnés de la vie et qu'ils l'ont contemplée éperdument, qu'ils ont pu rester jeunes, éviter de s'endurcir à des formules, continuer à voir large et vrai, quels que fussent les sujets, les caractères et les dimensions. Il est admirable de constater que chaque fois qu'ils ont couru le risque de vieillir dans l'académisme ou, par contre, de s'éparpiller dans des riens charmants, ils ont été ramenés à la justesse et à l'harmonie par un sens très rare de la mesure. J'ai insisté ailleurs sur la puissance de ce rythme, sur cette oscillation qui explique certaines alternatives de l'art japonais.

Cette juste mesure, c'est le caractère des grandes civilisations, de celles qu'on a le droit d'appeler classiques, parce qu'elles peuvent servir d'exemple et de modèles à l'humanité. On sait à quel point l'Inde en est dépourvue. Et la Chine? La Chine fut l'inépuisable et majestueuse matière que le Japon ne cessa d'assimiler, de mettre au point, de raffiner. A cette immense réserve

de force vitale, d'idées, de formes, d'institutions, suffi-
samment organisée pour une communauté agricole régie
par des bureaucrates lettrés, mais fermée au monde, il
puisa des éléments qu'il transmuta et qui font partie
désormais, non seulement du cœur de l'Asie, mais du
patrimoine de tous les hommes. Pour les communiquer,
il inventa des concisions inédites. Loin de se perdre en
épanchements, en commentaires, il chercha et il trouva
le son juste. Parfois il s'embrouille dans un ésotérisme
un peu puéril ; son goût pour les cachettes, son horreur
des évidences l'inclinent à une complication malicieuse
qui nous déconcerte. Parfois son laconisme le sert d'une
façon admirable. Avec un point posé à bout de pinceau, Hokousaï exprime une vérité. En quelques syl-
labes, Baço « ramasse » un paysage et propage une émotion.

Penché sur la vie qui bouge et qui fuit, habile à en
extraire des synthèses puissantes et nobles, ramené sans
cesse par un esprit de mesure à la juste pondération de
ses dons, apte à les traduire avec économie, le Japon
ajoute à l'élégance de sa pensée et de son art le prestige
d'une note volontairement mystérieuse et secrète. Non
qu'il ait de la prédilection pour les énigmes, mais il
n'étale rien. Les belles armes doivent être cachées dans
des fourreaux médiocres. Un gentleman du temps des
Ashikaga dérobe sa noblesse sous des vêtements simples;
il vit dans une demeure rustique, dont les proportions
ont été longuement étudiées par un maître. Dans l'industrie humaine il chérit un effort qui s'égale ou s'apparente
à la majesté des choses naturelles. Ce génie sobre,
ardent et pur ne s'est pas attardé dans le luxe : très vite
il a franchi l'étape qui le sépare du raffinement. Dès

lors, il ne peut plus tolérer que des objets, des œuvres et des pensées absolument dignes de l'élévation morale de la race. Les artisans travaillent durant des mois pour fixer dans le laque, le bronze ou la céramique un aspect éphémère de la nature qui devient l'objet d'une méditation durable, une source jaillissante d'émotions. Sur la soie gommée, ou sur le papier, plus beau que la soie, le pinceau de l'artiste écrit d'un seul jet le trait qu'il faut, et non tel autre. Le poète choisit et arrange les mots qui perpétueront une minute immortelle. Ainsi s'épanouit une culture unique, dont le principe peut se formuler ainsi : l'inachevé de la vie soumis à la largeur du style, dans la perfection de la matière.

VI

Depuis un demi-siècle, le Japon semble en voie de transformation. Une révolution intérieure, considérable par ses conséquences, a renversé le pouvoir du Shôgoun, restauré le Mikado, aboli les lois d'interdit qui séparaient la nation du reste du monde, fondé la démocratie et outillé le pays pour la vie moderne. Sur les champs de bataille de l'Asie, les armées japonaises ont fait chanceler la puissance russe. Des missions ont parcouru l'Europe pour étudier les sciences et les formes nouvelles de l'activité économique. Les romans « nouveau style » décrivent des grèves, des ascensions en ballon, le fonctionnement des coopératives. Au musée de Lyon, les jeunes peintres de Tokio viennent copier Monet, Renoir. Avec un parfaite régime parlementaire, les tramways électriques, les compagnies de navigation sont prospères, les chemins...

nées d'usines fument. Un prolétariat naît. Derrière ce
changement de décor, que devient l'âme du Japon séculaire ?

Ne l'oublions pas, les origines du grand mouvement
de 1868 sont religieuses et féodales. Il a d'abord pour
but une restauration, d'accord avec les sentiments nationaux les plus profonds. Dès le début du dix-neuvième
siècle, le mythe du Dragon et de l'éternel changement, le
mythe de la Réincarnation et les idées palingénésiques qui
en sont l'âme, renaissance du très vieux Japon, du Japon
de la période Nara, dans toute sa gloire, étaient ardem-
ment commentés par certains prédicateurs bouddhiques.
De l'autre côté de la croyance les théologiens nationa-
listes Mabushi, Hirata, Motoori agissaient dans le même
sens, et leurs recherches, plongeant dans un passé plein
de prestigieuses grandeurs, opposaient aux disciplines
chinoises, à l'enseignement venu et imposé du dehors les
richesses et les noblesses morales du Yamato. Après les
révélations de l'école historique, la paix, l'inertie, la
claustration devinrent un fardeau horrible pour les
samouraï, savamment endormis par les Tokougawa, arra-
chés désormais à leurs songes. Ils étaient restés fidèles
à la tradition Ashikaga, composaient des poésies chinoises, aimaient les œuvres des académies Kano et les
antiques danses de Nô. On leur faisait voir un passé infiniment plus original et plus vivant, on leur montrait le
Mikado opprimé par l'usurpateur militaire, mauvais vassal. Dans le clan de Satsouma, resté le cœur de la pure
tradition féodale et dépositaire des vertus les plus
anciennes, les écoles privées fomentèrent l'ardeur du
loyalisme. Quand Okoubo Tosimitsu et Saïgo Takamori
l'entraînèrent à l'action, c'était au nom du très viel

Japon, c'était pour « restaurer », bien plus que pour innover. L'insulte faite à l'honneur national par l'escadre américaine du commodore Perry et restée sans vengeance fut le prétexte et le point de départ : elle avait démontré la nullité du Bakoufou, son impuissance à réagir, l'état d'infériorité dans lequel sa politique d'isolement artificiel avait laissé le pays. On rendit ses honneurs et son pouvoir au Mikado, fils du Soleil, pour qu'il fît la nation grande, conformément aux aspirations les plus profondes, aux vertus permanentes du génie japonais. Serrés autour de sa personne sacrée, les hommes de la Restauration se mirent à la besogne avec lui.

Il était inévitable que cette restauration impérialiste et nationaliste devînt un mouvement moderniste. Le Japon étant restitué à la vie du siècle devait être fort pour rester libre et, pour être fort, il devait connaître et s'assimiler les formules nouvelles de la force. Il voyait l'Asie, chancelante de vieillesse et plongée dans des méditations séculaires, devenue la proie des blancs, pourvus de canons et de bateaux à vapeur. Il aima mieux devenir l'élève de l'Occident que son esclave. Voici la période la plus pathétique de l'histoire d'un grand peuple. Il s'affuble, il se déguise. Il part au loin, sur les chemins les plus rudes, pauvre d'argent, le cœur résolu. Que lui faut-il donc apprendre ? Tout, et non seulement les choses et les idées, mais les mots. Aux États-Unis, il affronte patiemment l'insolence du bas peuple. Le gentilhomme se cache sous les métiers humbles. Il s'insinue, il se faufile. A ceux qui se sont taillé en Asie de si larges domaines, n'a-t-il pas le droit de prendre en détail quelques-unes de leurs astuces ? Bien plus, il doit les admettre largement chez lui et les honorer. Le commerçant de Nagasaki, après avoir contemplé pendant des générations l'îlot de quelques mètres où étaient parqués les Hollandais, ouvrit au trafic européen ses entrepôts et ses comptoirs. L'écluse ouverte, l'immense vague de la civilisation occidentale se répandit. Pour en supporter et pour en maîtriser les effets, il fallait une canalisation d'une solidité rare. Devant ce péril nouveau, les auteurs mêmes de la Restauration hésitèrent. Certains se prirent à douter de leur œuvre. Saïgo se révolta et périt. Les samouraï furent anéantis comme classe. Un peuple qui sacrifie ainsi le meilleur de lui-même et qui, avec un sombre héroïsme, jette à la misère et à l'infamie les antiques artisans de sa grandeur donne au monde un exemple de constance que les annales de Rome même ne contiennent pas. Mais ils devaient disparaître, et l'intégrité morale de la nation n'en fut pas atteinte ; leurs vertus demeuraient.

Leurs vertus demeurent et, avec elles, un Japon qui n'a pas changé, un Japon sans défaillance. Dans les bâtisses à étages, provisoirement meublées en simili Louis XV, la tradition samouraï continue à régner, elle étend son empire sur les hommes et sur les femmes : le jigaï de Mme Ishijima et de Mme Asada l'attestent, et aussi la mort de la noble fille qui, au moment de l'attentat commis au Japon contre le Tsaréwitch, se tua pour expier au nom de tous l'outrage fait à un hôte sur la terre de son pays. Le junshi du comte Nogi, qui refusa de survivre à son seigneur et qui fut accompagné dans la mort par sa femme, après les obsèques de Sa Majesté Mutsu-Hito, est un exemple qui semble venir du fond des âges ; il remonte aux origines mêmes du Japon impérial, puisque l'édit de 646 avait interdit et aboli le junshi, les

ombres des vassaux faisant cortège à l'ombre de l'empereur. En pleine révolution, les kougé portaient encore
un costume du onzième siècle, obéissaient à une étiquette
du dixième et parlaient le chinois avec l'intonation Tang.
Des permanences de cet ordre affirment la stabilité du
génie japonais.

Une dure épreuve est encore à traverser : il faut que
le Japon s'enrichisse, pour rester libre, pour se développer et pour remplir sa mission. La guerre européenne,
dans laquelle il s'est noblement engagé, où il a fait des
sacrifices de vies précieuses, ne l'a pas appauvri. De leur
humiliation d'autrefois, le capitaliste et le banquier surgissent, hommes nouveaux, et s'installent au premier
plan de l'activité. Quelle révolution morale pour un pays
jadis dominé par un fastueux mépris de l'or, où l'élégance de la pauvreté était chérie comme un bienfait et
comme une vertu ! J'ai entendu quelques hommes d'affaires japonais parler avec légèreté de tant de grandeur
passée, méconnaître — et même ignorer — l'art et la
pensée du vieux Japon. Mais je sais que ce sont là des
manifestations épisodiques et qui ne compromettent rien.
Le soin avec lequel le gouvernement entretient et fait
connaître les plus anciens et les plus glorieux monuments
de l'histoire nationale, le retour des lettrés et des artistes
aux grands exemples légués par les ancêtres, enfin après
une vogue passagère et nécessaire de l'européanisme,
l'étude de la plus haute pensée japonaise en fonction de
la pensée asiatique et inversement, tant d'efforts si bien
ordonnés, tant de belles preuves de nette conscience
nationale amènent à conclure que la culture japonaise est
indemne et ne périra pas.

Elle est nécessaire à toute l'humanité et non pas à

l'Asie seulement. Le Japon n'est pas de ces nations qui se considèrent comme une fin en soi ou comme le ferment d'une race. Comme tout grand peuple, il est fait pour communiquer libéralement et pour répandre son génie. Il appartient à tous.

TABLE DES ILLUSTRATIONS

www.ingramcontent.com/pod-product-compliance
Ingram Content Group UK Ltd.
Pitfield, Milton Keynes, MK11 3LW, UK
UKHW021849070726
13613UKWH00001B/75